《增補同音字類標韻》

整理與比較研究

馬冬梅 著

山西出版傳媒集團

三晉出版社

本書係 2019 年度國家社科基金冷門"絕學"和國別史等研究專項"清手抄本韻書《同音集》與《增補同音字類標韻》綜合比較研究"（項目號：19VJX121）的階段性成果之一

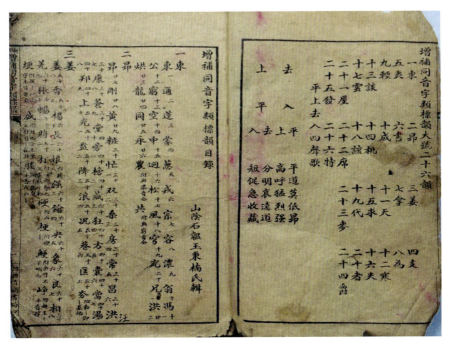

《增補同音字類標韻》目錄（育新本）

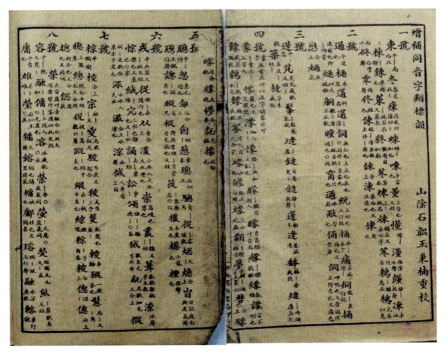

《增補同音字類標韻》同音字組（育新本）

奎照本序

奎照本目錄

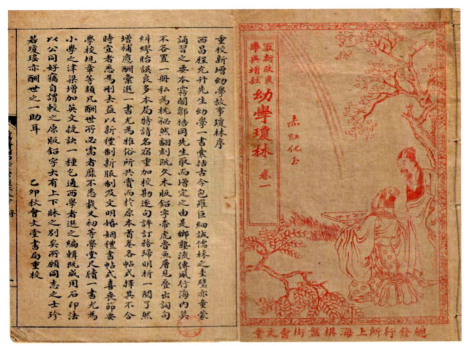

會文本封面及序

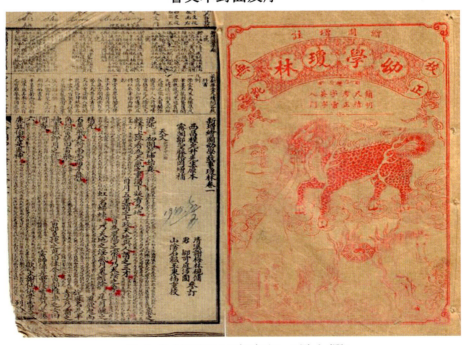

昌文本封面及同音字組（最上欄）

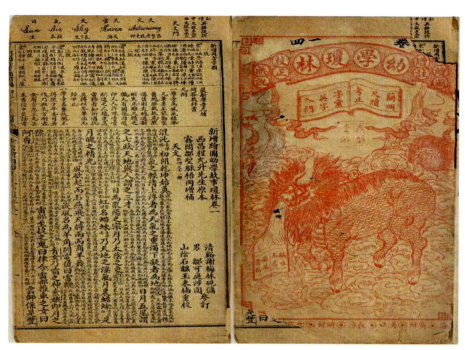

廣益本封面及同音字組（最上欄）

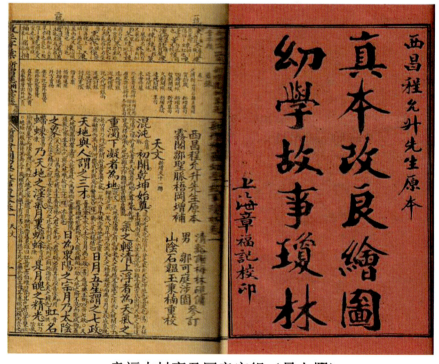

章福本封裏及同音字組（最上欄）

前　言

　　羅常培先生指出："還有一種從前人認為不登大雅之堂，而我們現在必得另眼看待的東西，這就是流行於民間的方音韻書。這種書流傳於各地的很多，然而搜集起來也頗不易。"

　　民間方音韻書《增補同音字類標韻》（下文簡稱《標韻》）的許多版本已殘缺不全。鴉片戰爭後一系列的割地賠款使民眾的生存日益困難，刻書者為了降低成本，刻書質量總體下降。當時以刻印書籍為營生的書坊，為圖贏利，而刻印校勘不精，成書於清中後期的《標韻》中就有不少訛誤。

　　鄭張尚芳先生指出《標韻》與清手抄本韻書《同音集》的關係密切。在系統地比較兩種韻書《同音集》與《標韻》之前，首先對《標韻》進行整理與比較研究就顯得十分必要。

　　本書以《標韻》為對象，從文本整理校勘與比較研究兩個維度開展工作。一方面從文本整理的角度，減少其中的錯訛。另一方面通過比較幾個版本，以見其源流和版本校勘價值。本書補充了明清之際的方音韻書資料，為構建方言韻書史提供了支撐材料。

　　全書分為緒論、上編、中編、下編四部分，每個部分又分若干章節。

　　緒論主要介紹選題緣起、已有相關研究、本文的研究內容與方法、整理原則以及《標韻》一書的概況，包括版本、體例等。

　　上編，即資料編，主要對《標韻》進行整理。以育新本作為底本，按原書次序編排錄入成電子版，盡量保持韻書原有風貌。一些字庫不能涵蓋的字，造字後用圖片插入。校勘成果亦在其中呈現。通過不同版本的對校，形成一個訛誤少、內容全的現代文本式《標韻》。

中編，為比較研究編，建立在上編資料整理校勘的基礎上，主要比較兩個全本——三節版奎照本與育新本在體例、收字、標注、注釋等方面的微殊。

下編，通過比較五個三節版《標韻》的收字、注釋在訛誤、正確、不同訛誤方面的微殊，發現昌文本的不同之處較多。

主要研究方法：對校法、他校法。運用"對校法"發現不同版本的異文。運用"他校法"校定異文中的正誤。

目　錄

緒　論

韻書是漢語音韻學最重要的研究對象，也是漢語語音史研究中的重要材料。因此對韻書進行整理，通過各方面的綜合分析和比較，研究韻書的源流與演變，可為構建韻書史提供豐富的材料。

近代漢語語音上承中古音、下接現代音，是漢語語音史不可忽略的重要組成部分。明清之際的音韻學有了長足的發展，各種音韻學著作層出不窮。因此這一時期的韻書尤為珍貴。

0.1 選題緣起

我在讀博期間，常向音韻學家鄭張尚芳先生請教問題，得到先生的悉心指導。後來先生由於年事已高加之身體抱恙，精力不濟，無暇從事相關研究，便將清手抄本韻書《同音集》與《增補同音字類標韻》[①]的復印本無償贈與我，並從研究思路上加以指導。因材料複雜，梳理頗費周章，整理工作尚未完成，先生便病重辭世，未能目睹研究成果問世。

如果能將這些音韻學材料和研究成果與學界同仁共用，也算是完成了先生的遺願。以此緬懷鄭張尚芳先生提攜後輩晚生的高風亮節！

0.2 研究綜述

0.2.1 介紹

鄭張尚芳先生（2010）曾指出“清代已出現方言音韻專書。蕭山陳昆侖撰《同聲集》[②]，為吳音韻書，每組同音分別編號，如舒聲自一號‘東’編至 473 號‘且’（有平聲以平帶頭，無平聲列上去），入聲從 474 號‘席’編至 707

①昌文本《標韻》位於《繪圖增註幼學瓊林》的最上層。
②《同聲集》，當作《同音集》。

1

號^①'月'。此書為清代北吳語同音字彙甚可貴，鄭張藏有原抄稿本，注文屢引蕭山話，避道光諱'旻'，而不避咸同諱，可見作者為道光時人。清末曾被改編為《增補同音字類標韻》，石印於上海坊間出《幼學瓊林》上層，編號因平上去聲並列而有改變。"

鄭張尚芳先生最早發現清手抄本吳語韻書《同音集》與《標韻》，指出這兩種韻書的關係密切。

0.2.2 描寫與研究

周賽華（2015）介紹了《標韻》的概況，如版本、成書時間等，描寫了《標韻》的音系，重點介紹了聲母、韻母的音韻特點，認為該書所記為清中後期的紹興話。最後，比較了《標韻》與今紹興方言。

0.2.3 進一步研究

王佳亮（2019）對《標韻》的音系進行了進一步研究，指出《標韻》音系有三個主要音韻特征，虞魚韻精知章組字韻母為 [y]（特征一）；宕江通攝知系(除陽韻知組)為 [tɕ] 組聲母撮口呼，與相應的見系合流(特征二)；麻韻章組少數字白讀為 [tɕyo]，與假開二見系文讀合流（特征三）。根據這些特點以及書中記載的相關大小地名，認為《標韻》反映了清中後期紹興西郊的讀書音(並含少量白讀音)。

0.2.4 其他問題

學者們主要對《標韻》的音系基礎進行了研究。音系中的相關問題我們也在深入研究中，限於本書篇幅，將另行討論。

---

① "707 號"，當作 "607 號"。《同音集》共 607 組同音字。

《標韻》成書於清中後期（周賽華 2015），鴉片戰爭後一系列的割地賠款使民眾的生存日益艱難，刻書者為了降低成本，刻書質量總體下降。以刻印書籍為營生的書坊，為圖贏利，而刻印校勘不精。《標韻》中就有不少訛誤，有些訛誤出現在各個版本，也有些訛誤僅出現在某個或某幾個版本。所以在比較《同音集》與《標韻》之前，首先對《標韻》進行整理與比較研究就顯得十分必要。

0.3 本文的研究內容與方法

0.3.1 研究內容

本書以《標韻》為對象，從文本整理校勘與比較研究兩個維度開展工作。一方面從文本整理校勘的角度出發，減少《標韻》中的錯訛，為進一步考察《同音集》與《標韻》的源流演變關係奠定堅實的基礎；另一方面在比較《標韻》不同版本的過程中，不僅完善了《標韻》，還發現版本間的微殊。

0.3.2 研究方法

主要運用"對校法"發現版本的異文。運用"他校法"校定異文中的訛誤。

0.4 《標韻》的版本

周賽華（2015）指出，《標韻》的版本有三個系列，1.奎照樓本。目前見到光緒三十年甲辰（1904）浙紹水澄槁南首奎照樓第四次印本。2.紹興育新書局印行本。目前見到民國十六年丁卯冬的印行本和民國二十四年的印行本。3.與《初等學堂尺牘》和《新增繪圖幼學故事瓊林》合編在一起的三節版的石印本。

本書目前搜集到《標韻》的 6 個版本：紹興育新書局本、五個三節版《標韻》——奎照本、章福本、會文本、廣益本、昌文本。

0.4.1 育新本

紹興育新書局民國十六年（1927）印行，書名為《新輯增補同音字類標韻》（以下簡稱"育新本"）。該書由序、大號二十六韻、平上去入四聲歌、目錄、562 組同音字、備考以及續編"筆法辨誤"和外編"四書集對""俗語考對"構成。

序言署名"山陰後學石韞玉序"，目錄寫有"山陰石韞玉秉楠氏輯"，同音字組寫有"山陰石韞玉秉楠重校"。續編寫有"山陰石秉楠輯""武進王普提"。

山陰(今浙江紹興) 石韞玉秉楠名不見經傳，具體信息不詳。

0.4.2 三節版《標韻》

0.4.2.1 奎照本

《真本改良幼學瓊林》是浙紹奎照樓書莊光緒三十一年（1905）印行的石印本（以下簡稱"奎照本"），共 5 冊，卷首、卷一、卷二、卷三、卷四。卷首包括序、天文圖、地輿圖、河圖洛書圖、五嶽圖、帝王圖、歷代史紀等，其末是《標韻》的目錄。卷一至卷四是由《標韻》《新增應酬彙選》《新增繪圖幼學故事瓊林》合編在一起的三節版，《標韻》位於最上層，共收 562 組同音字。署名西昌程允升先生原本、霧閣鄒聖脈梧岡增補、清谿謝梅林硯儕參訂、男鄒可庭涉園參訂、山陰石韞玉秉楠重校。三節版《標韻》的作者署名相同。

0.4.2.2 章福本

《真本改良繪圖幼學故事瓊林》是上海章福記印行的石印本（以下簡稱"章福本"），出版時間約在民國年間，共 4 冊，無卷首。卷一至卷四是由《改正字彙》（《標韻》）《新增應酬彙選》《新增繪圖幼學故事瓊林》合編在一起的三節版，《標韻》位於最上層，共收 345 組同音字。

0.4.2.3 會文本

《最新改良華英增註幼學瓊林》是上海會文堂書局印行的石印本（以下簡稱"會文本"），民國初年乙卯（1915）秋重校，共5冊，卷首、卷一、卷二、卷三、卷四。卷首包括序、歷代帝王紀、歷代帝王圖、地輿圖、文明結婚式、禮帖式等，卷首末無《標韻》目錄。卷一至卷四是由《標韻》《初等學堂尺牘》《新增繪圖幼學故事瓊林》合編在一起的三節版，《標韻》位於最上層，共收490組同音字。

0.4.2.4 廣益本

《繪圖增註幼學瓊林》是廣益書局印行的石印本（以下簡稱"廣益本"），出版時間約在民國年間，共5冊，現存4冊，缺卷首冊。卷一至卷四是由《標韻》《初等學堂尺牘》《新增繪圖幼學故事瓊林》合編在一起的三節版，《標韻》位於最上層，共收490組同音字。

0.4.2.5 昌文本

《繪圖增註幼學瓊林》是上海昌文書局印行的石印本（以下簡稱"昌文本"），出版時間約在民國年間，共5冊，現存4冊，缺卷首冊。卷一至卷四是由《標韻》《初等學堂尺牘》《新增繪圖幼學故事瓊林》合編在一起的三節版，《標韻》位於最上層，共收447組同音字。

本書所用材料簡稱一覽表

書名	簡稱
紹興育新書局民國十六年（1927）印行《新輯增補同音字類標韻》	育新本
浙紹奎照樓書莊光緒三十一年（1905）印行《真本改良幼學瓊林》	奎照本
上海章福記校印《真本改良繪圖幼學故事瓊林》	章福本
上海會文堂書局發行乙卯（1915）秋重校《最新改良華英增註幼學瓊林》	會文本
廣益書局印行《繪圖增註幼學瓊林》	廣益本
上海昌文書局印行《繪圖增註幼學瓊林》	昌文本

為了形成一個訛誤少，內容全的現代文本式《標韻》，本書以育新本為底本，主要與三節版奎照本進行參校，同時也參考其他三節版《標韻》。

0.5 《標韻》的體例及文本形式

以下來看《標韻》兩個全本——育新本、奎照本的文本形式與體例。其體例基本一致，都由序、目錄、同音字組、備考組成。目錄列出二十六韻，每韻下不僅有帶編號的韻首字，部分韻末還有附字。正文依次排列562組同音字組，聲母的次序不固定，韻母先列舒聲後列入聲。舒聲從1號"東"——436號"蛇"，入聲從437號"屋"——562號"月"。舒聲字組內標明平、上、去三個聲調。每組同音字的首字一般是常用字，同音字大字單列書寫，其下的注釋小字雙列書寫，一般先釋義（也有的直接組詞），再注音（如有異讀）。注釋的內容，有些來自《說文解字》《集韻》《廣韻》的，也有來自《說文解字注》《字彙》《古今韻會舉要》等文獻的。

不同之處：第一、育新本目錄前有大號二十六韻、平上去入四聲歌，奎照本無。第二、育新本部分同音字的編號後有小字"標註"，奎照本無。第三、育新本每組內的不同聲調寫在首字注釋的開頭，如1號"東_{平—南西北}""董_{上督也又姓}""凍_{去冰—}"。奎照本每組內的不同聲調寫在首字右上角並加圈（三節版《標韻》同），如1號"東_{~南西北}""董_{督也又}""凍_{冰~}"。

0.5.1 注釋術語

1. 聲調

"聲調"用來注釋因聲別義的同音字，一般放在因聲別義的意義之前，如162號"近_{不遠也[去]親~}"，"親~"為"近"讀去聲的意思。

2. ○

6

"〇"相當於"音"，用來注釋有異讀的字，一般加在異讀前，如11號"馮"。

"馮_{姓也〇平}"。

3. 仝

"仝"是注釋同音字的術語，"……仝（同）"或"仝（同）……"前/後的字與被釋字大致有幾種關係：異體字、通假字、古今字。

"仝"前/後的字與被釋字為異體字的，如21號"胷_{……又胸同}"，"胷""胸"為異體字。"仝"後的字與被釋字為通假字的，如206號"研_{……又仝硯}"，"研"，通"硯"，硯台。"仝"後的字與被釋字為古今字的，如167號"景_{……又仝影}"，"景""影"為古今字。

4. 〇又

"〇又"一般用來注釋同音字異讀的釋義，如106號"遽_{窘也急也〇又人名}"，"〇又"後為"遽"異讀的釋義。按：《洪武正韻》"遽，忌遇切，傳也、窘也、急猝也。又求於切，莊子魯遽，人名。"

5. 本作

"本作"是同音字注釋中的術語，其後的字多可在《說文解字》中找到依據，如91號"屎_{殷苦呻吟也本作齧}"，《說文解字》有"齧"無"屎"。326號"畞_{田~本作畞}"，《說文解字》有"畞"無"畞"。

6. 一作、又作

"一作""又作"後的字與被釋字大體為異體字，如18號"封_{……一作尅}"，"封""尅"為異體字。24號"弄_{……又作卡}"，"弄""卡"為異體字。注釋中既有"一作"也有"又作"的，如247號"巖_{山~一作嵒又作礨}"。

7. 俗作

7

"俗作"是同音字注釋中的術語，其後的字與被釋字或為繁簡體字，或為異體字，如 192 號"爭_{鬪也競也俗作争}"，"爭""争"為繁簡體字。528 號"略_{簡也忽~俗作畧}"，"略""畧"為異體字。

　　學者們曾對俗字的概念從不同角度進行界定。蔣禮鴻（1959）認為區別於正字的異體字都可認為是俗字。蔣冀騁（1997）認為俗字是相對正字而言的，正字是可在《說文解字》中找到依據，可以用六書進行分析，且能夠在辭書可見的，而相對而言的俗字則是民間使用、不見於辭書收錄的字。張湧泉（2010）認為，凡是區別於正字的異體字，都可以認為是俗字。俗字可以是簡化字，也可以是繁化字，可以是後起字，也可以是古體字。正俗的界限隨時代變化而不斷變化。鄭賢章（2004）認為俗字是漢字史上各個時期出現在民間、多數具有簡易性特點相對於正體而言的或者新造的本無正體的字體。

　　《標韻》中的異體字不僅出現在"一作""又作"之後，也出現在"俗作"之後。

8. 正音

　　"正音"用來注釋同音字的讀音性質，如 42 號"胖_{肥~之~正音判盤}"、477 號"跌_{~打損傷正音鐵}"。

9. 本音

　　"本音"用來注釋同音字的讀音，如 26 號"詠_{歌~本音榮}"、109 號"鼠_{老~本音書}"、205 號"臉_{面也本音檢}"、488 號"鼻_{~頭本音避}"。

　　《標韻》"正音"後的讀音與"本音"相同的，如 267 號"嵐_{山~氣正音闌}"、備考"嵐_{本音闌今讀峇}"，122 號"衙_{~門~前鎮正音牙}"、備考"衙_{本音牙俗讀我~門~前鎮}"。王佳亮（2019）認為"本音"表示《標韻》作者所認為的正確讀音，多根據韻書推斷得出。《標韻》中大多數"本音"的意思如上所述。

10. 俗讀

"俗讀"用來注釋同音字的讀音，如 562 號"曰言也山邑俗讀遙"；也用在標註中，如 156 號標註"俗讀菜音詳四百廿六號彩"。

11. 今讀

"今讀"用來注釋同音字的讀音，如 70 號"樟大~樹今讀莊"；也用在標註中，如 424 號標註"本與四百廿六號采全一音今讀分二音"。

"今讀"與"俗讀"的關係，有待與《同音集》進一步比較後研究。此外，"俗音[1]""本讀[2]"出現的次數少，暫不討論。

0.5.2 例外

民間韻書《標韻》在編排上前後不一致之處或互相矛盾的地方，如："……全（同）"或"全（同）……"前/後的字與被釋字一般為異體字/通假字/古今字，例外如：279 號"幬襌帳也又仝儔"、369 號"鏃鏃~矢名又仝姑"。

"本作"後的字多可在《說文解字》中找到依據，例外如：274 號"昐顧~本作盼"。

"又作"後的字與被釋字一般為異體字，例外如：400 號"再又也又作再[去]"，"又作"後為本字。

"俗作[3]"後的字與被釋字一般為異體字，例外如：145 號"霉~天俗作楳"，"霉""楳"不是異體字。

"正音"與"本音"的讀音基本相同，但也有"今讀"後的讀音與"正音"

---

[1]《標韻》中"俗音"僅出現兩次，如 28 號"港河~俗音本音江"、254 號"漊水名俗傳"。
[2]《標韻》中"本讀"僅出現兩次，如 84 號"丕大也奉也○本讀配"、250 號"纏繞也約也束也姓也本讀去聲[平]音蟬"。
[3]《標韻》中"俗作"為詞組的，如 277 號"站俗作衙役~班本音盞"、備考"軋本音鴨車輾令物碎也俗作兩邊振訖謂之~牢"。

9

後一樣的，如 247 號 "銜官~今讀含"、備考 "銜正音含今讀巌"，"銜" 的 "今讀含" 與 "正音含" 一樣。

0.6 整理原則

本書以育新本為底本，主要與奎照本進行參校，同時也參考廣益本、會文本、章福本、昌文本。

0.6.1 書寫方向

《標韻》遵循了古人一貫的書寫原則，從上至下的豎行書寫，再從右至左換行。為了方便進一步的比較研究工作，在整理過程中按照現代的書寫方式，文字從左至右橫行書寫，再從上至下換行。

0.6.2 出校

0.6.2.1 出校原則

本書以育新本為底本。底本誤而他本正確者，出校語，不改動底本。底本疑有訛誤、不清之處者寫入校語，也不改動底本。

0.6.2.2 出校位置

出校處在右上角加數字表示，如①②③……，如校語涉及整段文字，則在整段文字後加註上標數字。

0.6.3 繁簡體字

《標韻》中的繁簡體字常混用，如目錄中 "二昂" 韻之下的 "三十二双"，"双" 為簡體字。為了呈現原書原貌，本書依照原書的繁簡體字錄入。行文中一律使用繁體字。

0.6.4 異體字

育新本有一定數量的異體字，如"同""仝"常混用。異體字一般不作改動，以保留原書原貌。

0.6.5 訛誤字

育新本有些字的訛誤明顯，如偏旁錯誤：暯作璞、搓作槎、掗作椏、螞作碼、筍作荀。還有因字形相近的訛誤，如：斑作班、贏作贏、蚕作吞，以上訛誤都出校。

0.6.6 符號

0.6.6.1 增加的符號

育新本原每組同音字的不同聲調放在第一個字的注釋首位。本書為了將聲調與釋義區別，整理中將每組同音字中的不同聲調放到了該同音字的前面，並加"［　］"標識。育新本原同音字組中的不同聲調的同音字連續排列，整理過程中將不同聲調獨行書寫以醒目。注釋中的聲調也加"［　］"標識，以便與釋義區別。

育新本中的"□"表示原文殘缺。

0.6.6.2 替換的符號

育新本同音字的注釋中替代所釋同音字的符號原為"—"，為了方便區別，統一替換為"～"。

上編：《增補同音字類標韻》

序

余輯同音字類標韻一書，海內外爭購者莫不先睹為快，謬承諸君子稱賞允為善本，不特為童蒙初學之律，果亦是為士林之一助。原本定聲編號細詳，意義特恐罣二漏一。尚有未補爰複重加纂輯，增補□□□□[1]，入辨正通俗音義異同，諸法考核詳審分類，簡□□□□□，對等語分為一編，初學開卷了然易於記補，非敢□□□□完善也。

山陰後學石韞玉序

大號二十六韻

一東	二昂	三姜	四支	五夷	六書
七拿	八為	九輕	十成	十一天	十二寒
十三談	十四桃	十五求	十六夫	十七雲	十八該
十九代	二十者	二十一屋	二十二席	二十三麥	二十四爵
二十五發	二十六特				

平上去入四聲歌

平　上　去　入

平　平道莫低昂

上　高呼猛烈強

去　分明哀遠道

入　短促急收藏

---

[1] "□"表示原文殘缺。據周賽華（2015），當為"十之一二"。

目錄

一東

二昂

三姜

四支

---

①原書"東"在前，"一"在其後。為了便於查閱，將序號放在了前面，下同。
②"洪"，當作"汪"，據37號首字。
③"榜"，當作"搒"，據42號首字。

七十九寺　　八十次　　八十一而

五夷

八十二夷　　八十三皮　　八十四批　　八十五基　　八十六其　　八十七微

八十八黎　　八十九飛　　九十妻　　九十一希　　九十二衣　　九十三西

九十四齊　　九十五米　　九十六帝　　九十七氣　　九十八義　　九十九地

一百剃　　百一閉　　百二濟

六書

百三書　　百四須　　百五於　　百六居　　百七疽　　百八巨

百九區　　百十雨　　百十一語　　百十二汝　　百十三呂

七拿

百十四拿　　百十五誇　　百十六叉　　百十七沙　　百十八蛙

百十九鰕　　百二十花　　百廿一婆　　百廿二鵞　　百廿三阿

百廿四呵　　百廿五波　　百廿六戈　　百廿七羅　　百廿八何

百廿九陀　　百三十多　　百三十一可　　百三十二妥　　百三十三坐

百三十四馬　　百三十五亞　　百三十六家　　百三十七卦　　百三十八話

百三十九左　　百四十夏　　百四十一破

八為

百四十二為　　百四十三威　　百四十四魁　　百四十五梅　　百四十六佩

百四十七退　　百四十八醉　　百四十九誨　　百五十瑞　　百五十一歲

百五十二內　　百五十三桂　　百五十四類　　百五十五匱　　百五十六翠

百五十七對　　百五十八兌　　百五十九配　　百六十輩　　戲 附以物押錢曰～

九輕

百六十一輕　　百六十二琴　　百六十三興　　百六十四應　　百六十五盈

百六十六心　　百六十七金　　百六十八林　　百六十九亭　　百七十明

百七十一平　　百七十二兵　　百七十三秦　　百七十四銀　　百七十五精

百七十六親　　百七十七丁　　百七十八廳　　百七十九聘

十成

百八十成　　百八十一生　　百八十二滕　　百八十三真　　百八十四文

百八十五登　　百八十六門　　百八十七崩　　百八十八更　　百八十九朋

百九十春　　百九十一棱　　百九十二增　　百九十三撐　　百九十四升

百九十五能　　百九十六烹　　百九十七恆　　百九十八亨　　百九十九人

二百粉　　　二百一懇　　　二百二贈　　　二百三恩

十一天

二百四天　　二百五連　　二百六言　　二百七田　　二百八全

二百九千　　二百十軒　　二百十一邊　　二百十二乾　　二百十三先

二百十四辨　　二百十五免　　二百十六燕　　二百十七年　　二百十八尖

二百十九片　　二百二十見　　二百廿一店　　二百廿二次

十二寒

二百廿三寒　　二百廿四南　　二百廿五潭　　二百廿六參　　二百廿七端

二百廿八員　　二百廿九元　　二百三十鸞　　二百三一酸　　二百三二攢

二百三三蠶　　二百三四誼　　二百三五盤　　二百三六淵　　二百三七權

二百三八完　　二百三九寬　　二百四十貪　　二百四一煥　　二百四二絹

二百四三泮　　二百四四半　　二百四五勸　　二百四六安　　二百四七巖

二百四八堪　　二百四九占　　二百五十傳　　二百五一簪　　二百五二川

二百五三甘　二百五四善　二百五五碗　二百五六管　二百五七滿

二百五八漢　二百五九扇

十三談

二百六十談　二百六一丹　二百六二凡　二百六三環　二百六四班

二百六五關　二百六六蘭　二百六七嵐　二百六八難　二百六九灘

二百七十產　二百七一反　二百七二挽　二百七三山　二百七四盼

二百七五屵　二百七六慢　二百七七暫　二百七八贊

十四桃

二百七九桃　二百八十高　二百八一早　二百八二庖　二百八三毛

二百八四曹　二百八五叨　二百八六韶　二百八七教①　二百八八刀

二百八九超　二百九十燒　二百九一蒿　二百九二毫　二百九三寶

二百九四考　二百九五草　二百九六趙　二百九七老　二百九八奧

二百九九破　三百燥　三百一鬧　三百二照　三百三敲

三百四巢　三百五鏊　三百六姚　三百七橋　三百八表

三百九調　三百十焦　三百十一刁　三百十二瓢　三百十三票

三百十四小　三百十五妙　三百十六鳥　三百十七要　三百十八教

三百十九料　三百二十糶　三百廿一孝　垎附山~

十五求

三百廿二求　三百廿三憂　三百廿四周　三百廿五紬　三百廿六謀

三百廿七勾　三百廿八牛　三百廿九搜　三百三十樓　三百三一謳

三百三二劉　三百三三猶　三百三四秋　三百三五浮　三百三六鄒

三百三七修　三百三八邱　三百三九休　三百四十頭　三百四一愁

---

① "教"，當作"熬"，據287號首字。

三百四二哀　　三百四三繆　　三百四四藕　　三百四五斗　　三百四六九

三百四七口　　三百四八手　　三百四九丑　　三百五十酒　　三百五一厚

三百五二否　　三百五三衲①　　三百五四耨　　三百五五吼　　三百五六湊

三百五七授　　三百五八偷

十六夫

三百五九夫　　三百六十圖　　三百六一無　　三百六二蒲　　三百六三奴

三百六四初　　三百六五吾　　三百六六蘇　　三百六七助　　三百六八烏

三百六九古　　三百七十虎　　三百七一普　　三百七二魯　　三百七三苦

三百七四祖　　三百七五土　　三百七六都　　三百七七布

十七雲

三百七八雲　　三百七九輪　　三百八十尊　　三百八一君　　三百八二困

三百八三薰　　三百八四吞　　三百八五昆　　三百八六敦　　三百八七渾

三百八八存　　三百八九昏　　三百九十裙　　三百九一溫　　三百九二坤

三百九三慍　　三百九四寸　　三百九五孫　　三百九六嫩　　三百九七鈍

十八該

三百九八該　　三百九九挨　　四百災　　　四百一崖　　四百二柴

四百三衰　　　四百四脾②　　四百五歪　　四百六揩　　四百七寫

四百八戒　　　四百九買　　　四百十派　　四百十一蟹　　四百十二怪

四百十三奈　　四百十四太　　四百十五賴　　四百十六怠　　四百十七快

四百十八外　　四百十九懈　　四百二十拜　　四百廿一帶　　四百廿二謝

四百廿三借　　四百廿四差　　且 附苗～語助辭

---

① "衲"，當作"袖"，據353號同音字。
② "脾"，當作"排"，據404號首字。

十九代

四百廿五代　四百廿六采　四百廿七開　四百廿八海　四百廿九亥

四百三十艾　四百三一愛

二十者

四百三二者　四百三三也　四百三四奢　四百三五扯　四百三六射

二十一屋

四百三七屋　四百三八卜　四百三九六　四百四十讀　四百四一宿

四百四二國　四百四三玉　四百四四木　四百四五竹　四百四六促

四百四七篤　四百四八福　四百四九或　四百五十曲　四百五一叔

四百五二伏　四百五三若　四百五四樸　四百五五郁　四百五六俗

四百五七欲　四百五八局　四百五九哭　四百六十足　四百六一恪

四百六二托　四百六三僕　四百六四鶴　四百六五諤　四百六六各

四百六七塰　四百六八惡　四百六九諾

二十二席

四百七十席　四百七一笛　四百七二剔　四百七三逆　四百七四及

四百七五力　四百七六必　四百七七的　四百七八雪　四百七九翕

四百八十乙　四百八一節　四百八二滅　四百八三吉　四百八四吃

四百八五七　四百八六匹　四百八七亦　四百八八闖

二十三麥

四百八九麥　四百九十革　四百九一客　四百九二魄　四百九三白

四百九四雜　四百九五澤　四百九六色　四百九七失　四百九八勒

四百九九弗　五百姪　五百一石　五百二尺　五百三不

五百四冊　五百五遏　五百六合　五百七織　五百八德

五百九額　　　五百十呐　　　五百十一則　　　五百十二黑　　　五百十三闊

五百十四物　　五百十五忽　　五百十六活　　五百十七兀　　五百十八骨

五百十九沃

二十四爵

五百二十爵　　五百廿一鵲　　五百廿二綽　　五百廿三柵　　五百廿四却

五百廿五虐　　五百廿六藥　　五百廿七獵　　五百廿八略　　五百廿九勺

五百三十蹻　　五百三一謔　　削附~刮~又~草　　約附~束~信~日期又大~儉~又純也

二十五發

五百三二發　　五百三三豁　　五百三四甲　　五百三五達　　五百三六狹

五百三七扎　　五百三八塔　　五百三九滑　　五百四十察　　五百四一鑞

五百四二伐　　五百四三答　　五百四四閘　　五百四五殺　　五百四六八

五百四七鴨　　五百四八拔　　五百四九乞　　五百五十刮　　瞎附目盲也即~子

捺附手按也本音呐　　軋附俗作兩邊振實謂之~穿本音鴨

二十六特

五百五一特　　五百五二忒　　五百五三掇　　五百五四血　　五百五五決

五百五六鬱　　五百五七掘　　五百五八率　　五百五九卒　　五百六十缺

五百六一撮　　五百六二月

一號

[平]東~南西北 冬春夏秋 痋惡氣所傷曰~ 蝀~虹也 嗹多言也

[上]董督也又姓 懂憎~ 湩物墮水聲 薓①~鼓聲

[去]凍冰~ 棟樑~ 錬車轄也 崬風草名又菜名 夆獸有角似豹 苳草名 埬上~地名 婞國名又[去]女字 笁竹名 鶇②~雞 鳥名 鵃鳥名似鳧而

小 砱石墜聲 零③雨聲 佟姓也 倲儱~傐劣貌[去]㤉愚也 倲全上 凍暴雨也又沾漬也 倲愚也

二號

[平]通達也 樋木名 筩竹名 蓪~草 侗無知也[上]直也長也〇同侤~童蒙也

[上]統總也又作綂 桶水~米~

[去]痛病~悲 㟁儱~直行貌 捅進前也即~ 烔以火暖物 胴軇~身不正貌 曈~曨④ 日欲明也〇同 甯⑤穴也 通⑤水名 ⑥ 毃擊也 俑痛也正

音勇 佟⑦呻吟也又音洞憁 不得志也又痛也⑧ 恿⑨全上 姛⑩女名

三號

[平]蓬~蒿芃~~盛貌又稻 髼~鬆髮亂貌 𡎱~塵 鏠首著兜~⑪ 䩤韸~鼓聲 篷船 逢鼉鼓逢 馩~香盛貌 熢~烰烟塵直起貌

[去]築荳~竹 槵草木盛貌

---

① "鐘"，當作"薓"，據奎照本。按：《集韻》"薓，……薓薓，鼓聲。"
② "雞"，當作"鶬"。按：《廣韻》"鶇，鶇鶬，鳥名。"
③ "聲"，當作"貌"。按：《廣韻》"零，雨貌。"
④ "曨"，當作"曨"。
⑤ "通"，當作"㲉"，據奎照本。按：《集韻》"㲉，他東切，水聲。"
⑥ "名"，疑訛。
⑦ "佟"，當作"恫"，據奎照本。按：《集韻》"恫，他東切，《說文》痛也，一曰呻吟。或作痌恿。"
⑧ "憁"後脫漏"~"，據奎照本。
⑨ "恿"，當作"恿"。
⑩ "名"，當作"字"。按：《集韻》"姛，他東切，女字。"
⑪ "首著兜~"，疑訛。按：《說文解字》"鏠，兵岩也。"

四號　蒙夢並音孟所以孟字讀蒙亦可

[平] 蒙~童承~又冒也　幪覆也 [上]茂密貌　濛細雨~~　懞惛~無知 [上]亂也　朦朧月將入　矇青盲眼音龙　艨艟戰船　縸亂絲　謨言不明也

饛盛器滿貌　鸏鸏水鳥　藧蔱生衣貌　冡覆也冒也仝蒙　嵏山也　礞物上白璞①

[上] 蠓小飛蟲　顭~顭頯頭子②

[去] 夢睡~魂~[上]蒙　梦仝上　驠驢子也　矒目昏貌　朦大貌　懜仝夢　氋毛貌　摱收斂也

五號

[平] 聰~明　怱急也迫也　匆俗仝上　囪烟~　葱蕫璁菜　瓊石似玉　驄青~馬　從~容緩貌　熜~火　熜仝上　呈日欲夜也與是③義仝　瑽④玉佩行聲

認~調急也　鏦電光　樅詩虡業維~言崇牙之貌也又姓　蓯~蓉藥名○從　欉木叢生也　檧小籠也　摐推擊也

六號

[平] 戎兵器又~狄又姓　從順~[去]隨行也　从古仝上　灇小水入大水又水澮也　崇高峻也尊也　叢~雜又~林　茸⑤亂貌聚貌草生貌　漴水聲　悰樂

也又盧⑥也○崇　絨~線

[上] 宂宂也雜也又~宂

[去] 誦~書~經　訟爭~　頌雅~揚德~○容　狨獸名毛可為布　氄鳥獸細毛又仝上　從倧~走貌往來不少⑦定也　潀小水入大水　澈仝上水澮也　淙水

聲　倧人身有三角

七號

---

① "璞"，當作"醭"。按：《集韻》"礞，……物上白醭。"
② "子"，當作"昏"，據奎照本。按：《集韻》"顭，……顭頯，頭昏。"
③ "是"，當作"昆"，據奎照本。按：《正字通》"呈，……日欲夜，近昆義。"
④ "瑽"，當作"瑽"。按：《廣韻》"瑽，瑽瑢，佩玉行貌，七恭切。"
⑤ "茸"，當作"茸"。按：《集韻》"茸，如容切，《說文》草茸茸貌。一曰龙茸亂貌。"
⑥ "盧"，當作"慮"，據奎照本。按：《廣韻》"悰，慮也，一曰樂也。"
⑦ 昌文本，"少"作"稍"。

21

［平］椶~櫚樹椶仝上宗祖~~主翪鳥飛斂足騣馬鬣又鬃仝猣犬生三子鬉亂髮也髮~輚車輪豵一歲豕也鬃馬~又~角

［上］穗聚[①]束總統也［平］縫也又仝揔從從~高貌〇葱蹤~跡［平］直也

［去］縱~放［平］直也綜機縷粽~子角黍糭仝上偬倥~傯仝上摠將令也又合也又同總倊困貌

八號 榮正音盈叶音融今从双火頭者皆作容讀以此之故

［平］容~貌又寬~融~和傭~工役人〇充直也溶水盛貌〇永榮~華〇盈義同螢~火蟲〇盈義同熒燈燭光也又~惑熊~羆獸名又姓庸平常也

雄英~雌~瑩石似玉〇英鏞大鐘鎔銷也鑄器模範墉城也鄘姓也又國名瑢瑽~佩玉行聲融[②]水深廣貌輍車行貌蓉芙~花名槦[③]鴻槝[④]~可作

箭苛[⑤]嵱~山在建州滽水名鷛~渠[⑥]似鶩犝牛名甋大罌蛹蛬~水蟲營辯解也〇盈~褰滎水名又魏地

［去］用使~猵猛獸㺒獸似牛領有肉槦槝~木名

九號

［平］濃厚也醲仝上酒厚膿~血儂渠~他也我~己也顒廟諱頭大貌又仰也農~夫噥多言不中憹憂悶意禯[⑦]華木稠多貌䆭露多曰~檂槝

~木名鬞髮亂也獶獿~多也繷紛~不善也齈多涕鼻疾濃凍~喁噲[⑧]~魚口上見貌絨~線~領蕽蘆花欁仝農作蘉禯衣厚也

十號

［平］翁老人也又姓也又~仲墓前石人鶲鳥名肒~肛不服[⑨]人〇肒猺猪也鞥靴~鎓鉄爬~勜~力屈強貌［上］嗡大聲也聬聬~耳聲螉~鼻[⑩]

①"聚"前脫漏"禾"，據奎照本。按：《洪武正韻》"穗，……禾聚束也。"
②"融"，當作"瀜"，據奎照本。按：《集韻》"瀜，余中切，沖瀜，水深廣貌。"
③"槦"，當為同音字。按：《類篇》"槦，……又吐孔切，鴻槦木可為矢。"
④"槝"，疑衍文。
⑤"苛"，當作"笴"，據奎照本。
⑥"渠"，當作"鶏"。按：《廣韻》"鷛，鷛鶏，鳥名，似鴨雞足也。"
⑦"禯"，當作"穠"，據奎照本。按：《古今韻會舉要》"穠，尼容切……《增韻》華木稠多貌。"
⑧"噲"，當作"噞"。按：《集韻》"喁，魚容切，噞喁，魚口上見。"
⑨"服"，當作"伏"。按：《集韻》"肒，……肒肛，不伏人。"
⑩"鼻"，當作"臭"。按：《廣韻》"螉，螉臭貌。"

齆① 鼻塞曰~　甕汲水瓶又~城○永　襲姓也○公　嵡山貌　滃雲濃貌　暡日不明貌　窏室中暗貌

十一號

[平]馮姓也○平　逢遇也迎也○風　縫~衣也[去]衣會也

[上]奉承也獻也

[去]鳳~凰瑞鳥　渢水名②　○凡　摓仝縫　拌奉也又仝上　蝋蟲窟也　葻草名③○嵐草得風貌

十二號

[平]公~私又祖也　弓~箭也　龔姓也給也懇也　恭~敬　共仝~又法也[上]向也姓也仝供　宮~室~刑　工~夫~百　功~勞攻專~其事也　蚣蜈~○松

蛩守~蟲名　躬身也　肱股~手上節曰~拱④　~手　觥酒器　鮀鯑似蝦可食　礦金銀玉石璞也　廾仝上

[去]貢進~鞏固也又以皮束物　奉罪人兩手共一木也　供設也奉也[去]仝　贛仝貢○甘　廾推也擁也又抱持也　抙廾从兩手與収卄同又~古友字

十三號

[平]窮盡也極也　蛬寒蟲　邛病也又姓~　瓊~瑤美玉　惸憂也獨也　煢獨也　筇竹也又回飛疾也　睘目驚貌　褈增益也又複也　蟲蛆~~多　虫俗仝上

○本古虺字　重復也厚也[上]義同[去]輕⑤　仲⑥伯~共皆也同也合也象⑦也　神誇⑧也　夐姓也○迥　婜女字　嫧同惸　驡怒馬也　蚦蟲食物也○冲

蕈草之香者　橖小舟而深者　梵木名　撬搏~子一名投子　嶸⑨山名

十四號

---

①"齆"當在去聲，據奎照本。
②"名"，疑訛。按：《正字通》"渢，符容切，音馮，水聲。"
③"草名"，疑訛。按：《集韻》"葻，符風切，草偃風貌。"
④"拱"，當在上聲。
⑤"輕"後脫漏"~"，據奎照本。
⑥"仲"，當在去聲，據奎照本。
⑦"象"，疑訛。
⑧"誇"，當作"袴"。按：《玉篇》"神，直勇切，袴。"
⑨"名"，疑訛。按：《集韻》"嶸……嶀嶸，山形。"

[平]空 虛也 [去]窒 悾悾~無能貌 箜 衣袂也 倥 ~侗 崆 ~峒山名 莖 心草 硿 青藥石可治目疾 涳 ~濛小雨 恐① ~懼[平]② 疑也慮也 孔 通也甚

也空也又姓

[去]控 告也引也○羌打也 腔 羊腊也③ 羌~調 控 俗仝上 䭚 螽謂之~ 蛬 蟬脫~衣④ 也 䋺 衣袂也 絭 絲屬 箜 篌樂器也又籃 鵼 怪鳥 椌 器物

樸也 𣪠 擊也

十五號

[平]中 正也 [去]射箭矢至的也 衷 裏褻衣又中也誠也適也善也正也 鍾 酒~又當也聚也龍~ 𧕡 老病貌又名~量又姓 鐘 ~鼓 終 始~盡也 忠 盡己之謂~

[上]種 娘~栽~ 螽 蟲類不⑤ ⑥ 一 九十九子

[去]塚 墳也又讀作葬 冢 天官~宰又大也 煄 火燒起貌 踵 繼也躡也足後跟也又~謝 腫 浮也痛也 眾 多也從~隨也 踪⑦ 仝上 伀 上古神也 𧖙⑧ 衆

貌 汝 水名 夃 古终字

十六號

[平]絅 急引也 [上]同褧 扃 門上鎖⑨ 鈕 駉 牧馬苑也又駿馬

[上]迥 寥也遠也 炯 光也明也 餇 飽也 褧 襌衣也仝絅 窘 ~乏又急也困也窮迫也○𡥉 僒 仝上 坰 林外謂之~又地名○瓊 冋 古坰字 泂 遠也 恟 憶也 夐 𥝲~遠去○㷍 蛔⑩ 似蛙而小 茼 枲屬 藑 俗仝上 詗 候⑪ 候也又刺探也○偵義同 桐 木名 梄 秪牀也

十七號

① "恐"，當在上聲。
② "[平]"，當作"[去]"。按：《廣韻》"恐，懼也，丘隴切。又疑也，區用切。"
③ "也"，當作"○"。按：《集韻》"腔，苦貢切，羊腊。又枯江切，骨體曰腔。"
④ "衣"，當作"皮"。按：《玉篇》"蛬，……蟬脫蛬皮也。"
⑤ "不"，衍文。按：《字彙》"螽，……《朱註》一生九十九子。"
⑥ "一"後脫漏"生"。
⑦ "踪"，疑訛。按：《集韻》"從，才用切，《說文》隨行，或作𡳫。"
⑧ "眾"後脫漏"立"。按：《集韻》"𧖙，祖動切，眾立也。"
⑨ "鎖"，當作"鐶"，據奎照本。按：《古今韻會舉要》"扃，……門扇上鐶鈕。"
⑩ "蛔"，當作"蝐"。按：《集韻》"蝐，畎迥切，蟲名似蛙。"
⑪ "候"，當作"伺"，據奎照本。

24

[平]松~樹又做枀崧高山娀姓也嵩中嶽~高山也鬆髮亂也又鬠~

[上]聳高也欲也驚也勸也聾也悚~懼○束竦~動上也敬也

[去]送餽~迎~宋姓也又宋朝膸~脆○聽忪[①]惺~○衝淞水名暡白貌娀有~氏蜙蟲名以股鳴者菘菜名慫驚也又~通[②]勸也○縱義亦同

憏[③]仝悚

十八號

[平]風~雨~俗靊~隆雷師篈竹名蜂蜜~黃~葑~草即蔓菁[去]藕[④]根妦~容好貌烽~火備寇盜也峯山名龍門大魚化龍處楓檅~樹豐大風[⑤]也丰面貌豐厚也酆邑名又姓豐~盛又抽~俗云打秋風豊俗仝上本音里峯山~雲~峰仝上僼偓~仙人也瘋~病~癱封大[⑥]緘也一作玤犎野牛夆相忤逆也又牽挽也灃水名

[上]猦~㺃小打㺃死即得風活琫佩刀飾菶瓜多實唪仝上又大笑也又口高貌覂反覆也捧兩手曰~奉仝上○逢

[去]賵贈車馬於死者俸祿~諷誦也刺也豐山名湗深泥也偑地名飌大風也妦容好貌葑無青[⑦]苗也焨火氣也焚焚也犎牛也猦獸似猿蠭仝蜂烽備寇~火也颹風起貌凬古風字蘴風行木上曰~棒[⑧]木末也

十九號

[平]穹上~天也芎川~藭名憌憂也穹~隆天形焪以火乾物也○空嶺~窮[去]山形澋水急貌詾多言也詾問也呴鞠訊罪人也搚捧[⑨]~[⑩]也

①“憁”，當作“忪”。

②“通”，當作“慂”。按：《字彙》“慫，……慫慂，勸也。”

③“憏”，當作“㥚”。按：《字彙》“㥚，古悚字。”

④“藕”，疑訛。按：《廣韻》“葑，菰根也。今江東有葑田，方用切。”

⑤“風”，當作“屋”。按：《説文解字》“豐，大屋也。”

⑥“大”後脱漏“也”。按：《字彙》“封，……大也，又厚也、培也、緘也。”

⑦“無青”，當作“蕪菁”。按：《玉篇》“葑，……蕪菁苗也。”

⑧“棒”，當作“楱”。按：《集韻》“楱，敷容切，《廣雅》木末也。”

⑨“捧”，當作“捺”。按：《集韻》“搚，……捺也。”

⑩“~”，衍文。

窘①~况急也迫也○迥厷古穹字晅日乾物也囷圓廪也箘竹笋也又~桂又江名仝上箬仝上蜠贝屬大而薄者菌地蕈也又朝~權也又山名誇多言也又詢問也焀仝烤囷禾束曰~淪腯腸中脂也○肫攟束也僒傴也困②也通作窘駰馬也咽吐貌睏大目也③佃小貌躬使役也又曲躬也䇹小貌

鞃車軾也正音厷鞆仝上

二十號

[平]充實也滿也長也塞也高也行也美也梳~杠沖上飛也又冲同流水聲舂搗米也琉珥玉忼憂也心動也衝突也當也回④也又車名茺益母草搗撞也

[上]寵~幸儱⑤斜~

[去]銃火~揔不請自來曰~食趪拼~邪行沖水平遠也愡恐也憧意不定也懜仝冲⑥憂也

二十一號

[平]兄~長胷膺也又胸同匈~奴國名兇~暴詾衆多⑦也訟也[上]仝凶不吉也洶水勢嗅以鼻~香氣也○休恟懼也忷仝上訩訩~又仝詾

哅嚨~洶水涌也説衆言也仝詾跏仝跫喜貌又行人之貌酗⑧醉怒也○煦銎斤斧受柄處也又懼也酖⑨仝詾又仝酗肾仝胷

二十二號

[平]洪大也又姓也弘⑩寬~宏大也廣也又屋深也鴻~⑪雁大曰~又大也虹~霓○絳紅赤也○公女~仝上閎巷門黌~門秀才鐄大鐘鍙鐘聲又和樂也鈜鏗~鐘聲也弦~滕胡麻泓水聲⑫也翃翃~飛也軲車前横木可憑也紘冠纓横不直也[去]不順⑬也衡仝上粠陳臭米也耾聾也

① “窘”，當在上聲，據奎照本。
② “困”，疑訛。
③ “大目也”，疑訛。
④ “回”，當作“向”。按：《廣韻》“衝，當也、向也、突也。”
⑤ “儱”，當作“徿”。按：《篇海類編》“徿，丑用切，音銃，斜徿也。”
⑥ “冲”，當作“忡”。按：《集韻》“忡懜，敕中切，《說文》憂也。”
⑦ “多”，當作“言”。按：《集韻》“詾，……訟也，……一曰衆言。”
⑧ “酗”，疑訛。
⑨ “酖”，疑訛。按：“酖”的讀音與該組同音字相去甚遠。
⑩字形中有“弘”的字，多缺最後一筆。
⑪ “~”，衍文，據奎照本、昌文本。
⑫ “聲”，當作“深”。按：《廣韻》“泓，水深也，烏宏切。”

又耳中聲

[上]汞水銀穎①頭昏又頭直貌閧鬭聲又閧仝

[平]訌潰也敗也亂也○公呟噌~鐘音也又仝鈜谼大谷名又大壑也錤弩牙又人名軳車軾也軳②仝上颫大風又大聲颰大風也又作颱帎幟

類弦安也又屋響聲軳仝軳訌③訌~大聲也硦石崩聲汯深~④無舟洪⑤水也

二十三號 吽佛語本音吼

[平]烘~焙薨君死曰~轟雷聲車聲○横義同澏水相激貌訇訇~大聲鍧鐘鼓聲吰吰~市人聲詴~訌水⑥聲翁翁~飛也

[平]⑦哄~嘍○洪眾也蕻菜~篊竹器烘罩也閧鬭聲本音洪

訩⑧訩~大聲仝詴颶風聲嗊囉~歌曲也正音洪晎晎~日欲明也聑耳中有聲穽穽~空貌焢火氣也嵿~峒山谷深貌谾谷空貌○巃山深貌

二十四號

[平]龍鱗類之長籠~罩燈~[去]⑨箱~瓏玲~隆豐也大也高也盛也聾耳~重聽也襱腳~朧朦~月欲明貌曨曈~日欲明貌鏧~餅韉馬~頭

鼘鼓寬貌嚨喉~癃禾病~頭礱做穀~[去]仝龔仝上櫳養獸檻又仝上⑩霳豐~雷師靇~~空⑪霆聲竉⑫穹~天勢谾山深貌攏~壅

[去]壟丘~冢也竉窟~庨~堂儱~僮行不正貌弄舞~又挵仝又作卡

⑬“順”後脱漏“理”。按：《字彙》“横，……又去聲，……不順理也。”
①“穎”，當作“頛”。按：《集韻》“頛，戶孔切，頭直也。”
②“軳”，疑訛。
③“訌”，疑訛。按：《廣韻》“訌，大聲。”
④“~”，當作“馮”。按：《玉篇》“汯，音宏，深馮無舟涉水也。”
⑤“洪”，當作“涉”。
⑥“水”，當作“大”。按：《廣韻》“詴，詴訌，大聲。”
⑦“[平]”，當作“[去]”，據奎照本。
⑧“訩”，當在平聲。按：原書此處換列。
⑨“[去]”，疑訛。按：《集韻》“籠，盧東切，……一曰所以畜鳥。又魯孔切，竹器。”
⑩“又仝上”，疑訛。
⑪“空”，當作“雷”。按：《集韻》“靇，……靇靇，雷聲。”
⑫“竉”，當作“窿”。按：《集韻》“窿，良中切，穹窿，天勢。”

癃① ②瘙③ 蕽充實也 橐 蘢房室之空者 蘢草名 躘~踵 龔巫也 哢鳥吟聲 隴大版也 獶獸名 朧仝龍④ 朧赤色 驡馬~頭仝籠⑤

二十五號　桶水~米~本音通

[平]彤赤也又姓 童孩~又姓 僮~僕同 㣚類也共也 仝俗仝上本古仝⑥ 衕衚~通街也 鶇鶇~水鳥名 瓹壯⑦瓦即~瓦 穜先種後熟○稑 嶂~蒙⑧

山名⑨ 橦木名花可作布 瞳目中子也 峒地下應聲 潼~關 烔熱氣~~ 桐梧~樹 朣月出 曈日出 峒空~山名又嶸~ 銅~鐵~錢 犝牛無角也 羫羊

無角也 鄲地名又姓 𢼸~~擊空聲也 筒竹~筆~又箭仝 艟艨~戰船 動⑩~靜~作又[去]切~之也 漘水浪急也

[去]胴~頭即大腸頭也 哃歌聲又多言也 慟哀過也 洞穴也[上]恭貌

挏⑪推引也 桶木~ 侗大貌 憧意不足也 躘~踵~行貌 絧鴻~和⑫ 通貌 詷譀~急言

二十六號

[平]壅塞也[上]仝即澆 雍和也[去]蔽也 癕 癰~疽 甕汲水瓶○罋城 噰鳥聲~和也 灘水名 雗和鳴也[去] 饔朝~暮餐⑬ 鷓⑭鷓~渠鴜 鴜也 邕和也又仝壅 慵

憂也 永⑮久也一作永 勇~力~猛 擁挾抱也衛也擧從也 湧泉~一作涌 踴~躍又踊仝 俑從蓺木偶人也通⑯ 甬~道 恿心喜也[去]詠歌~本音榮

咏仝上又吟哦也 泳水底潛行也

二十七號

① "癃"，當在平聲。按：《集韻》"癃，良中切，《說文》罷病也。"原書此處換列。
② "老"，疑訛。
③ "瘙"，當作"龐"。按：《集韻》"龐，盧東切，充實也。"
④ "龍"，當作"籠"。按：《正字通》"朧，俗籠。"
⑤ "籠"，當作"鞴"。按：《集韻》"鞴，……馬被具，通作驡。"
⑥ "仝"，當作"全"。
⑦ "壯"，當作"牡"。按：《集韻》"瓹，……瓹砥，小牡瓦也。"
⑧ "蒙"，當作"嵏"。按：《類篇》"嶂，……嶂嵏，山貌。"
⑨ "名"，疑訛。
⑩ "動"，當在上聲。
⑪ "挏"，當在上聲。按：《廣韻》"挏，攤引也，徒摠切。"原書此處換列。
⑫ "和"，當作"相"。按：《古今韻會舉要》"絧，徒弄切，鴻絧，相通貌。"
⑬ "餐"，當作"飱"。
⑭ "鴎"，當作"鷓"，據奎照本。按：《爾雅》"鷓鴜，雔渠。"
⑮ "永"，當在上聲。
⑯ "通"前脫"○"，據奎照本、昌文本。按：《集韻》"恿，尹竦切，《說文》痛也。一曰偶人。又他東切，《說文》痛也。"

[平]昂 日升也明也高也舉也 卬 仝上又我也古仰字 䣊① 馬驚恐② 貌 顒~頭

[去]岇 山名

二十八號

[平]剛 ~強又姓 岡 ~陵山 崗 俗仝上 扛 ~抬又摃同 肛 ~門一音江一音香 豇③ ~頭 綱 紀~總之曰~又維紘繩 鋼 ~鐵 亢 陳~人名又人頸也 缸 ~甖

杠 轎~梳~本音江 矼 聚石渡水也 罡 天~星即北斗 筻 ~竹又筏也 港 ~河~俗音本音江

二十九號

[平]黃 土色又姓 皇 美也君也 王 君也主也又姓[去]興也盛也[上]仝往 煌 ~焜~光輝炫耀眈 㲳 卵中 璜 玉名半璧 簧 笙中金葉 惶 ~恐 遑 不暇也

急也 隍 城~又城下無水池也 凰 鳳~ 篁 新竹又竹肉④ 甎 磚~正音橫 蟥 ~蟲 蝗 仝上又蟘 潢 天河 湟 滿~神名又水名 塒⑤ 堂下 殿也 瑝⑥ 玉名 徨

傍~又偟同 艎 艅~舟名 鰉 魚名一作鰉 猳 犬名 媓 女~堯也⑦ 徍 急行也又任仝 崋 地名又休~湖 瘨 ~病 癀⑧ 腸 病 黈 花藥又榮~ 鄭 國名 韹 ~鐘聲

餭 餳也~錫也 鷬 ~鸐鳥名 黈 ~塵〇公 㹂 ~牛 裰 袴~祭名〇正音為⑨ 程 榜⑩ ~椶⑪ 名 喤 小兒泣聲 晃⑫ ⑬ 旺 也光也亦明也[去]仝

[去]旺 興也又光美也明也

三十號

[平]粧 ~扮梳~又作庄錢 妝 ~次畫飾〇今作妝 莊 端 裝 ~載又裹也 臟也 㹇 牛善也 賍 得非理之財曰貪~ 臧 善也 鬤 ~髼髮亂 柾⑭ 木版盛物也

---

①"䣊"，當作"䣊"。按：《集韻》"䣊，五剛切，……䣊䣊，馬怒貌。"
②"恐"，疑訛。
③"頭"，當作"荳"。
④"肉"，當作"田"。按：《說文解字》"篁，竹田也。"
⑤"下"，當作"~"。按：《集韻》"塒，……《博雅》堂塒，壂也。"
⑥"名"，疑訛。按：《說文解字》"瑝，玉聲也。"
⑦"也"，當作"妃"，據奎照本。
⑧"腸"，疑訛。按：《集韻》"癀，胡光切，疸病也。"
⑨"為"，疑訛。按：《正字通》"裰，舊注音宏，……又音皇，義同。"
⑩"榜"，當作"榜"，據奎照本。按：《廣韻》"程，榜程，椶名。"
⑪"椶"，當作"椶"，據奎照本。
⑫"晃"，當在上聲。按：《廣韻》"晃，明也、暉也、光也，胡廣切。"
⑬"旺"，當作"暉"。
⑭"柾"，當作"柾"。按：《字彙》"柾，子郎切，音贓，木版盛物也。"

戕①繫船大杙也 椿② 橛杙也又棚也 牂③ 母羊也又牂全 滄 深水立椿也 髒④⑤ 骯~直貌又肥貌

[去]壯⑥强也堅也大也卅曰~ 葬 ~埋又塟全

三十一號 硭~硝藥名正音亡

[平]忙宂~又心迫也 茫 滄~一作泟 芒 洪水~~○亡草名 𣲷麥 盳~洋仰視貌○亡旁義全 砆⑦~碔山名又山石貌 鋩刀之鋒○亡 洴~洋 邙~北山名 尨犬也 哤~語雜亂也 忙⑧憂也又失擴 𥟇⑨貌 秥⑩禾~通作亡 盳~旱熱也

[上]莽~草可毒魚 筡~竹名其節稱 蟒~蛇又~袍 鏟~鈷~溫器 漭~沉水大貌 卣~老人不知貌又人問而不答曰~

三十二號

[平]雙偶也對也又姓 双~全上一作雙 商~量又客~又姓 賷行貨曰~商貝⑪ 殤死~夭 傷悲~損 觴~酒~又釃全 謫~度也 鶬~鶬獨足鳥舞而天將大雨 惕⑫直視貌[去]義全○ 孀~孤~婆 湯洪水~~ 瀁~~水流貌 霜露結為~ 鵝~鶼西方神鳥 驦~驦~良馬 薔~~薔藥名也 賞⑬玩~又~罰 爽~利~快 扃戶耳也 皽~呼飽食也 償報也○常

三十三號 霜本音雙今讀與雙音通

[平]桑葉可食蚕 喪持服曰~[去]~亡

①"戕"，當作"牀"。按：《玉篇》"牀，子郎切，繫船大杙也。"
②"栈"，當作"弋"。
③"栈"，當作"杙"。按：《說文解字》"椿，橛杙也。"
④"髒"，當在上聲，據奎照本。按：《古今韻會舉要》"髒，子朗切，骯髒，體胖也。"
⑤"骯"，當作"骯"。
⑥"堅"，疑訛。按：《字彙》"壯，……彊也、盛也、碩也、大也。《曲禮》三十曰壯。"
⑦"碔"，當作"碭"。按：《集韻》"砆，……砆碭，山名。"
⑧"忙"，當作"恾"。按：《字彙》"恾，謨郎切，音茫，憂貌，又失據貌。"
⑨"擴"，當作"據"。
⑩"亡"，當作"芒"。按：《正字通》"秥，與芒通。"
⑪"商貝"，疑訛。
⑫"視"，當作"疾"，據奎照本。按：《集韻》"惕，尸羊切，惕惕，行直疾貌。"
⑬"賞"，當在上聲。

[上]磉~礎 顙~額也 嗓~喉 鬖~鼓材 㾪~馬病 縔~繭也 襨~衣敝 鰠~黃~魚也

三十四號

[平]房~屋 亡~逃~死~失~滅 〇無全无 忘~失也遺也 釯~鋒亡兩端 芒~草耑〇忙 鲂~鮣~魚~苊~ 莣~蔓萱也 蝱②~縷 矿③~硝~藥名 輞④~車~車輪外

圓曰~魍~魎又蝄全 調~誣也又誃也詨全 惘~然失知貌 網~魚~ 罔~無也又仝上 聑~耳疾也

[去]妄~欺~諲~責~望~月半曰~望~仝上又~瞻~令聞令~

三十五號

[平]常 常也久也經也庸也 牀~眠~又牀全 嘗~試也口~味也冬 祭曰~嘗~口~味也 裳~上曰衣下曰~ 償~還也酬也報也賞曰雙 霖~久雨曰~ 鱨⑥~沙 即

黃頰魚 饟~食無廉也 幢~旛~嫦~月裡~娥~ 徜~徉猶徘徊

[去]狀~元形~ 撞~擊也[平]仝~戇~无~又~愚也

三十六號

[平]牕~門又窓全 昌 善也盛也本音暢 菖~蒲 倡~優女樂 娼~仝上又~妓女 閶~閶天門也 猖~狂又~獗 鯧~片鯗 幨~衣披不帶 淐~水名 唱~曲本

音暢詳暢音

三十七號

[平]汪~洋又姓 洭⑦~深廣貌俗仝上 尫~曲脛樓 背貌 眶~眼淚~~ 枉~屈也 徃~來~ 浬~水~堂 釀~發~酒也

三十八號

①"鮋",當作"鮏"。按:《爾雅》"鲂鮏,……一名鮏。"
②"縷",當作"蟟",據奎照本。
③"硝",當作"硝"。
④"輞",當在上聲。
⑤"冬",當作"秋"。按:《爾雅》"秋祭曰嘗。"
⑥"沙",當作"鯊"。
⑦"洭",當作"浬"。按:《集韻》"浬浬,烏光切,《說文》深廣也。"
⑧"樓",當作"僂"。

31

[平]康~寗 穅~穀皮 糠米皮 潄虛也 槺~梁虛梁也 穅狼~身長也

[上]坑陷也秦始皇焚書~儒 慷~慨 軒車軌 亢過也高也抵也敵也怨也蔽也〇岡 伉~儷配偶也又仝抗〇岡正直貌 园藏~ 匚~床 抗扞也蔽也 炕

火~又仝上

三十九號

[平]蒼深青色又穹~天也[上]莽 草野之色也① 倉~廒 鶬~鵝〇鎗和聲 瘡~毒 滄~海〇昌寒也 瑲玉名 愴悽~〇昌義仝一音搶 截船~撐② 船木也

創始~也一作刱 賶積貨也

四十號

[平]堂明~又~屋 塘堤岸海~ 唐~堯國名又姓 膛胸~又肥貌 膅肥也 螳~螂 搪~摸觸也 傏~儌不遜 螗蟬也~ 棠甘~又~柴 糖飴也白~一作餹

餹人面有紫~色 溏池~ 榶~棣木名 蹧跌~③ 頓佚④又踢仝 蕩⑤大也魚~遊~[去] 鐋黃金為~

[去]宕石~放 逿陽醉~地 蘯毒藥草 盪滌器也又排 燙滌~也 閌門不開也

四十一號

附鰟~皮魚本音房

[平]旁~邊側也又窈仝 螃~蟹 厖高屋也又姓 厐面~ 防隄也禦也〇方義仝 膀~胱 彷~徨又榜仝 逢姓也~ 傍~惶恐貌 霶~沱大雨 雱雨雪其~

蚌蛤屬又~粉 蜯仝上~ 棒~杖~槌 傍靠也倚也[平]仝上旁 滂~沱大雨

四十二號

[平]搒~棉花本音邦

---

① "莽"後脫漏"~"。按：《字彙》"蒼，……又上聲，菜莽切，莽蒼，草野之色也。"
② "撐"，當作"捍"。按：《廣韻》"截，捍船木也。"
③ "跌~"，當作"~跌"。按：《字彙》"蹧，……又蹧跌，頓伏貌。"
④ "佚"，當作"伏"。
⑤ "蕩"，當在上聲。

32

[上]髈_{脚~手~}

[去]胖_{肥~之~正音判盤}肨_{脹臭貌}䏸_{面腫也上全}①

四十三號

[平]藏_{隱~[上]府~}

[去]臟_{五~}

四十四號

[平]狂_{~妄}痓_{~痴}

[上]逛_{走也}

[去]誆_{謬~又口出~言○匡}

四十五號

[平]方_{姓也又正也}肪_{脂也}祊_{祭四方也也○崩}坊_{街~作~牌~}枋_{門~又木名}妨_{碍也又不~}芳_{芬~香也德之貌也}筭_{竹名}②

[上]昉_{旦初明也}紡_{~花}髣_{~髴猶依稀也}彷_{全上~彿○旁}眆_{睎見似不諦}倣_{倣也依也}

[去]放_{縱也又~肆[上]依也}訪_{~問又昉全}舫_{大船也}

四十六號

[平]囊_{袋也}攮_{推~}曩_{昔也}

[去]儾_{緩也即伩也}

四十七號

[平]當_{理~抵~[去]中也又~鋪}璫_{玎~玉聲}襠_{褲~}

---

① "上全"，疑訛。
② "名"，疑訛。按：《集韻》"筭，……竹器也。"

[上]黨 鄉~朋~又三~　党 ~項膚名又姓　攩① 直言也善言也　灙 水名又漭~水貌　擋② 掘~　讜 言中理也　檔 橫木框也

四十八號　党 ~又正音當

[平]湯 滾水也又姓[去]熱水沃也　鏜 鐘鼓聲又以鉄貫物　瑒 以手推也

[上]倘 ~然~或○敵義仝　帑 ~銀内~庫也　儻 個~不羈也又高遠也　錫 平木器也　攩 排~

四十九號

[平]邦 ~國　梆 敲~　帮 ~身~串　靽 鞋~

[上]綁 細~　榜 標~[平]船打~又楄仝　鞁③ 小人 皮履

[去]謗 ~毀　艕 ~人習水

五十號

[平]穰 禾莖也豐也　攘 推也獲也除也竊也袪逐也[上]擾也　禳 祈~除癘殃也　鄭 地名　勷 急遽也　瀼 ~~露多貌

[上]上 上下○本音常　壤 土也　尚④ 崇也貴也又和尚　讓 謙~又~價錢　懹 懷~

五十一號　穬 ~秈米本音公

[平]光 明也　胱 膀~水府　洸 水涌也

[上]廣 闊~東~西　桄 ~椰木名　誑 欺~今讀光誤

五十二號

---

① "攩"，當作"讜"。按：《集韻》"讜，底朗切，善言也。"
② "掘"，疑訛。按：《字彙》"擋，……拼擋。"
③ "人"，當作"兒"。按：《集韻》"鞁，……一曰小兒皮屨。"
④ "尚"，當在去聲。

[上]盎盆也坱塵也噫①聲也曭~暿②無光也醠濁酒也

五十三號 講音與江音通姜音亦近

[平]江~湖北音出字典釭燈也〇公樁棚~本音壯

[上]講~論港河~耩耕也〇溝義

[去]洚~洞無涯之水〇洪絳大赤色〇貢工也降下也〇杭愘恨也〇杭壯肥~本音莊

五十四號

[平]郎兒~又姓廊~廟遊~宦~㝩虛空也螂螳~狼豺~榔檳~[上]叶琅~玕~琊瑯仝上莨旺水苗䡂③仝上筤蒼~竹

[上]朗明也䡂~褬衣敝也

[去]浪波~[平]滄~水名閬~苑又高門蒗~蕩毒藥草眼晒~衣服蒗~蕩渠名諒諺~

五十五號 㲉鴨蛋~本音黃

[平]荒~蕪~年謊夢言也肓心一④鬲下曰~慌~惚~憧恍仝上又怳同謊虛~即說~假言也

[去]況寒冰譬擬也矧也况仝上又今時忽然娶親曰~親貺賜也與也誑欺~本音光

五十六號

[平]航渡也又方舟也杭~州又仝上降服也衖~衖樂人也行~列牙~愘懼也〇江侅傭~不伏〇江

[上]頏頡~又咽也吞也又~頸翃仝上飛而下曰~

①"噫"，當在去聲。按：《集韻》"噫，於浪切，聲也。"
②"無"前脫漏"日"，據奎照本。按：《集韻》"曭，於浪切，曭暿，日無光。"
③"䡂"，當作"稂"，據奎照本。
④"一"，當作"上"，據奎照本。按：《說文解字》"肓，心上鬲下也。"

[去]巷里~衕同 衖 筇曬衣 筊仝上 項~頸又大也又姓 桁械也①② 㮰足及項皆曰~ 又~條

五十七號

[平]匡正也又同下〇汪同㠮 恇恐也 筐竹器方者曰~ 洭桂水 眶眼~ 劻~勷急遽也 誆騙〇正音任 框~檔

[去]曠空闊也又~夫 矌目無眹〇郭 纊絮之細者 曠遠也 儣俍~不平 壙墓穴即石~磚~

五十八號

[平]姜姓也 薑生~老 殭屍~ 礓~ 蠲~ 僵偃也仆也償也 疆~場~界~ 畺~界一作畕 彊萬壽無~〇羌 韁繩又繮同 江川之大者曰~〇降

鏹以貫钱今讀羌 襁~褓小人衣今讀羌

五十九號

[平]香芬芳之氣 鄉~村[去]同向 薌穀氣 皂穀之馨香 瘑氣病 麐麛~獸臍

[上]享獻也又宴~古作亯 饗仝上 響應聲也又响同 蠁~絲知聲蟲 蚃仝上

[去]嚮往時也明也不久也 向方~又姓 缿仝上[上]仝饗 餉餽~ 蓄~尾草

六十號

[平]楊~柳又姓 陽陰~太~ 易太~之精 羊~曰柔毛 揚表~ 洋海~又~釽~布 徉彷~徙倚之貌 佯詐也即~狂 錫鏺當馬額者 暘~谷日出處也仝

陽 瘍瘡痍 羏③鶲~舞而天將雨 煬爍金也又烊仝 鍚鼠名 垟土精也

[上]養~畜④[去]奉~ 癢痛又痒仝 䑋~~欲吐 懩心所欲也 颺⑤飛~又大言而疾曰~ 恙病也 樣式〇象又禄又仝禄⑥ 餹餌也

六十一號

①"也"，衍文。按：《古今韻會舉要》"桁，……械夾足及頸皆曰桁。"
②"㮰"，當作"夾"。
③"羏"，當作"鶲"，據奎照本。按：《集韻》"鶲，余章切，鶲鶲，鳥名，舞則將雨。"
④"~畜"，疑當作"畜也"。按：《玉篇》"養，餘掌切，育也、守也、樂也、畜也、長也。"
⑤"颺"，當在去聲。按：《廣韻》"颺，風飛，餘亮切。"
⑥"禄"，疑訛。

[平]長 久也又~短 ○悵 脹 肚~又腸全 場 壇~又腸 全① 萇 楚~ 蓈 雞~草 跟 跪拜也

[上]杖 拐~ 丈 十尺曰~又大~夫[去]函 仗 餘~[上]② 刀猗~~③

六十二號　　讓~償錢本音上

[平]娘 爹~ 孃 仝上[上] 仰④ 舉首望也○卬 釀⑤ 醞酒為~

六十三號

[平]強 ~壯~健又木中蛀蟲 彊 仝上○姜 攝 扶持也 蔃 ~菜即百合也

[上]弳⑥ 穿~以取禽獸也 橿⑦ 仝上 謽 詞不屈 殭 屍~

六十四號

[平]鎗 刀~○本音撐 斨 斧也 鏘 佩玉~ 蹌 疾行也

[上]磢 鏹~又以⑧石洗物 錴 俗仝上 搶 ~搶[平]仝 摤 突也即爭取也 剩 皮傷也○倉

[去]嗆 ~喉 麶 麵敗曰~

六十五號

[平]央 中~ 殃 災~ 秧 禾苗 鉠 ~~鈴聲 鴦 鴛~ 泱 ~~水深廣貌

[上]怏 ~情不滿足也 鞅 駕馬具在腹曰~

六十六號

①"腸",疑訛。
②"[上]",疑訛。按:《廣韻》"仗,憑仗,直兩切。又器仗也,又持也,直亮切。"
③"刀猗~~",疑訛。
④"仰",當在上聲。
⑤"釀",當在去聲。
⑥"穿",疑訛。按:《集韻》"掆弳,其亮切,《字林》施罟於道。一曰以弓胃鳥獸。"
⑦"橿",當作"掆",據奎照本。
⑧"以",當作"瓦"。按:《廣韻》"磢,瓦石洗物。"

37

[平]祥瑞~　庠~者養也又詳也　詳端~又審也論也　薔薇花~　牆尼~又墙仝①　戕傷也　嬙嬙~　翔翱~回飛也　檣帆柱又昭君名王~②

[上]象牙~　橡蟲~　像神~　匠工~③

六十七號

[平]梁棟~又橋　糧食~又錢又粮仝　良善~心又長也　量較~商[去]度　涼薄也一作亮佐助也　凉冷也　踉跳~勇躍貌　飆北風也[去]仝　粱粟屬

輣④鞋~　裲~襠　魎魍~一作蜽　兩再也又斤~[上]車數⑤　两仝上又兩仝

[去]倆伎~巧也　亮明~又姓也尊~也⑥　諒信也料也　哴咙~啼也　喨响~又仝上　輛車~　悢索也遠也○競義同惊　惊悢~悲也

六十八號

[平]湘~湖　厢側~　鑲嵌金~玉　驤馬躍也馳駕也舉也遠也　襄贊也平也成也返也駕也徐~⑦也解衣耕也　相省視也質也[去]丞~又助也　箱衣~

[去]⑧想思~　蓄白~鱄~

六十九號

[平]羌西夷也強也俗作羗　腔~調俗作肛　羫羊~

[上]強勉~又彊仝　襁褓正音姜

[去]嗴秦晉謂兒泣不止曰~

七十號

①"尼",當作"泥",據奎照本。
②"又昭君名王~",當為"嬙"的釋義。
③"匠",當在去聲。
④"輣",當在上聲。按:《字彙》"輣,同緉。"
⑤"[上]",當作"[去]"。按:《廣韻》"兩,車數,力讓切。"
⑥"尊",當作"導"。按:《字彙》"亮,……又明朗也,又導也,又姓。"
⑦"徐",當作"除"。按:《字彙》"襄,……又贊也、平也、成也、返也……又駕也……又除也。"
⑧"[去]",當作"[上]"。

[平]張開~主~又姓[上]陳設也粻粮也餦~餭錫[1]也章文~又姓讀莊璋半圭曰~獐鹿屬又麞仝慞~惶彰著也明也嫜姑~夫之兄曰兄~偉仝上又~遑恐懼貌禕~禕[2]行不正也鄣紀邑名漳水名樟大~樹今讀莊

[上]長~者~大兏鞋~子掌手~仉孟母姓~

[去]帳幃~漲大水貌脹彭[3]~又瘬同墇沙墳起貌嶂山如屏~瘴~氣障蔽也隔也瞕目生翳也今讀莊賬~目俗字

七十一號

[平]倀虎~鬼~~無所見貌

[上]敞明也廠棚~氅鶴~羽衣也

[去]暢~快又長也適也充也悵惆~不樂韔弓衣鬯鬱~之酒灌地降神唱~曲豁也高也明也昌日光也善也盛也

七十二號

[平]將~來[去]~帥螿寒蟲鱂白眼~魚名漿米汁

[上]蔣姓也[平]水草獎勸也勵也槳~船艕仝上檝屬醬醢~又~油

七十三號 渚瓜~湖本音朱煮~飯本音朱

[平]支~吾持~~取又~派枝~條肢~體巵酒~梔黃~花諸姓也本音朱祇適也但也〇其胝皮厚也之往也又助語辭脂~膏芝靈~又~麻又~塘湖菑田荒又不耕田也緇黑色輜載衣物車淄水名貲~財資仝上又取也給也~質觜星名髭~鬚在口上曰~咨嗟也諮仝上又多言姿美態粢~盛飯也齊~衰孝服茲此也今也孜汲及[4]~~又孳仝滋~潤鎡田器耔除算[5]也趦~趄不進貌仔~細任也克也鮨魚名又鰭仝齎~裳下縫[6]也葺~菜訾~之言量也毀也〇士

①“錫”，當作“餳”。按：《集韻》“餦，……餦餭，餳也。”
②“禕”，當作“徨”。按：《集韻》“禕，……禕徨，行不正。”
③“彭”，當作“膨”。
④“及”，當作“汲”。
⑤“算”，當作“草”，據奎照本。
⑥“縫”，疑訛。按：《玉篇》“齎，……裳下緝也。”

[上]梓~樹滓~渣芋~耕芸子尤①~○同慈只止也紙書~俗作紙咫全上趾交~國又足芷白~藥名咫尺~近指手~又揮也沚沼~址基也

旨型~又甘口②美味紫~紅徵宮商角~羽砥磨石止住也姊~妹秭針~刺釪剛也胏腊有骨砒礪石

[去]漬漸~嘖切肉也恣縱肆柴積也積儲蓄也

七十四號

[平]癡~獸不慧也痴全上笞策擊即打小板子眵目汁凝也嗤~笑鴟~鴟鳥名螭~虎絺~精葛瞝歷觀也魑~魅蚩~蚣③也又敦厚貌貔~貔獸

[上]恥羞~又恥全上侈~奢褫奪也脫也解也○治祉福~又喜也熾④火盛⑤也饎酒食也○喜翅~魚~○試義全

七十五號

[平]池~沼馳~驟持~執蚳蟗子蟲也遲~緩[去]希望也篪樂器仲氏所吹治⑥政理也[去]為理與功效也踟躕~行不進貌墀丹~坻~水渚曰~紙止也⑦箈簾~雨具

[上]豸蟲~無足曰~○柴痔~瘡峙山屹立貌雉~雞跱~具也時全上踦全上~躕不前

[去]稚幼也少也又幼禾也稺幼禾也全上又嬌⑧也穉稻~頭全上滯滙~泥~彘豬也

七十六號

[平]詩~書屍死人曰尸全上又陳也主也厠~⑨又養馬賤役師法也衆也習學也思~想[去]意也篩米~又音晒獅~子蓍~草也偲相切責也

楒^①~斯此也又姓 蜤螺 醨美酒也分也疏也〇晒^② 澌水流貌〇西 私不公也 施用也加也設也又喜悅貌又姓 葹加倍也正音西 鳲~鳩布穀鳥

也 鬠~鬆多鬚貌 罳~瓜本音遙 罳~網屬又~思也 絲可作緦又十忽曰~ 緦~布喪服三個月服 司~命[去]~務 鷥鷥~

[上]史~鑑太~又姓 弛弓解弦也釋也 豕豬總名 矢箭也誓也 使^③差[去]~遣人問聘^④曰~ 駛馬疾行也 死歿也 始初也[去]~終 伺~候也察也

笥竹~箱 賜頒也~惠也

[去]肆放~又逆^⑤也〇仝肆別^⑥ 駟~馬高車 泗~水 四~倍二為~

七十七號 始音與詩音通今讀渾

[平]屍死~本音詩

[上]始~終

[去]世~代三十年為一~ 貰賒~又恕也 試~駛又用也常^⑦也 施佈~〇詩義同 勢威~權~俗作勢 啻言不止如此〇翅~翄翼也 弑殺君父皆曰~

七十八號

[平]知曉道也^⑧[去]同智 茢~莓^⑨藥名 蜘~蛛

[去]痣面上黑點曰~ 智~慧 置~辦又~安又赦也棄也 製~作又雨具 至到也止也 制節也裁也斷也正也造也卸^⑩也檢也度也 致極也到也使也至也

又~意 志心之所之也又記也 庢窒~ 贄執~又質同 懥忿怒也 觶酒器〇支 識記也 誌記也又仝痣 輊車之覆而前也 鷙鳥名 晰小明也 挚握持也〇

逆危也 忮狠也害也 齒吳俗盛物於器曰~ 鋕銘也 織~文錦綺屬 緻密也又精 騭馬重貌 躓礙也跲也頓也

①"想"，當作"相"。
②"晒"，疑訛。
③"差"後疑脫漏"~"。
④"問聘"，當作"聘問"。按：《洪武正韻》"使，……又遣人聘問曰使。"
⑤"逆"，疑訛。按：《字彙》"肆，……放也、恣也，又遂也……又與剔同，解牲體也……又與肄同。"
⑥"別"，當作"剔"。按："仝"後的"肆別"都是"肆"的通假字，所以並列。
⑦"常"，當作"嘗"。按：《洪武正韻》"試，……用也、嘗也、探也、較也。"
⑧"道也"，疑訛。
⑨"莓"，當作"母"。按：《字彙》"茢，……茢母，藥名。"
⑩"卸"，當作"御"，據奎照本。按：《古今韻會舉要》"制，……《增韻》正也、御也、檢也、法禁也、造也。"

41

七十九號

[平]時~節又得~ 茨~菰茅 塒雞廚 提朱~出銀縣名 鰣~魚 匙茶~鎮~堤同 辭言~又不受也 辞仝上 詞仝上又~訟 磁吸鐵也 漦涎① 沫一日

疿順風 疵黑類疾也又病也 慈心柔也又慈母 玼玉之病 鷀鸕~水鳥 祠~堂 鎡~器即碗類 飱麻一作餈

[上]恃依怙也賴也 俟待也大也又姓○其 是~非 姒太~文王妃又姓又弟妯娌相稱 似物相似也 仕為官曰~ 氏姓~ 市~鎮之② 柿~子又枾仝

巳地支 汜水決後入曰~ 視看也比也效也 祀祭 秅末 觗爵杯又野牛 涘水涯 士儒者之稱又~卒

[去]寺司也姓也又~院又仝侍 侍從也近也承也 閽太監同寺 事~業服 自己又由也 示告~指 逝往也亡也 攰苣 嗜~欲 諡法誄行立號以易名也

飼~小人飯 飤仝上又餕飤 食以食~人 牸牝牛 羘牝羊 字~號又愛也養也 噬齧也 誓~盟 筮占~ 嗣繼也姓也 舐舌取物也

八十號　鮆鯉~本音紫

[平]雌~雄 差參~不齊 縒參~亂絲 嵯山不齊貌○嗟

[上]此彼~ 齒上曰~下曰牙又~年也列也 玼玉色鮮潔貌 次③亞也又~第 刺諷~行~針~○辣 載楊~喇 枘楣~壁 伙便利也比也助也 髢婦人首飾 荊草木針也又~菱 廁溷也圊④也即糞坑又厠同

八十一號

[平]而然~ [上]汝兒~子 鯢魚子也 輀喪車 濡烹煮也也出內則 胹仝上又爛也 枅梁上柱也

[上]駬騄驪駿馬 爾汝也又語辭 尒仝上 耳~目又語辭 邇近也 栭木~生枯木 餌香~ 珥耳璫也 咡⑤口旁也 二一之次也 貳仝上又式 刵削也 刵截耳刑 樲棘小棗

---

①"涎",當作"漩"。按:《古今韻會舉要》"漦,……一曰流漩出貌。"
②"之"後脫"~",據昌文本。
③"次",當在去聲。
④"圖",當作"圊"。按:《說文解字注》"廁,清也。清圊古今字。《釋名》曰廁言人雜廁在上非一也。或曰溷言溷濁也。或曰圊言至穢之處。宜常修治使潔清也。"
⑤"咡",當在去聲。按:《集韻》"咡,仍吏切,口旁曰咡。"

八十二號　夷音與義音通　畦音與為音通　　余 姓也~支村名本音俞

[平]夷 傷也減也又東~ 痍 瘡~疾也 庌 廄~門閣① 沂 水出泰山○② 義銀並全 毚 小鼠也 轊 車輪轉一周也 疑 蹲踞 扡 移也 訑 ~~拒人貌○ 蛇

儀 義也法也正也宜也度也容也叶音疑 畦 田五十畝曰~又區也 棟③ 赤棟 嶷 九~山名舜葬處 蹊 徑路也又穿徑 傒 全上 彝④ ~常也法也 彝 俗全

上 姨 ~母又~娘 荑 芟刈也草名○地 遺⑤ 失也除 也陳迹也○位 匜⑥ 盥水淨 [上]同 移 易也徙也迫 也禾相倚也○稱 酏 薄粥也酒也[上] 貽 遺也賜也

蛇 維虺維~讀沱亦可 圯 楚謂橋為~ 台 我也 怡 ~~和悅貌 頤 頷也養也又卦名 奚 何也兮 諆⑧ 之有所稽也禾歌辭 傒 東北夷名 觿 角貌 胰 夾脊肉也

胆 全上~脂可洗油膩 攜 提~又維⑨ 也達⑩ 也 攜 全上 飴 錫糖也

[上]已 止也古作目 以 所~然助語辭又作㠯 矣 語辭又決辭 佁⑪ 癡~ 不前 苢 薏~仁可食也 系 繼也緒也 禊 祓~上巳除惡祭名 訑 多言也 詒 贈言也

既也遺也

[去]異 竒~又异同 易 容~難 泄 ~多人也又~~飛之緩也 係 干~一音計 繫 世~○計○⑫ 摯 聯絡也 殢 尢~本音替 施 ~~从外來又及也延也 裔 衣

裾末也胄也來~後嗣也又子也 肆 習也勞也 袘 衣袖也又衣長貌 曳 引也○亦 盻⑬ 眼~ 視貌

八十三號

[平]皮 ~膚 魮 麩皮也 紕 ~飾組也○批 毗 輔也畧⑭ 也毘全 朧 厚也牛肚百葉也 貔 ~貅又貔全 魮 鮍~小魚也 琵 ~琶 罷 倦也乏也 疲 全上 羆 熊~

① “閣”，疑當作“關”。按：《古今韻會舉要》“庌，……門關謂之庪庌。”
② “○”，當在“銀”前。按：《字彙》“沂，延知切，音夷，水出泰山……又魚巾切，音銀。”
③ “棟”，當作“棟”。按：《說文解字》“棟，赤棟也。”
④ “東”，疑訛。按：“彝彝”為異體字。《字彙》“彝，……又常也……《詩大雅》民之秉彝。”
⑤ “除”，當作“餘”。按：《字彙》“遺，……失也、亡也、餘也、陳迹也。”
⑥ “淨”後疑有脫漏。按：《古今韻會舉要》“匜，……《增韻》盥手沃水器。”
⑦ “迫”，當作“延”。按：《字彙》“移，……易也、徙也、延也，《說文》禾相倚也。”
⑧ “諆”，當作“語”。按：《說文解字》“兮，語所稽也。”
⑨ “維”，疑訛。按：《字彙》“攜，……提攜也……又離也，又連也。”
⑩ “達”，疑訛。
⑪ “癡”，疑當作“~儗”。按：《說文解字注》“佁，……佁儗，不前也。”
⑫ “○”，衍文。
⑬ “眼”，當作“恨”。按：《說文解字》“盻，恨視也。”
⑭ “畧”，當作“厚”。按：《古今韻會舉要》“毗，……一曰輔也，……一曰明也、厚也。”

43

陴 城上大~牆[1] 枇 ~杷菓名也○批[2] 鼙 小鼓騎上鼓也 蚍 ~蜉大蟻 粃[3] 米皮 裨 偏將○彼 脾 ~胃 詖 辯也佞也○卑 髀 股也 豼 ~臀 狴 犴獄也 陛 殿~

又階級也 庳 小屋○畀 婢 奴 被 ~褥[去]覆也蒙也○批○[4] 荷衣曰~○佩義同 比[5] 和也徧也 篦 ~箕又箆全 鞞 ~鞍 ○米 鞁 鞍上被也 避 賢者~世

辟 全上 備 具也足也偹也 俻 全上 贔 ~屭墓前石龜好重今作碑座 弊 情~私 獙 敗壞也死也困也朴[7] 也惡也 蒲 以筋貼弓曰~ 敝 壞也 斃 死也 幣 ~帛 鏫

治刀利也 庇 福~○ 鼻 肺之竅也所以引氣也今讀別

八十四號 俗讀批音有在配佩二音中 丕 大也奉也○本讀配

[平]批 ~評披 開也分也荷衣田[8] 剃 ~削剡 刀批[9] 也全上[10] 皮 屍 女陰戶也○皮 砒 ~礵毒藥砒同

[上]否 塞也卦名也○比○缶 痞 ~塊 仳 離別也 圮 傾~毀也 陂 器破未離曰~隙 澼 ~堄女牆○皮 壾 大也又人名 庀 治也 譬[11] ~諭辟 全上 彎 馬韁

[12] 屁 洩氣也即放~ 睥 ~睨傍[13] 視

八十五號

[平]稽 考也又縣名○啟首 嵇 全上 乩 古稽字又卜以問疑 幾 近也微也[上]~何[去]將及未己 其 語辭[去]語己辭 饑 ~餓又飢也 箕 竹名 筥 ~籤~

譏 ~諷誚 雞 ~有五德號曰翰音 鷄 全上 磯 水激石也 機 布~机 ~關[上]木名 筓 簪也 羈 馬絡頭也 羇 全上~旅之 覊[14] 又全上 奇 數也 肌 ~膚

肌 ~骨 璣 珠之不圓者 稘 月周年又復也 期 全上 基 ~址又根 姬 姓也 禨 福也 几[15] ~桌 麂 鹿屬 蟣 ~虱又幾全~綱 紀 ~綱 己 自己又身之私懟

---

① "大"，當作"女"。按：《說文解字》"陴，城上女牆俾倪也。"
② "批"，疑當作"彼"。按：《正字通》"枇，頻靡切，音皮，……又音彼，與杮同。"
③ "粃"，疑訛。按：《字彙補》"粃，普妥切，音頗。"
④ "荷衣"前衍"○"。
⑤ "比"，當在去聲，據奎照本。
⑥ "鞁"，疑訛。按：《字彙》"鞞，步禮切，音避，鞞鞍。"
⑦ "朴"，當作"仆"。按：《說文解字》"獙，頓仆也。"
⑧ "田"，當作"曰"。
⑨ "批"，疑訛。按：《集韻》"剡，……刀析也。"
⑩ "全上"，疑訛。
⑪ "譬"，當在去聲。
⑫ "疆"，當作"韁"。
⑬ "傍"，疑訛。《集韻》"睥，……睥睨，斜視。"
⑭ "之"後疑有脫漏。
⑮ "几"，當在上聲。

44

[上]①季 一年四~又少也雅② 也 計~策~算~ 薊 州名又末也又姓 暨 諸~縣名〇忌 寄~托 罽 魚網 冀 望也 驥 善馬之名 繼 續也紹也又繼全 髻 頭~

覤~鵙希幸也 洎 肉③~又音忌 既 盡也已也〇喜同饖 炁 飲食逆氣不得息也 記~號~念 羿 畢~纖羽毛為之 係 干~〇異 繫 維也繼也緝也〇異 要 律有~姦罪條將男作女

寄~托

八十六號

[平]其 指物之辭〇異 祈~禱 俟 万④ 姓 畿 邦~千里仝圻又姓 祁 姓也大也眾也徐也 琦 玉名又大貌 蜞 蚰~蠐 蚚 仝上又蝤~蟹 奇 異也 錡 三足斧⑤ 也〇宜 騏 良馬青黑色 岐 山~ 祇⑥ 地神也安也〇支 蘄 州也又姓 芪 黃~藥名 期~望~票〇基 淇 水名 騏⑦ 平板 棊 圍~象~棋仝上又碁同 旗 旌~又旐同 琪 玉名 綦 青黑色 其 荁莖〇記 麒~麟 耆⑧ 老又自 也強也 殯 嬴⑨ 弱 歧 二塗謂 跽 長跪也 技~藝~巧 妓~女~伎~倆

[去]悸 心動又垂貌 暨 及也〇既 騎~馬 芰 荷又四角菱 忌~憚又禁~又~日 惎⑩ 謀也恭⑪ 也敬 也

八十七號

[平]微 隱也細也無也少也衰也 溦 小雨 惟 獨也思也 維 方隅也繫也 唯 仝上三字通用〇畏 濰 水名 薇 薔~花紫~花 肥 壯也 腓⑫ 足脛 也

[上]亹 不倦之意〇門 尾 首~

[去]味 食~未 己之對也又地支 菋 五味子

八十八號

①"[上]"，當作"[去]"。
②"雅"，當作"稚"，據奎照本。按：《字彙》"季，……稚也、少也。"
③"~"，當作"汁"。按：《洪武正韻》"洎，吉詣切，肉汁也。"
④"覆"，當作"複"。
⑤"斧"，當作"釜"。按：《集韻》"錡，渠羈切，釜屬鬵屬。"
⑥"祇"，當作"祇"。按：《集韻》"祇，翹移切，《說文》地祇提出萬物者也。"
⑦"平板"，疑訛。按：《廣韻》"騏，騏䲙，舟名。"
⑧"自"，疑訛。按：《字彙》"耆，……又至也，言至老境也。又強也。"
⑨"嬴"，當作"羸"。
⑩"恭"，疑訛。按：《古今韻會舉要》"惎，……《說文》毒也，……一曰教也。"
⑪"敬"，當作"教"，據奎照本。
⑫"徑"，當作"脛"。

[平]黎~明又眾也又姓 釐理也又十毫曰~ 厘仝上又兀① 仝 驪~驢子又 貍狐~又貍仝~○理也 蜊蛤~ 璃~玻 嫠寡婦也 剺割也又分破也又直破也 梨消~

漳~麋 棃仝上 藜~藋又葵 籬笆~ 犂~牛黑色 犁耕具 黧②色 鸝~即黃鸝 罹遭~ 璃琉~ 漓水參③入地 灘雨淋~ 驪馬純黑貌 孋姬~

蠡蚌屬也人名澤名 桿土蠆又④ 裏衣~內也又裡同 醨薄酒~ 羸~瘠

[上]履足所依也又夏~橋 鯉~魚魚名 理料~又條 里閭~ 禮~樂義礼仝上 醴甘也~酒~泉 李~子又姓一作娌~妯~兄弟之妻 鱧鳥~

[去]颲~風聲 慄惡~又恐也 劙~碎~開 離漸相遠也[平]別~訛作離⑤ 淚水底流貌 莉茉~花 麗華~美也高~國 詈罵也 儷伉~又與儷仝 隸~

書又皂 涖臨也又泣同 吏書~部 利~息鋒 荔~枝又離仝 例律~又類也概仝 俐伶~ 礪磨石 勵勉~ 厲仝上又嚴正⑦ 也烈忌⑧ 也思⑨ 也○賴仝

瘌瘍 滷以衣涉水曰~ 痢~疾瀉病 痟疾疫病 糲粗~○賴仝 戾⑩垂 也罪也止也很也 遘⑪也 禰⑫無祀鬼 蠣牡~ 唳鶴鳴曰~ 悷恐~ 隷以袋~⑬ 捩~裂也

八十九號

[平]飛~翔 非不是也貢⑭也[去]是非 妃嬪~ 菲芳~茂貌[上]薄也 霏細雨~~ 霜仝上 誹謗~[去]仝 痱風疾也

[上]悱欲言未能 匪非類又仝斐 斐文貌 篚箱之圓者曰~ 榧~子可食 胐月未盛明也 吠⑮狗口⑯曰~ 肺心~金臟 廢壞也~物不成材 費~耗又

~用 疿~子熱生小瘡 翡~翠鳥羽 剕刖足又跰仝 芾~蔽~未盛貌 柿木費爿又橘仝 扉草屨 鐨小釘~ 狒~~食人獸

① "兀"，疑訛。
② "班"，當作"斑"。
③ "參"，當作"滲"。
④ "蠆"，疑訛。按：《洪武正韻》"桿，鄰溪切，鏊也。"
⑤ "離"，疑當作"禲"。按：《正字通》"禲，離字之偽。"
⑥ "離"，疑訛。
⑦ "正"，當作"整"。按：《廣韻》"厲，惡也，亦嚴整也，烈也、猛也。"
⑧ "忌"，衍文。
⑨ "思"，當作"惡"。
⑩ "垂"，當作"乖"。按：《廣韻》"戾，乖也、待也、利也、立也、罪也、來也、至也、定也，又很戾。"
⑪ "也"，當作"～"。
⑫ "遘"，疑訛。
⑬ "～"後脫漏"醬"，據奎照本。
⑭ "貢"，當作"責"，據奎照本。按：《廣韻》"非，不是也、責也、違也。"
⑮ "吠"，當在去聲。
⑯ "口"，當作"叫"，據奎照本。

九十號

[平] 妻夫~^①[去]女嫁人 萋~~草盛 悽~愴 淒淒涼也 淒寒也

[去] 泚汗出貌〇此義今同讀西 砌~礩~路

九十一號

[平] 希少也望也施也 俙依~[上]仝 郗姓也 犧~牲 曦日光 僖樂也 嬉遊~又美姿顏也 嘻噫~歎聲 禧福也 熹炙也熱也燬也 醯醋也酸也 熙和也 稀疏也少也 譆痛呼而言之也 睎觀望曰~ 瞦目童子精也 曦目動也 欷歔~悲泣氣咽而抽息 晞乾也 羲伏~ 屎殿~苦^②呻吟也本作薾 豨豕也^③

也[上]豕健貌

[上] 喜悅也 蟢~子蟲

[去] 屭贔~作碑座 餼饋生食 既仝上 戲仝上 愾太息也〇愷 熺^④ 咥笑聲〇出義仝音經^⑤ 係^⑥

九十二號

[平] 醫治病者 漪水流也 猷歡美辭 噫~嘻嘆聲 伊被^⑦也因也縱^⑧也 依憑也附也 衣~服[去]著~也 猗嘆辭 鷖水中鷗也 緊青黑^⑨ 嫛人始

生曰~婗 椅木名[上]~ 浓水名也

[上] 猗^⑩~靠 錡~配香也 扆西~山名又畫斧屏^⑪

---

① "女"前脫漏"以"，據奎照本。
② "苦"，當作"屎"。按《正字通》"屎，……殿屎，屎音希，訓呻吟皆譌文。"
③ "健貌"，疑訛。按：《字彙》"豨，……又許里切，音喜。豨豨，豕走聲。"
④ "熺"脫漏注釋"喜也又熹同"，據奎照本。
⑤ "經"，疑訛。
⑥ "係"脫漏注釋。
⑦ "被"，當作"彼"。按：《字彙》"伊，……維也、因也，又彼也。"
⑧ "縱"，當作"維"。
⑨ "黑"後疑有脫漏。按：《說文解字》"緊，……一曰赤黑色繒。"
⑩ "猗"，當作"倚"。
⑪ "屏"後脫漏"風"。按：《字彙》"扆，……畫斧屏風。"

47

[去]医_{盛弓}^① 瘞_{埋葬也} 懿_{美也} 意_{心~} 薏_{~苡仁〇一} 翳_{蔽也} 曀_{陰而雨}^②_也 饐_{飯傷熱湯}^③_{也〇一} 縊_{自經死也} 殪_{殺也死也} 瘱_{物凋死} 又脚手小病 裔_{後~本音異}

九十三號

屎_{小便糞也正音詩} 茵_{全上〇詩} 泚_{汗出也本音妻} 婿_{俗讀西本音须} 絮_{花~亦然}

[平]西_{少陰西方古作卤} 嘶_{馬鳴也又~聲破也} 撕_{提~} 栖_{米~荳腐} 栖_{鳥宿曰~} 棲_{全上~息又山~嶺雲寺} 犀_{~牛} 些_{此也語辭〇所〇寫} 樨_{木即桂} 花

[上]徙_{移~} 葸_{畏懼貌} 蹝_{履也又屣}^④ 洒_{全洗雪也} 洗_{浣濯也一音先} 蓰_{五倍曰~〇詩} 璽_{玉~印} 枲_{蘇有子曰~}

[去]細_{~粗} 糈_{米屑}

九十四號

[平]齊_{整~〇咨} 臍_{肚~又齊同} 斉_{等也} 蠐_{蠐蟲} 徐_{姓也正音序} 薺_{荸~又~菜}

九十五號

[平]麋_{鹿屬} 迷_{惑也亂也遮也} 糜_{爛也粥也} 彌_{弛弓~} 弥_{全上又~縫} 醾_{酴⑤重釀酒天⑥花名} 猕_{~猴}

[上]米_{穀也} 乜_{眼~斜貌又姓} 咩_{羊鳴聲也} 弭_{止也滅也又弓末} 靡_{麗也無也} 禰_{父廟曰~本音尼} 瞇_{瞇眼~} 謎_{啞隱語}

九十六號

[平]低_{高~氐大~如此又至也} 羝_{牡羊三歲者} 詆_{訶也許也[上]全} 爹_{~者父也} 鞮_{絡~胡人履也〇地}

[上]鞮_{鞋也又補履也[平]全上} 底_{下也足⑦也〇止⑧} 抵_{當大~又至也} 弤_{舜之弓也} 舓_{觸也} 邸_{旅舍也〇池}

①"弓"後疑有脫漏。按:《說文解字》"医,盛弓弩矢器也。"
②"雨",當作"風"。按:《說文解字》"曀,陰而風也。"
③"湯",當作"溼"。按:《說文解字》"饐,飯傷溼也。"
④"屣",當作"蹝"。按:《篇海類編》"蹝,詳跣。"
⑤"酴"後脫漏"~",據昌本。按:《字彙》"醾,……酴醾,重釀酒,又花名。"
⑥"天",當作"又"。
⑦"足",疑訛。按:《廣韻》"底,下也、止也。"
⑧"止",疑訛。

[去]帝~皇 蒂 花~瓜 又帶 ①蝃 仝蝃~蝀虹也又寒蟬 諦 審也又仝啼 締 結不解也 渧 水滴也 嚏 鼻塞噴~

九十七號

[平]欺~侮 溪 山~又谿仝 蹊 蹊~○奚徑路 觳 器虛則不正中則平滿則覆 崎 嶇險也○其 觭 牛角一仰一俯也 蜝 長足蟲又蝉也○其

[上]杞 枸~子又國名 豈 非然之辭○愷 綺 繒也即今細綾 跂 舉足望也音及 企 仝上又及也及 棨 ~啓 開也放也別也啟仝 起 作也興也立也發也

屺 山脊 芑 草名一名白粱粟 綮 戟衣又信也 稽 頭至地也 䄧 禾名

[去]氣~血俗作器 ②棄 遺也一作弃 契 ~券音昔 揭 褰衣涉水 愒 息也又憩仝 亟 急也數也○吉

九十八號

[平]宜 合~ 峓 丘山名 㘈 國名也 倪 兒子曰~又姓 霓 雌虹曰~ 輗 轅端橫木 鯢 鯨~海魚雌曰~ 儀 容又宜也度也 疑 惑也○凝 尼 女僧也○逆止

意也 泥 ~土[去]滯也不通也 麑 鹿子也○米 怩 忸~慚貌 猊 ③~喃言不了貌 呢 ④⑤殺 ~獅屬

[上]苨 薴~香也 擬 議也欺也 儗 僭也比也 擬 ~之而後言也象也又議也 蟻 蛾~ 螘 仝上 伱 汝也俗作你 禰 父廟曰~俗作迷

[去]義 仁~又宜也正音以 毅 剛~ 議 定事之宜也 誼 仝上 膩 肥~油~細 藝 技~又業也法制也種也 蓺 仝上種也 羿 姓也后~善射者 洳 水際也[平]

仝詣 至也造也 刈 割也 囈 喭~呻吟 堄 埤~城上女牆蓋 ⑥睨 斜視也 艾 割也又治也 乂 仝上治也 劓 截鼻刑○異

九十九號

[平]啼 鳴也又嗁仝 題 ~目品 [去]睇貌 蝭 蟬屬○帝 鵜 ~鶘水鳥 苐 但則又草名 蹄 獸~又~爪 提 ~挈又舉也[去]擲也 綈 ~袍 黃 ~俾 ⑦○以 稊 仝

上即稗草 綅 鯑~餌也 蕛 ~菜 隄 ~隄○帝 堤 仝上○帝

---

① "帶"，疑訛。
② "器"，疑訛。
③ "猊"，當作"呢"。
④ "呢"，當作"猊"，據章福本。按：《廣韻》"猊，狻猊，師子屬，五稽切。"
⑤ "殺"，當作"狻"，據章福本。
⑥ "蓋"，疑衍文。
⑦ "俾"，當作"稗"，據奎照本。按：《集韻》"黃，田黎切，《說文》草也。一曰卉木初生葉貌。"
⑧ "隄"，當作"防"，據奎照本。

49

[上]弟兄~[去]孝弟 娣妻之~妹

[去]地天~古作坔 棣糖~ 第門~次~科 遞傳~○帶及也○大仝追 杕~杜 禘王者之大祭也仝褅 髢假髮也○替 睇目小貌①也○替

一百號

[平]梯楼~~階也 眱□②~鼻不正也

[上]涕鼻~ 體身~草作体 悌愷~同豈弟 㩮換吞③ 箈④⑤剃~頭去髮 替代~髢假髮○屺 掞去涕也 掷⑥⑦乘骨為之 嚏噴~ 褅褆褌也 屜履中薦也

一百一號

[上]比儗也及也也○備 鄙~陋一作啚 匕箸也⑧又小劍 秕⑨粟也 姒殁母之稱 否臧~又不善也

[去]閉關門也 臂手~ 箪輪~○杯 賁飾也○奔○問○粉 蔽遮掩也 費邑名本音被 嬖賤而得幸者 閟閉也幽也掩也 秘神也私也勞也隱也藏也又姓

一百二號

[平]躋登也升也 摛埃~⑩[上]齎持遺人也 賷仝上奉也俗作賫 嚌衆聲也[去]飲至齒也 懠怒也~疑猶猜疑也

[上]濟~度又周 㩋以手~水汁也 姊~妹本音子

[去]祭~祀○債姓也 際~邊 霽雨止也 劑分也又藥也 穧刈禾把數也本音濟 㴇水涯 薺~菜○齊

①"貌"，當作"視"，據奎照本。按：《說文解字》"睇，目小視也。"
②"□"，疑當作"脜"。按：《集韻》"睇，……脜睇，鼻不正也。"
③"吞"，當作"蚕"，據奎照本。
④"蠶"，衍文，據奎照本、昌文本、會文本、章福本。
⑤"恥"前疑脫漏"○"。按：《字彙》"㩮，……又尺里切，音恥。"
⑥"掷"，當在去聲。按：《集韻》"掷，他計切，所以摘髮，詩象之掷也。"
⑦"乘"，當作"象"，據奎照本。
⑧"箸也"，疑當作"~箸"。
⑨"盛"，當作"成"。按：《說文解字》"秕，不成粟也。"
⑩"埃"，當作"挨"，據奎照本。

一百三號　<small>與下號通</small>　梳<small>~頭本音酥</small>

[平]書<small>經~又紀也著也文也</small>舒<small>暢也開也緩也伸也</small>紓<small>仐上緩也</small>輸<small>~贏</small>需<small>急①也索也須也卦名</small>毹<small>氍~毛席</small>

[上]暑<small>~熱</small>黍<small>~稷</small>抒<small>挹也除也</small>癙<small>~熱病</small>鼠<small>老~俗讀處</small>鼠<small>俗仐上</small>

[去]戌<small>~卒~守</small>恕<small>推己之謂~</small>啐<small>使犬聲</small>庶<small>衆也又~子</small>數<small>欲知多寡即~銅錢</small>

[平]虛<small>~空又宿名[上]</small>訏<small>張口呼②也大也為③也</small>吁<small>~嗟歎也</small>昫④<small>日出溫也</small>噓<small>吹~</small>肝<small>張目望</small>歔<small>歔~又~欷悲切細⑤</small>咽<small>噓丘~出字典</small>魖<small>耗鬼也靴~皂~本音蝦</small>栩⑥<small>樹名</small>許<small>應~又姓○虎</small>煦<small>溫也貌也</small>昮<small>商冠也</small>酗⑦<small>醉怒也</small>

一百四號

[平]須<small>面毛也用也意所欲也</small>鬚<small>毛在口下者</small>胥<small>相也皆也助也</small>湑<small>露貌</small>謂<small>有力⑧智之稱[上]</small>偦<small>仐上</small>箐<small>竹也</small>帤<small>頭~又帽⑨仐</small>

[上]稰<small>晚稻也</small>絮⑩<small>花~</small>婿<small>女之夫也又聟仐</small>

一百五號　椅<small>~子本音依</small>圩<small>~宋俗字本音于~埂</small>

[平]於<small>語辭又姓○烏~俗仐上本音俞於也</small>紆<small>曲也縈也絀⑪也又姓</small>迂<small>闊○于</small>唹<small>笑也</small>淤<small>濁水泥中</small>箊<small>篠竹名</small>淤<small>泥淖也</small>噢<small>~咻痛念聲也</small>傴<small>僂~不伸也</small>

[上]飫<small>飽也[平]</small>瘀<small>~血即血壅病</small>嫗<small>煦~地以形~之又老婦之稱</small>

---

① "急"，疑訛。按：《說文解字注》"需，䇓也。䇓者，待也。"
② "呼"，當作"鳴"。按：《玉篇》"訏，……大也，張口鳴也。"
③ "為"，疑訛。按：《說文解字》"訏，詭譌也。"
④ "昫"，當作"昫"。按：《集韻》"昫，匈于切，《說文》日出溫也。"
⑤ "細"，當作"抽"。
⑥ "栩"，當在上聲。按：《集韻》"栩，火羽切，木名。"
⑦ "酗"，當在去聲。
⑧ "力"，當作"才"。按：《字彙》"謂，……有才智之稱。"
⑨ "帽"，當作"幀"，據奎照本。
⑩ "絮"，當在去聲。
⑪ "絀"，當作"詘"，據奎照本。按：《說文解字》"紆，詘也。"

51

一百六號

[平]居 住也一作①屉 拘 止也執也~束~勾 鷗 海鳥曰鷗 駒 馬三歲又姓 車 ~馬○扯 椐 木名 裾② 衣盛貌 琚 佩玉 俱 皆也 据 拮~也 莒③ ~豈~

草 蜛 ~蠩

[上]筥 竹器 踽 ~~無所親貌 矩 規~所以為方曰~ 舉 ~人又高 枸 枳~樹○勾 莒 草可為繩 柜 ~柳也 椇 菓名 踞 蹲~ 據 憑~又得也依也 倨 ~傲不

遜也 句 ~語仝鉤 邁 ~窘也急也○又人名 屨 草履 懅 懼也慚也 筥 蚕~竹又織具 瞿 ~~如有求而不得 鋸 刀~ 醵 斂錢共飲○巨

[平]洙 ~泗水名 侏 ~儒容貌短小 蛛 蜘~ 硃 ~砂 藷 蔗即甘蔗 瀦 水所停曰~又瓜~湖 豬 豕也俗即知④ 朱 赤色又姓 株 根在上曰~ 諸 ~候又姓

邾 國名 珠 ~子~玉 誅 責也殺也 袾 襦短衣 櫧 梧樹

[上]渚 小河[平] 主 寳~ 煮 燒~又費全 麈 鹿之大者 祏 宗廟~石一作室⑤ 罜 麗魚罜也 拄 搘也及也刺距也 炷 火~盡所著者也 蛀⑥ ~蟲 註 解

釋也 注 記物曰~ 著 明也立也紀述也 羈 馬後左足白者 貯 財~ 鑄 ~銅鐵為器也又國名 䳡 鳥~ 鼄 名~ 翥 飛擧也 霪 時雨

一百七號

[平]蛆 螂~即蜈蚣 沮 水名[上]止也隔也 疽 癰~ 怚 人所依也 苴 蔴無子也又履中草也 齟 ~齬齒不相值 趄 趑~行不進貌 砠 土山戴石 菹 澤有草

者曰~ 雎 ~鳩水鳥又鷗⑦ 仝且 薦也

[上]咀 嚼也

[去]足 恭過也

一百八號

①"屉"，疑當作"凥"。按："一作"後的字與被釋字一般為異體字。
②"裾"，當作"裾"，據奎照本。
③"豈"，當作"苴"，據奎照本。按：《玉篇》"莒，……苴莒草。"
④紹興柯橋、蕭山，"豬知"讀同。
⑤"室"，疑當作"寳"。按：《集韻》"寳祏，《說文》宗廟寳祐。"
⑥"蛀"，當在去聲。按：《集韻》"蛀，朱戍切，蠹也。"
⑦"鷗"，疑當作"鵬"。按："雎鵬"為異體字。

[平]渠溝~又大也[上]仝鉅 蕖芙~即荷花 劬~勞父母之恩 鴝鵒①即八鸜② 篖 籧~蕹竹席 氈~氀毛席 蓬~~自得之貌又人名 衢通~大道 藘~麥

瞿載屬又姓〇主 遽人名〇主

[上]苣阿~菜 巨大也 簴所舉鐘磬者 虡仝上 秬黑黍 鉅大也又大剛也 炬束蘆燒之 詎至也格也豈也 距倒摘刺也又雞~ 拒禦也 懼恐~又懼

仝具備也辨也

[平]除階也[去]去之也 叴杖也舉也又兵器 篨籧~竹席 廚庖 蹰踟~行不進貌 躇躊~ 蜍蟾~三脚蝦蟆也 殊異也 滁水名州名 儲貯也~君太

子也 陳~陵縣名 銖兩鈞③ 石廿四兩為~④ 茱~萸即也⑤ 貯⑥積又居也 佇久立也 竚仝上又金刀 苧~蘇 宁門屏之間 著仝上[上]朝內別位也

崔天~山名 柱廊 杼~柚即梭也 跙~~行不進貌

[去]住居~停~立~止~又姓 箸⑦快~也一作箸

[平]徐緩也又姓

[上]序次~又殷學名 敍陳也述也 聚會也共也[去]⑧敛⑨ 嶼山在水中 坾⑩反坫 謂之~ 緒絲耑又基~統系也

一百九號

[平]驅~馳之迹⑪也[去]區小貌又類也 樞門白也又~里邨名 袪袖口也 嶇崎~山路不平 祛禳也一作袪~邪 毆~逐 軀身~ 摳兩手~衣〇口義同

貙~似狸 墟大丘也又~墓也 嶇崎 姝美色也 鰸魚名似蝦無足

[去]嫗老婦之稱正音於 胠腋下脅[平]發也去也 去過~[上]除 抾⑫模~也摌也 樗木名又~里複姓

①"鴝~",當作"~鴝"。按:《字彙》"鵒,……鴝鵒。"
②"鸛",當作"哥"。
③"鈞斤",當作"斤鈞",據奎照本。
④"廿四兩為~",當作"廿四~為兩"。按:重量單位從小到大依次為,銖兩斤鈞石。
⑤"即也",疑訛。
⑥"貯",當在上聲。
⑦"快",當作"筷"。
⑧"[去]",疑衍文。按:《廣韻》"聚,眾也、共也、敛也。《說文》會也,邑落云聚,慈庾切。"
⑨"敛"後疑脫漏"也"。
⑩"坫",當作"坫",據奎照本。按:《集韻》"坾,……《博雅》反坫謂之坾。"
⑪"迹",當作"逐",據奎照本、章福本、昌文本、廣益本、會文本。
⑫"模",當作"摸",據奎照本、章福本。

[上]處居也止也[去]所也虞俗仝上又处仝 取^①計 也收也[去]仝娶 瘋憂病 鼠老~本音書 楮穀樹皮可作紙 杵擣~褚棉絮衣又姓 蠵~寒蟲也

趨疾走貌○促 趣~向又疾也指意也 覷伺視也 娶~親

一百十號 雨音與語音通于音與於音渾

[平]諛諂~ 籈竹名 羭黑牡羊又美也 艅艎舟名 雩祈雨祭[去]虹也 褕襜~遙 駏馬也^② 徐疾貌~ 愉黑牛 葀蒩~似韮 蒲藥草即今澤瀉 衧衣袍也 畲二歲所治之田 腴膏~肥田也 盂飯器也 硬^③石似玉 歟疑辭歎辭語助辭 歈巴~歌也 澳污~也 嘆嘘~引眾者歌 娛女子^④ 崳山名 輿車底曰~又堪~地道曰~天道曰~堪又美也眾也 舉對~也 舁兩手對舉 予自己也[去]與也 譽名~聲~[去]同豫 臾須~俄頃也 俞姓也又然也 餘有~余我也舒也○徒 榆~柳 葍葐~花貌 逾過也超也往^⑤也 踰仝上 轝兩手對舉之車又輴也 愉^⑥憂也 覦覬~欲得也 毹氍~毛席也 闚闞~私視也 窬穿~小賊 牏築墻板^⑦ 瑜美玉 愉薄也即^⑧ 愉和悅貌 釪樂器 于也俗作於非 璵寶玉 旟旌屬 圩^⑨~岸即~埂 杅^⑩浴器 妤女官名 魚~蝦本音語 漁~翁本音

[上]雨~水[去]自上而下曰~ 羽禽毛 貐猰~似貙虎爪食人迅^⑪走 宇屋~又~宙又大也姓也 愈勝也痊也益也病好也 癒~痊~病好也 庾量名又露積曰~ 與及也許也授也待也[平]仝歟[去]予也一作与 瑀石似玉 傴~~行貌又曲躬也 禹夏~王又舒也 傾~~安步行貌 愢恭敬貌

[去]顧疾首貌號呼也 礜~石藥名蠶食肥鼠食死 鋙鉏~本音隅 鸒小鳥鴉也 羺羊也 稶~~黍稷美貌 預及也又~先 豫仝上又悅也安也厭也 裕豐饒也寬也容也 櫲~梩木名 帣帗~面衣 蕷山藥 諭^⑬曉也譬也 喻仝上[平]呴^⑭~和悅貌 芋~芀○虛大也

---

① "計"，疑訛。按：《洪武正韻》"取，此主切，索也、獲也、收也、受也、攬也。"
② "也"，當作"行"。按：《玉篇》"駏，……馬行徐而疾。"
③ "硬"，當作"瑛"。
④ "子"，當作"字"，據奎照本。
⑤ "往"，疑訛。按：《玉篇》"逾，……越也、遠也、進也。"
⑥ "愉"，當作"懊"。按：《字彙》"懊，雲俱切，音于，憂也。"
⑦ "板"，當作"版"。按：《說文解字》"牏，築牆短版也。"
⑧ "即"，疑訛。
⑨ "圩"，當作"圩"，據奎照本。按：《字彙》"圩，雲俱切，音于，圩岸。"
⑩ "杅"，當作"杅"。按：《字彙》"杅，雲俱切，音于，浴器。"
⑪ "逃"，當作"迅"，據奎照本。按：《說文解字》"貐，猰貐，似貙、虎爪、食人、迅走。"
⑫ "梩"，疑訛。按：《集韻》"櫲，……櫲章，木名。"
⑬ "撓"，當作"曉"，據奎照本。按：《類篇》"諭，……《說文》告也，一曰曉也。"
⑭ "呴"，當作"嘔"。 按：《集韻》"喻，容朱切，嘔喻，和悅貌。"

54

一百十一號 _{與上號通} 芋_{~艿本音俞}

[平]驢_{驪~仁獸又度也} 娛_{歡~} 愚_{~頑} 虞_{~舜又慮也} 嵎_{~谷日出處} 隅_{陬也廉棱也} 蝓_{蟲俗作字} 魚_{~蝦} 漁_{~翁捕魚者}

[上]語_{答人曰~[去]告也} 敔_{樂器[去]用以止樂} 麌_{鹿口聚貌一作麞} 女_{男~[去]以嫁曰~} 囷_{仝上}① 又囹 齬_{齟~齒不相值○吾~} 悟_{岨~不安} 禦_{防~}

籞_{禁苑也} 聤②_{大也} 馭③_{張耳有所聞也} 御④_{使馬也} 御_{~車又侍也撫也統也進也使也幸也用也理也治也} 寓_{寄也托也} 遇_{不期而會也逢也達⑤ 也}

一百十二號 濡_{滯也沾也俗讀需}

[平]茹_{草根也[上]啜以⑥食也[去]度也受也又蕷~} 襦_{短衣也} 鴽_{田鼠化為} 箈⑦_{刮取竹皮曰~} 洳_{水漫處下濕之地}

[上]爇_{野火} 墅_{村名} 汝_{爾也本州名} 女_{仝上爾也} 豎_{~起即~柱} 竪_{仝上} 乳_{小兒所食又腐[去]產也} 胒_{魚敗不鮮} 粔_{秬~即環餅} 醹_{酒厚[平]仝}

孺_{~人又小人曰~子}

[去]樹_{~木[上]種} 橙_{童豎所著褐毛布衣也} 尌_{立也} 曙_{曉也旦也} 署_{官舍}

一百十三號

[平]閭_{門~} 藘_{茹~茜草} 藘_{卷⑧ ~草名} 櫚_{棕~樹} 澗_{水名} 驢_{馬類長耳}

[上]呂_{律~又長也姓也} 侶_伴 縷_{鑢~又絲} 褸_{襤~[上]樓} 旅_{師~五百人曰~} 祣_{祭山川名} 膂_{脊骨也}

[去]屢_{頻數也草作屨} 寠_{貧~○樓巨} 鑢⑨_{摩錯之器} 濾_{漉去滓也} 瘻_{屈也} _{也⑩類身也} 慮_{謀思也憂也疑也又姓}

一百十四號

---

① "仝上",疑訛。
② "聤",當作"俣",據奎照本。
③ "馭",當作"聤",據奎照本。
④ "御",當作"馭",據奎照本。
⑤ "達",當作"待",據奎照本。按:《古今韻會舉要》"遇,……《說文》逢也,……又待也。"
⑥ "以",疑訛。按:《字彙》"茹,……又茅根也……又啜也。"
⑦ "薔~",疑訛。
⑧ "卷",當作"菴"。按:《集韻》"藘,……菴藘草名。"
⑨ "鑢",當作"鑢"。按:《集韻》"鑢,良據切,《說文》錯銅鐵。"
⑩ "也",當作"己",據奎照本。

[平]拿捕~又拏仝茹猪~菜詉譇~言不可解也㧋爬~以收除也那何也都也盡也①多也安也㑯阿~儺~所以逐疑②[去]行有度也挪槎③~懦~弱一音如𧙈衰④~衣長好貌娜婀~美貌旖旖~旌旗貌檂槇⑤~又茂盛也哪語助辭

[去]糯~米可作酒稬仝上

一百十五號

[平]誇大言也[上]恗心自大也侉驕淫矜~夸大也奢也

[上]銙帶~㚉小衿䡇帶~飾○快帶具

[去]跨足過也一作𨀤⑥𡗒跨一步也胯韓信受辱於~下

一百十六號

[平]叉~~又取也杈挾取也嗏語辭挿以□⑦加物差~錯○此○钗剒~塑䫅頤旁○钗杈歧枝木也瘥病瘳也○坐汊水此⑧流也岔三~路咤叱~怒貌[平]詫誇也誑也

[平]搓~都和合也蹉~跎失時差浙也磋⑨玉色鮮白貌磋治骨角曰~

[上]硰碎石也

[去]剉刺也斫也~刀挫折~銼仝上○坐小釜

一百十七號 痧癥~俗字

①“都也盡也”，疑訛。按：《玉篇》“那，奴多切，安定……又何也、多也。”

②“疑”，當作“疫”，據奎照本、昌文本。

③“槎”，當作“搓”，據奎照本。

④“衰”，當作“衺”。按：《字彙》“𧙈，……衺𧙈，衣長好貌。”

⑤“槇”，疑訛。

⑥“𨀤”，疑當作“跨”。按：“一作”後的字與被釋字多為異體字，“跨跨”為異體字。

⑦“□”，當作“拳”，據奎照本。

⑧“此”，當作“岐”，據奎照本。

⑨“磋”，當作“瑳”。按：《集韻》“瑳，倉何切，《說文》玉色鮮白。”

[平]沙細散石也砂全上又丹~紗紬屬又棉~裟裂~魦鮀魚名妙細絲鈔鑼即銅盆也麨碎麥又麵全蛥雞蟲名髿鬖髮垂貌杪①摩~

桫棠木名蔖如李無核杪糖娑婆~舞者之容桫欏木名傞舞不止貌眇偷視也莎~草

[上]傻~倸不仁耍戲~

[去]厦側屋嗄聲破又~个曬向日也○帥同

[平]梭織具又菱②全唆挑聲起衅襄~衣雨具鎖③~鑰瑣碎打以物擊也~聽所~以然本音酥㪽草體全上

[去]䜗妄言

一百十八號 划~船本音華騧白馬黑喙又周八士名

[平]蛙青~田雞黿全上漥牛蹄跡水窪全上又深也跡也哇小兒啼哇全上又吐也呙小嘔~汙下也

[上]掗手爬物也踒行不正也瓦甄~今讀下多

一百十九號 賒不交錢而買本音奢

[平]蝦魚~○下~蟆鰕全上~蟆靴皀~眲目動也

[上]唰④大笑也唰全上又口~氣

[去]罅⑤烈~也孔嚛⑥也寠~隙

一百二十號

[平]花草木之葩也苍全上華全上蓮~經

① "杪"，當作"抄"，據奎照本。
② "菱"，當作"篯"。按：《集韻》"梭，蘇禾切，織具，所以行緯也，或作篯。"
③ "鎖"，當在上聲。
④ "唰"，當作"嗬"，據奎照本。按：《玉篇》"嗬，火下切，笑也。"
⑤ "烈"，當作"裂"。按：《說文解字》"罅，裂也。"
⑥ "嚛"，當作"罅"，據昌文本。按：《廣韻》"罅，孔罅。"

[上]化造~變~ 傀鬼變也 魤魚名

一百二十一號　趴小兒~地俗字

[平]鈀鐵~ 琶琵~樂器 杷枇~葉[1] 名篅松絲 爬搔也 罷休也了也己也廢也〇敗 耙犁~正音巴 秅草~又穲[2] 仝龆齒出曰~〇巴

[平]婆公~又婆 皤白髮貌〇波 鄱饒州之~陽湖 蔢蒓[3] ~藥名

一百二十二號

[平]鵞白~紅掌 鵝仝上 蛾蠶~~眉 峨~嵋山 娥月裡嫦 哦吟 訛謬也舛也 吡仝上又譌仝 莪[4]山高峻貌 俄[5]~頃速也 囮破[6] 也強為[7] 媒頭也 衙~門~前鎮正音牙

[上]我自己也

[去]餓飢~又不滿也 臥宿也

一百二十三號

[平]阿~輔 婀~娜 窩~藏賊[8]~家[9] 有 窫仝 渦水~又姓 猧犬子 倭~袍~國~子〇委 萵~苣[10]菜名 痾~病也 喔小兒聲

[上]屙廁也

[去]婀椰[11] 長貌 裒~裒衣長好貌

一百二十四號

---

①"葉"，當作"菜"。
②"穲"，當作"穲"。按：《集韻》"穲秅，……穲秠稻也。"
③"蒓"，疑訛。
④"莪"脫漏注釋"蘿蒿也"，據奎照本。
⑤"山高峻貌"脫漏同音字"峩"，據奎照本。
⑥"破"，疑訛。按：《說文解字》"囮，譯也。"
⑦"強為"，疑訛。按：《說文解字繫傳》"囮，……化者，誘禽鳥也，即今之鳥媒也。"
⑧"家"，疑衍文。
⑨"有"，當作"又"，據奎照本、昌文本。
⑩"苣"，當作"苴"，據昌文本、廣益本。
⑪"椰"，當作"~娜"。

[平]呵 ~~大笑　訶 大言而怒又責也

[上]苛 ~刻正音可

[去]藚① 蕿~藥名　荷② 菜 名

一百二十五號

[平]波 水~浪一音卑　玻 ~瓈正音破　岥 山貌〇坡　番 老貌〇潘〇反　磻③ 可 爲弋鏃　嶓 冢山名　皤 白髮貌又大也〇婆　菠 ~薐菜名

[上]跛 足偏廢也〇秘④　簸 ~箕

[去]播 種也揚也

[平]巴 蛇名州名　疤 瘡　笆 ~籬　芭 ~蕉扇〇仝笆　把 ~揚　壩 ~頭堰也　霸 強~又霸仝　垻 仝上又壩　靶 轡革御人所把處　弝 弓~子　鈀 刀　欛 把也

欛 刀柄⑤ 又柀⑥　蟶 蛤~

一百二十六號

[平]戈 干~又姓　柯 斧柄又枝~又橋鎮　歌 ~詠　哥 兄也　過 超也　鵝 八~鳥名

[上]舸 大船曰~　哿 可也

[去]箇 枚也　個 仝上又个仝

一百二十七號

[平]羅 綺~又姓　鑼 銅~　籮 盛毅米者　蘿 ~蔔又萎也　灑 汩~江水名　囉 歌助聲　饠 饆~餅也　螺 蝸~田　贏 ~子驢子⑦ 又馬母所生者　騾 仝上　儸 儸~

① "藚"，當作"藚"，據奎照本。按：《集韻》"藚，許箇切，蕿藚草名。"
② "菜"，疑訛。按：《類篇》"荷，許箇切，菜名。"
③ "可"，當作"石"。按：《洪武正韻》"磻，……石爲弋鏃。"
④ "秘"，疑訛。按：《字彙》"跛，……又兵媚切，音祕。"
⑤ "拚"，當作"柄"。按：《字彙》"欛，……刀柄。"
⑥ "柀"，當作"柄"。
⑦ "子"，當作"父"。按：《說文解字》"贏，驢父馬母。"

膴手指文 欘抄①~木名 蠃②果~細要蜂蠃 儀仝 蠡姑也仝上通用賓舍廟内有蠡姑匾功高~母 儳譌作仝上 裸赤體也又果③仝 媒女侍也 搖控~搖也

蓏草實曰~ 瘰~癧結病 卵禽類生蛋曰~ 襬女人衣

一百二十八號　啊泉聲~~

[平] 何曷也胡也奚也烏也 [去]荷也負也 和順也諧也④ [去]調~咊仝上又穌也 河江~ 荷~花[去]負也 禾~稼也 咺小兒啼也 柇材~頭

[上] 禍殃也

[去] 賀慶也 嗬慢應⑤聲 囮進船聲衆應⑥聲

一百二十九號

[平] 陀陂~不正貌 跢蹉⑦又⑧苘佗負荷而行又委⑨美也○妥 沱滂~大雨[上]仝 駝駄~又駃馬 鮀魚名又祝~人名 紽絲~數也 鼉皮可冒鼓也

扡引也○妥 驒馬名 他人名尹公子~

[上] 柁把船~舵又仝 墮落墜也~○悔 惰怠~ 隋仝上落也~ 堁⑩射~也堂塾也○妥 稞積~也

一百三十號

[平] 多餘也 朵⑪花~ 躲~避 蹲~~ 哆佛語○恥 髿小兒剪髮曰~ 睡耳~又耳聽也

[去] 剁斬~ 憚勞也○亶

一百三十一號

---

①"抄"，當作"杪"。按：《古今韻會舉要》"欘，……杪欘，木名。"
②"蠃"，當在上聲。
③"果"，疑當作"倮"。按："裸倮"為異體字。
④"諧"後脫漏"也"。按：《廣韻》"和，……和順也、諧也、不堅、不柔也……戶戈切。"
⑤"應"，當作"膺"。
⑥"應"，當作"膺"。
⑦"蹺"，疑訛。
⑧"苘"，疑訛。
⑨"委"後脫漏"~"。按：《字彙》"佗，……又委佗，美也。"
⑩"射"後脫漏"~"。按：《字彙》"堁，……《玉篇》射堁也。《說文》堂塾也。"
⑪"朵"，當在上聲。

60

[平]科 等也條也程也品也 窠 巢也 蝌 ~蚪 ① 蟆子也 稞 ~株 軻 轗 車行不利孟子名~

[上]可 是也 顆 ~粒 坷 不平貌 听 斳~掣也即~松毛 骱 膝骨也正音詩 髁 仝上 課 ② ~功~試也移 ③ 也討 ④ 也

一百三十二號

[平]拖 ~欠他 彼也誰也姓也 扡 曳也○陀

[上]妥 ~貼~當

[去]唾 口液也

一百三十三號　搽 ~粉~藥俗字

[平]矬 ~短

[上]坐 ~立

[去]座 位也

[平]茶 止渴物也陸羽所製 搽 仝上 查 ~察~收○詐 槎 邪斫木也水上浮木

[去]乍 初也忽也 蜡 年終祭名○去

一百三十四號

[平]麻 苧~俗作蔴 痳 大~風 蟇 蝦~又蟆仝

[上]馬 乘畜又姓 碼 ⑤ ~蝗 罵 ⑥ 惡言詈也

[平]摩 ~減拾 ⑦ ~[去]仝磨 模 規~ 謨 ~訓即謀也 魔 妖~ 鷹 ~雀 癱 身之半枯病之 ⑧ 細小也 魕 ⑨ 幕 作~做師爺 母 ⑩ 父~爹娘也 痲 病~癬也 麼 ~

① "蝌"，當作"蝦"。按：《爾雅》"科斗，活東，蝦蟇子。"
② "課"，當在去聲。
③ "移"，疑訛。按：《洪武正韻》"課，……稅也、試也、第也、計也、程也。"
④ "討"，疑訛。
⑤ "碼"，當作"螞"，據昌文本。
⑥ "罵"，當在去聲。
⑦ "拾"，疑訛。
⑧ "之"，疑訛。按：《說文解字注》"癱，瘺病也……半枯也……又鄭氏曰，癱音麼，小也。"
⑨ "魕"，脫漏注釋"黿~"，據奎照本。

61

么~細小之謂 拇大指也 踇仝上又行貌 某~人本音謀 厶仝上又仝私 姆女師也又伯妻也 媽母本字 姥老母也又姓 瞈① 曚~不分曉

[去]磨礱~琢 暮晚也又莫仝 墓墳~ 募化廣求也 慕企~又~想 苺□②也本音茂

一百三十五號

[平]鴉烏~雅仝上又幽~古作疋 椏樹~檔仝上又孆 啞~子[平]嘔~小兒學語聲 瘂瘖~不能言

[上]亞次也少也醜也相依也 椏③~送~賣也

一百三十六號

[平]家~室又人~又親 袈~裟 笳胡~胡人所吹 佳好也~人美人也 加增也 嘉美也善也 葭蘆也□又仝週 枷項戒④ 迦釋~□皆 猳牡豕 櫃嵌

條可作杖

[上]假偽也大也借也[去]告借也 斝⑤樂器玉為之 嘏福大也遠也 椵木可作几

[去]價~錢賈仝上[上]姓也□古 稼~穡架楑~塚⑥仝上又~伙 嫁男婚女~ 駕車乘也

一百三十七號

[平]瓜西~南~其名不一 剮~割 咼口戾不正也 媧女~氏煉石補天

[上]寡~少~婦 另千刀萬~又咼仝

[去]卦八~挂懸也 掛仝上音怪置而不用 罣~礙絓絲結絹也

一百三十八號

[平]華榮~光~又~山[去]姓也~山 崋西嶽~山[去]仝上 划~船 嘩喧~又嘩仝 鏵~鍫 驊~騮駿馬

⑩"母",當在上聲。
①"瞈",當作"曚"。按:《廣韻》"曚,曚曨,日無色,亡果切。"
②"□",當作"菜",據奎照本。
③"椏",當作"掗"。按:《字彙》"掗,……音亞,強與人物。"
④"戒",當作"械",據奎照本。按:《字彙》"枷,……項械。"
⑤"樂",疑訛。按:《說文解字》"斝,玉爵也。"
⑥"塚",當作"樑"。按:《集韻》"樑架,居迓切,《博雅》杙也,所以舉物。"

[去]話說~畫~圖○或画全上俗作畫又作画

一百三十九號　蔗甘~祐①桑~赭石又小~村　以上三字本皆音者

[平]柤藥又樝全　查全上又姓樝果屬似梨而酸　戲以手按面曰~又敉也　菹菜膩酒~鼻　咱~家自稱也　撾擊鼓也或讀乍　髽~醫婦人喪服也

[上]鮓魚~　詐奸　醡酒~又榨全　左~右[去]相助也　做作也　佐輔也助也貳也　坐有也安也[上]亦安也

一百四十號

[平]牙~齒下曰~　芽萌~又苣　蝦~蟆　遐~遏　衙~門又行貌　霞紅~日旁紅雲　瑕玉有玷者又道~

[上]下上~[去]自上而~也　廈大屋廊下~　雅正也當也素也儀也　瓦丩正音蛙

[去]夏~天又姓[上]大也　暇閑~無事　迓迎也　疒疾痼也　訝嗟~疑怪也　睱緩視也

一百四十一號

[平]葩花貌詩經曰~經~　坡~陂也　陂全上○畀　岥坡也○波山貌

[上]頗差多曰~多平~~不平　叵不可也　厄~耐帕包頭~又手~也　怕畏懼也又杷全　懾~懼破~碎

一百四十二號

[平]為作~[去]緩②也助也　韋熟皮又姓　違~背回轉也一作囬　迴~避又全回　廻~避佪徘~不進貌　幃桌~又~帳　褘全上○灰全鞏　帷~幌　洄水~旋　圍~住又迂盤　闈庭　茴~蒿　蚘~蟲

[上]葦蘆也

[去]匯轉~頭又~付　滙化體全上○偉大也叶音為正音委　蝟刺蝟　惠③恩~又順也　謂言也　位坐~　慧智~　熭火乾也正音悅　溈水名恚~慎恨　渭~水胃脾~胭全　緯經~橫曰~　衛握也防也護也國名　彙~集又字　彗星名　蕙九節蘭也　會合也聚也　絹繪~　睿深明也一音銳　讀覺悟也　繪~

---

①"祐"，當作"柘"。按：《說文解字注》"柘，柘桑也。"
②"緩"，當作"緣"。按：《字彙》"為，……又于貴切，音位。所以也、緣也、助也、護也、與也。"
③"惠"，當在去聲。

63

畫 潰逃散也 蟪~蛄

[平]危險也高也安也姓也不止也 陒高也 巍~高大貌 桅~杆

[上]銳金 捼懸也○圭 隗隹~高也[去] 硊磈~石貌 嵬崫~石山載土

[去]魏國名又姓又[平]仝巍 偽假~非真也 馨阿~藥名

一百四十三號 葦委二音通

[平]威~勢 煨火~物 偎愛也 緌絲五色 桅門限 限水曲也又溾仝 逶~迆衰行① 葳藥草飤牛也 蜲~蛇痿病也 葳~蕤草木盛貌 委②~曲

[平]~~從命[去] 蓄也 餧飢畜 鮪魚名 碨~磊石貌 煒光明也赤也 洧溱~水名 諉~記是也 慰③安也 畏懼也[平]叶 尉候也安也又太~又姓 熨~斗即火

斗 穢~污又田中雜草 諉~託

[上]蔦草名地名 猥犬聲又鄙也 唯諾也 娓~媄好貌 蔿~氏魯大夫 蔚盛貌又牡蒿○郁

一百四十四號

[平]魁~頭~星又元 奎仝上 虧~缺 盔~帽 恢~~大也 詼調也謔也謔也 闚門中邪視也 窺小視也又仝上 悝恢諧[上]悲也憂也

[上]刲割~ 暌日入也又月相別 磈~礧石貌 蹞舉也 趌半步也舉足 頍弁貌又舉首也

[去]傀木偶戲又~儡 塊土~又大~天地也 喟歎聲

一百四十五號

[平]梅~子又~天又姓 霉~天俗作槑④ 枚個也又幹曰 媒~妁又~人 煤烟~又小頭 陒姓也 蔴荼~花 黴物中久雨而青黑色又洋 瑰~瑰花

鋂子母錢也 禖天子求子祭名 眉~毛又眥仝 湄水草之交也 楣門 嵋峨~山 郿陝西~縣邑名 鶥西~鳥名 酶酒母 脄胎始也兆也 醈醋之別名 鶜~

頭 碟壞也又腐氣 渼壞也

①"衰行"，疑訛。按：《說文解字》"逶，逶迆，衺去之貌。"
②"委"，當在上聲。
③"慰"，當在去聲。
④"槑"，疑訛。按：《正字通》"槑，古文梅。"

[上]美～女好也一作嬎 莓～馬～草 浼污也又～～水盛貌 浼求～俗仝上 毎各也 渼水名

[去]痳病也 穮禾傷雨生黑班① 媚諂～ 瑁玳～○帽 蝐仝上 眛暗～ 妹姊～ 謎猜～本音迷 蝐～似蝦寄生龜殻中食之益人顔色 袂袖也 媄吳俗呼母曰～ 魅魖②～精怪之物 寐寢也眛也 抹摸也

一百四十六號

[平]賠～補償 培～植 陪重也～臣曰～ 裴長衣貌又姓○非同裵 俳～徊○敗醅未瀝酒曰～ 棓子可染

[上]倍加～ 蓓～蕾又黃～草名 琲珠十貫為一～

[去]佩大帶又玉～又璀名 悖逆也 背違～又偝仝～ 焙烘～ 晡～暗 邶國名

一百四十七號

[平]推～開～車 萑益母草～ 煻～熇毛也 熄仝上即以湯～毛胎～孕本音台 台～州本音太

[上]腿火～胲腰～肥貌○內 瘣痕～風病也又仝腿 煨～然坐定貌

[去]退進～ 蛻蟬～蛇～ 煺魋～行瘣也

一百四十八號

[平]追逐也隨也從也 隹鳥之短尾捴名雛仝 錐鑽頭～ 檇～李城在嘉興 槜木節也

[上]箠馬鞭又③也[平]叶 嘴～鳥～嘴口也

[去]醉酒～多飲也 贅以錢買物又入～女壻 最凡要曰～ 綴點～○拙義仝 惴憂懼小心～ 叡問卜不凶曰～

一百四十九號　鼠～

①"班"，當作"斑"。
②"魖"，當作"魑"。按：《字彙》"魅，……魑魅，精怪之物。"
③"又"後脫漏"杖"，據奎照本。按：《古今韻會舉要》"箠，……《說文》擊馬策也……《增韻》又杖也。"

[平]輝光~一作暉　暉日光　翬雉名又又大飛也　隳毀也　灰~塵~炭　麾指~又揮仝　嗜小聲也和也~惠　嗃醜也口不能言　墮惰也墜也　徽美也又~州

[去]①　爝焚~卉花~尚仝　毀壞也又~敗　虺毒蟲又小蛇[平]病也　譭謗也又讚~　悔懊~　賄~賂貨帛

[去]誨訓~　纇顙下毛也　諱避忌隱也　㗒~鸞②聲　喙獸口　翽鳥飛貌　晦日不明也又三十日也　譓棄聲也　靧洗面也　喟嘆聲正音奎　黇老黃色也

一百五十號　銳矛也胄利也本音兌

[平]隨從也順也　蕤草木華垂貌　錘秤~○追　鎚仝上○對　椎鐵~　緌冠上飾也　捶擊也○堆　垂自上而下也將及也　垂俗仝上　誰孰也何也

[上]蕊花心也又蕋仝　蕚荊木也　罪~過又皐仝

[去]瑞祥~　悴憔~憂也瘁③仝　纇顡~仝上　萃聚也　蚋蠅~姑蟆也　遂成也就也因也維也達也往也　睡臥也　篲竹掃箒　汭水曲流　芮~草生貌又細貌　縋以繩有所懸也　隧墓道也　墜墮也　槌棒~瓜~又擊也　硾銷④也　蕞爾小貌○醉　穟禾秀也　穗禾穎也　燧取火之木又火爐也　襚贈終也

一百五十一號

[平]雖~然又蟲名　綏安也　睢縣名又姓

[上]水雨~山~　尣~尫短貌　髓骨中脂也　歲⑤年~俗仝上　碎破也　說以言~人使從己也　稅賦~○仝脫　祟禍~　帨巾~　誶誚也告也又說也多言也

睟清和潤澤之貌　繐布細而疏者　粹純一不雜也　邃深遠也

一百五十二號

[平]酸~飯

[上]餒飢也爛也　媁娓也妍也　鮾魚孜⑥　腇萎懦弱貌

[去]內~外○納

①"[去]"，當作"[上]"。
②"鸞"，當作"鷖"。　按：《集韻》"㗒，呼惠切，……《詩》鷖聲㗒㗒。"
③"瘁"，疑訛。
④"銷"，當作"鎮"。　按：《集韻》"硾，……鎮也。"
⑤"歲"，當在去聲。
⑥"孜"，當作"敗"。　按：《集韻》"鮾，……魚敗。"

一百五十三號

[平]圭命~上圜下方規~矩所以為圓曰~鷬~①規俗作~②歸還也皈仝上僧謂三~媯舜姓又水名溈同瑰玫~火濟③珠也○堆龜鳥~靈物亀草體仝上邽地名又姓窐甑不空也闈宮中門也

[上]鬼人死为~癸天干宄姦也詭譎詐也責也異也晷日影也軌車轍也法也循也簋簠~俎名

[去]憒心亂也桂丹~貴富~物不賤曰~肖物不賤也又姓湝水名鱖魚大口細鱗蹶行急遽也愧慚~今讀葵會~稽郡名古作労考反切本當④奇怪劊~子手鄶國名檜木名儈牙~會仝市人者鱠内圓鱠魚圓⑤膾~炙澮水溝瞶極視也○謂目風病

一百五十四號　來姓也本音賴

[平]雷~霆又姓蕾蓓~虆盛土器也罍酒器又盟器羸老瘦也因也敗也縲~絏即黑索樏禹行山所乘占⑥器名櫑酒器[上]劍飾纍繫也[去]仝壘罶有袋網

[上]瘰~癧筋結病磊衆石也壘魁~狀貌又軍壁又姓癗痱~皮外小起儡傀~木偶戲誄功臣歿祭文以哀之曰~淚⑦眼~又泪仝○利類同~相似也善也諸也累受~又繫也耒~耜纇絲節也酹~酒灌地降神檑~鼓

一百五十五號

[平]逵通道也夔~龍臣名蘷仝上又木石之精馗鐘~人名郯~邱地名戣劍屬葵向日~

[上]跪拜~揆度也

[去]餽~送又饋仝櫃櫝也匱仝上又~乏簣土籠蕢草器愧慚~正音奎

①“~”，當作“子”，據奎照本。按：《正字通》“鷬，……按子規俗作鷬。”
②“~”，疑當作“鷬”。
③“濟”，當作“齊”。按：《古今韻會舉要》“瑰，……《說文》玫瑰，火齊珠。”
④“當”，衍文，據奎照本。
⑤“圓”，當作“名”，據昌文本。
⑥“占”，當為“[上]”，據會文本、奎照本、章福本。按：《集韻》“樏，倫追切，《說文》山行所乘者。又魯水切，……一曰盤隔器名。”
⑦“淚”，當在去聲。

一百五十六號 俗讀菜音詳四百廿六號彩

[平]催~逼　崔~巍山高貌又姓　衰~苎服一作縗　炊~煮又茶　榱椽也　推~尊又獎也　摧折也挫也抑也沮也

[上]漼水深貌　璀~璨玉光　揣~摩也除也又度也　趡走也動也又魯地名

[去]翠翡~鳥羽　脆膬~又物枯則　毳~仝上又獸毛之褥　膬仝上又婦人作~形　淬滅火器也　焠凡刀刃欲其鋒之堅則燒紅入水曰~出自内而~也吹

風~凡口出成音者皆曰~[平]~噓

一百五十七號　戴姓也　歹好歹不識　以上二字本皆音帶

[平]堆~積　掉仆物也摘也　瘒~腫也

[上]劯~牽　對① 配也答也　碓舂米~頭

一百五十八號　臺音詳四百廿四② 號代

[平]隤下隊也又虺病也　頹仝上又傾倒也　𩥄我馬~　魋獸名又桓~人名

[上]③兌卦名又換　銳矛也〇胃利也讀瑞非　隊羣也〇瑞仝墜　懟怨恨也　對仝上　憝怨也惡也　脫~~舒緩貌

一百五十九號

[平]坯~子又坏仝　丕欠④也奉也又姓　瓵~瓦未燒者曰~瓦

[去]配~對　沛顚~草生水也　霈~雨貌　怖恨怨也　佫不可也　旆旆屬

一百六十號　桮飲器

[平]杯酒器又盃同　悲~傷慈　卑尊~〇皮　陂畜水曰~〇䐀

---

① "對"，當在去聲。
② "四"，當作"五"。按："代"在四百二十五號。
③ "[上]"，當作"[去]"。
④ "欠"，當作"大"，據奎照本。按：《說文解字》"丕，大也。"

[上]彼~此 鞞佩刀之鞘 俾使也從也職也益也 輩①班也類也 背~脊〇佩 狽狼~前足短者曰~ 茛~母藥名 貝海介蟲又文彩又寶~ 祕神也密也

視也姓也勞也隱也藏也〇比 褙表~俗字 碑~牌又碑仝

一百六十一號

[平]欽~敬 衾衣 輕不重也 頃田百畝曰~[上]~刻 傾~頹欹也 卿公~ 謦欬嗽也 褧襌衣也〇迥

[去]磬鐘~磬空也 慶~賀福~

一百六十二號　妗蕭邑稱娘舅之妻曰娘~本音掀

[平]琴~瑟 芩黃~藥名也 擒捉也即活 禽飛~又仝上 齡②舌病也 檎林~檎名又密林~ 琴~酒 蓁草生水中 芹~菜又入學曰采~ 勤~勞 廑仝上 墐

矛柄本作矜 癏勞~苦病也 懃慇~懂憂也 漌寒~ 近③不遠也[去]~親 蓳草名[平]烏頭一名芨~ 僅略能也少也競也餘也 慳心堅固也

[去]覲朝~秋見天子曰~ 靳固也吝也 墐~戶塗也[平]仝 饉菜不熟曰~ 瑾美玉~ 殣餓死為~又埋也 厪小屋也

[平]榮燈~〇景 擎~起高舉也 黥墨刑在面~ 勍~敵 鯨鯢海中大魚

[上]涇④寒也

[去]勁剛~正音敬 競強~諍~

一百六十三號

[平]興起也[去]~志 薁~蔆菜也 馨香遠聞也 忻喜也又欣~ 昕日出之時 炘熱貌也 歆神饗氣也羨也

[去]釁~鐘又諍 衅⑤端也 舋仝上又尋~

一百六十四號

---

① "輩"，當在去聲。
② "齡"，當作"齡"，據奎照本。按：《玉篇》"齡，渠蔭切，舌病。"
③ "近"，當在上聲。
④ "涇"，當作"涇"。按：《集韻》"涇，巨井切，《博雅》寒也。"
⑤ "諍"，當作"爭"。按：《正字通》"衅，……又爭端曰釁。"

69

[平]應照~呼也又~答補 繆帽~ 嚶鳥聲 鸚~鵡即八哥 鷹~鶻 鶯黃~ 蠅蒼~ 英雄又~花 櫻~桃 攖~孩 嬰仝上育~堂 膺胸也擊也 鷹言語

對問 攖觸也迫近也亂也 瓔石似玉 罌瓶也總名 媖女人美稱 楧雀梅又~架 渶水名 癭頸瘤也 影日月~又人 犢小牛曰~又牛鳴

[去]映明相照也 嚶以言答也 瀴清冷也

[平]慇~懃 殷盛也又~實又~商之後號也 因緣也由也託也就也仍也 姻親也婣仝 禋精意以祭為~ 氤~氳烟霧貌 茵蓆也一曰虎皮 湮沒也沉也

駰馬陰雜白貌 溵水名 磤~雷聲 音聲 瘖~瘂 陰~陽 隂光~又同上 裀近身衣也 茵車重席 闉闉門外之城 隱藏也私也安也 殷~雷聲 癮疹皮外小起 縕縫衣曰~

[去]飲歡也[平]~之也 蔭庇也 廕屋宇之庇 窨地室 印~信 胤繼~一音引避寫作胤

一百六十五號

[平]盈滿也 嬴姓也 楹柱也 贏輸 形~狀 刑~罰 邢地名 瀛~洲又姓 型鑄器模也又~塘 營寨又造也度也 縈收卷也繞也繫也 塋墓也

螢~火蟲 陘楚名 瑩石似玉 ○容行走也用也正音恆

[上]杏~子~仁 倖僥 荇~菜荇同 悻~怒貌 幸欣~ 寵澤~冷寒也 郢地名 潁~川又州名 穎禾末也 頴俗仝穎 脛腳~

[平]寅地支又恭也 淫~亂奸 桱通水 遥① ②逕也 夤~緣恭也敬惕也 霪久雨曰~

[上]引導也久也長也 尹~令③又姓 蚓蚯~ 靷~駕馬牛具 胤④廟諱繼~一音印 孕懷胎也 螠⑤送女從嫁也 瘞烏烟~也本音印心中病~

一百六十六號

[平]心~肝 莘細也藥名~ 辛苦又辣味 荀往日又草名 新~舊 詢容也謀也 詵致言也衆也 薪柴也 恂溫恭也 駪赤色~且角 駪馬疾疾⑥ 行 牲

①"遥",當作"逕",據奎照本、昌文本。按:《集韻》"逕,夷針切,過也。"
②"逕",當作"過"。
③"~令",當作"令~"。
④"胤",當在去聲。
⑤"螠",當作"螣"。按:《集韻》"螣,以證切,《說文》送也。"
⑥"疾",衍文。按:《字彙》"駪,……馬眾多疾行之貌。"

衆多貌屾二山並立曰~

[上]隼小鳥鴉屬 笋竹芽又荀 ①桁~頭懸鐘橫木 鶽急飛之鳥

[去]迅~速信~實〇仝伸 訊問也告也 齅~臭體氣 頤顧仝 殉偶人~葬 猩~~野人 腥生肉又~氣 星~宿 鯹魚臭氣 蜓~蜓 鍟鐵之~銹 省~察

醒醉而~也又夢覺也 姓~名性天~情暉日精也

一百六十七號

[平]金黃~又姓 今古~襟衣~又衿仝 斤斧〇近~觔兩 巾頭~手~筋~骨 謹②~慎 槿③木名 花朝生夕落 縑織布~密 㿹寒~ 衾合~又衾仝 緊婚禮用 緊要~又~急 錦~緞~綾綉 禁④~止 噤寒厥口閉〇琴

[平]京~都經~書又直也過也徑也常也維⑤ 也又~紀行販也 荊紫~花~川纸 涇~水濁 矜哀~驕〇門仝口⑥ 兢~~戒慎 驚駭也小人出~ 巠⑦水派

也直波爲~

[上]境~界景西湖十~又仝影 儆~誡 警寤也戒也 頸項~剄刎~之交

[去]徑小路逕路~仝上又至也過也 竟窮也終也已也~仝境 敬恭~鏡鑑也破~ 獍獸名~食人獸

一百六十八號

[平]羚~羊凌冰也又~辱又姓 陵邱~綾~羅凌水名又~歷也肥也 崚⑧水名 靈神~蛉螟~子 菱大~又菱仝 㥄憐也 零碎~伶利又獨

也令號~[去]月 苓茯~聆聽~囹~圄牢也 翎刁~鳥羽 玲~瓏齡年也~ 鈴搖~蓂落草曰~ 霝天~人頂骨 鴒鶺~泠~~泉聲 羚屛行不正也 㼐

---

①"荀",當作"筍",據昌文本。
②"謹",當在上聲。
③"名",當作"~",據奎照本。按:《玉篇》"槿,……木槿,朝生夕隕可食。"
④"禁",當在去聲。
⑤"維",疑訛。按:《洪武正韻》"經,……又常也、界也、絞也、縊也、直也、過也、徑也。"
⑥"〇門仝口",疑訛。
⑦"派",當作"脈"。按:《說文解字》"巠,水脈也。"
⑧"水名",當作"~嶒",據奎照本。按:《集韻》"崚,……崚嶒,山貌。"

直~窗 刟~利 軨~車轄 酗~頭 酴~渌酒 篯~竹名 軨~瓦器 領~命又項後也受也 嶺~山 衿~下裳曰 鮻~鯉即穿山甲 另①各也別也

[平]鄰~舍又比也近也親也 隣~仝上 潾~水清貌 磷~峻貌[去]薄石 粦~白石 鱗~甲 麟~麒 轔~車衆聲 林~樹 臨~降 霖~及時雨曰甘 琳~球 美玉 淋~漓渥貌 瞵 地~

[上]廩~倉~又~保 凛~寒也 懍~色懼也 僯~慚恥也 稟~既~稍食也 憐~愍~○連 吝②~鄙 躪~車踐也 遴~行難也謹選也 藺~姓也人③ 莞屬 恪~惜也鄙也

慳也

一百六十九號

[平]亭~涼~又直也 停~住 婷~娉 霆~雷 廷~朝 庭~家 聤~耳~出惡水也又 蜓~蜻 渟~水止也又~澤 葶~藶子 諪~調 鋌④~紡花~子 定⑤~安也決也

○丁 掟~天~○爭

一百七十號

[平]明~亮 眀~明視也俗仝上 名~號仝諮 銘~刻又志也 盟~歃血以結信也○孟水名 薴⑥ 莫~茮堯階瑞草 鳴~凡出口之聲皆曰 鵬~鷦~似鳳神鳥

洺~水名 溟~小雨~~ 瞑~久也晦也 暝~閉目也 茗~茶也 酩~酊大醉 黽~勉也又佃仝 命~惟~又~令○慢 詺~辨別物也 旻~秋天曰 珉~石之美者瑉同 民~

百姓也 緡~絲緒也又~繙也 閩~州福建省 泯⑥~滅也皆⑦ [平]叶 愍~憐也憂也傷也恤也 憫~仝上[平]叶 閔~姓也憂也仝愍 瞽⑧~強也[上]~ 悶也 剟~削也 捪~刷

頭~子[平]叶 潤~水流貌 澠~池縣名○黽 皿~器 躃⑨~蹩躃蹋地聲

一百七十一號

① "另"，當在去聲。
② "吝"，當在去聲。
③ "人"，當作"又"。按：《說文解字》"藺，莞屬。"
④ "鋌"，當在上聲。
⑤ "定"，當在去聲。
⑥ "泯"，當在上聲。
⑦ "皆"，疑訛。按：《廣韻》"泯，水貌，亦滅也、盡也，武盡切。"
⑧ "[上]"，疑訛。按：《集韻》"瞽，彌鄰切，強也。又眉貧切，悶也。又呼昆切，悶也。"
⑨ "躃"，疑訛。按：《集韻》"躃，皮孕切，躃蹩蹋地聲。"

[平]並 二合為~ 竝 仝上 病 疾~又患也 踤 跫蹋地聲 平 正也又姓 馮 憑據~ 馮 依也訊① 也徒勞② 也 憑 任~ 凭 依~仝上 枰 棋局 評 論~ 屏 圍~

○丙 萍 浮~水草 坪 地磚 瓶 汲水 俜 羅列也俱也 貧 ~賤 嚬 笑貌 蘋 浮~ 顰 蹙眉~ 頻 數也連也常也比也 蠯 蚌也別名 櫇 婆菓名 繽 紛亂也又盛

貌○兵 牝 畜之雌者 臏 去膝骨曰~

一百七十二號

[平]賓 ~客又恭也迎也立也列也遵也服也俗作賓 玢 文彩之狀 檳 ~榔俗作梹 姘 作嬪 濱 水邊~ 彬 ~文質 斌 仝上 豳 國名 邠 ~州 稟 ~告俗

作稟 殯 ~殮 儐 相禮者也導也引也 擯 斥也屏也又仝上 髮③ ~髮作鬢 鬢 仝上

[平]并 ~州又姓 [去]並也昏④ 也及也合也兼也 [上]仝屏 兵 軍 氷 水凝成 冰 正作~

[上]丙 南方~丁火 邴 姓也又又定下邑 併 一并也 俜 除也仝④ 病 炳 明也又晒仝 餅 糕 怲 憂也 秉 執持也 蚲 白蟬魚 柄 持也 鞞 佩刀之鞘○

彼病 三月為~ 屏 藩蔽除也

[去]柄 權~斧 迸 有⑥ 逐也足⑦ 逸也○烹

一百七十三號   圊 溷也厠也本音青

[平]秦 國名又姓 旬 十日曰~ 巡 ~視也又~檢 循 ~有次序貌 狥 仝上○心 郇 國名又姓 尋 ~覓 鱘 ~魚無鱗口在腹下 蟳 似蟬而小 馴⑧ 徙⑨ 也擾

也善也 盡 竭也尽同俗作盡 蕈 香~

[去]殉 ~葬正音信 徇 仝上衆也從也 燼 火餘燭○叶音津

---

① "訊"，疑訛。
② "勞"，疑訛。
③ "髮"，當作"鬢"，據奎照本。
④ "昏"，當作"皆"。按：《字彙》"并，……並也、皆也、及也、合也、兼也。"
⑤ "仝"，當作"○"。按：《字彙》"俜，補永切，音丙，除也、斥也。又皮命切，音病，《說文》竉也。"
⑥ "有"，當作"斥"。按：《字彙》"迸，……走逸也，又斥逐也。"
⑦ "足"，當作"走"。
⑧ "徙"，當作"從"。按：《字彙》"馴，……擾也、從也、善也。"
⑨ "穤"，當作"擾"。

73

[平]情 人~性 晴 雨止日出也 錫 ~糖 靜① 清 安~動 靚② 莊飾也明也 靖 安也謀也理也審也 婧 女貞潔也 淨 潔 清 寒也 穽 陷也阱 同上

一百七十四號

[平]銀 白金也 誾 ~和悅貌 斷 ~辨諍③ 貌 吟 咏也 囂 言不忠信曰 訢 ~恭敬貌 狺 犬爭貌 鄞 甯波~縣 甯 安 迎 ~接歡 嚀 叮~ 聹 耵~耳病④

凝 成也結也水~成冰

[上]听 笑貌又大口貌 滬 泥淖也

[去]慭 問也 猌 犬張齗怒也 甯 所願也又姓 佞 諂~

一百七十五號

[平]精 巧也 睛 ~肉 晶 水~睛~眼~ 菁 ~~盛貌 蔳 黃~仙草也 旌 ~旂 蜻 ~蜓 箐 等~小籠

[上]井 市~

[平]津 ~液濟渡也 榛 木名實如小棗 臻 至也及也聚也衆也 燊 火餘木[去]叶○冬 溱 水名 蓁 ~~盛貌○丸 僅⑤ 皆~也

[去]俊 ~秀 儁 全上又絕異也 駿 良馬 逡 ~奔走又全上 峻 高也嶮也 浚 深也 浸 漬也一作寢⑥ 賵 送行者之禮也 濬 ~哲文明也 畯 勸農官 祲 災祥○侵 晉 進也國名又晉同 狻 猊~兔○箭 餕 所食之餘 縉 紳赤白色 進 ~退

一百七十六號

[平]親 ~眷~近[去]~家 侵 ~伐~犯 駸 馬疾行也 誜 私語 梫 木桂皮厚者也 皴 皮細起也 浸 冷也 清 聽也又~濁 鯼 魚名 鯖 全上~浸 ~淫又雨貌

青 東方天色○精 睛 聽聽也 圊 溷也厠也 堖 ~精土寢⑦~室又臥也 鋟 刻板 沁 以物探水

① "靜"，當在上聲。
② "清"後疑脫漏 "~"。
③ "辨諍"，疑訛。按：《集韻》 "斷，……斷斷，爭訟也。"
④ "病"，當作 "垢"。按：《集韻》 "聹，……耵聹，耳垢也。"
⑤ "皆"，疑訛。按：《洪武正韻》 "僅，……略能也、少也、纔也、餘也、劣也。"
⑥ "寢"，當作 "寖"。按：《字彙》 "寖，與浸同。"
⑦ "寢"，當在上聲。

74

[去]篗墨工人具 楤仝上 罧夾蝦 ○森 嘜~嘴 岑貓犬吐也 潀~水 請~拜 倩假借使人又女婿

一百七十七號

[平]丁親~又強壯又姓 叮嚀囑詞 釘鐵[去]以釘~物 仃伶孤苦 朾伶獨行也 玎玲玉聲又諡法 靪鞋又補履也 疔~瘡 罘~罝小網 虹~蜻 即蜻蜓也 帄衣裳補 頂①~頭~心 酊酲大醉也 鼎三足兩耳調五味器 鼐俗仝上 耵~聹耳垢也 ○汀

[去]訂約定也 飣置食也貯食也 頔~額題也 定營室慶②又仝上

一百七十八號

[平]廳三間統者曰 汀水際平地 村地名 桯牀前几又確~ 町田區畔埒

[上]挺直也持也○定 梃杖也 侹~尸 艇鹿走 䑳身直 艇~舟 聽耳目~又~訟~事

一百七十九號

[平]箐晒~竹器又船蓬 娉~婷美女貌 砯砰~水擊石聲 竮姈~行不正貌 簈篦箔曰 繽~紛亂也○兵

[上]品~級

[去]聘~定又朝~又訪也

一百八十號

[平]成就也畢也平也善也 誠直也信也敬也一也 乘御也駕也登也跨也憑也治因也守也 澄清也 呈~上 承~順~命○仝贈 丞相又佐也登也副貳也○又輔弼 郕國名 懲創又止也戒也 程路~又姓 城~池 裎裸~又佩帶 仍因也 醒酒未醒 茈舊草生新曰~盛③梁~又~貯[去]茂 塍田又畽同 陾~築牆聲 礽福也 繩~索又直也戒也 迢往也 憕心平曰~

① "頂"，當在上聲。
② "慶"，當作"星"。按：《集韻》"定，……營室星。"
③ "梁"，當作"粱"，據昌文本。

[去]鄭國名又姓 剩餘~ 嵊~縣邑名 [平]亭名 晟① 月也燨也 輠副車也 [上]車丁也

[平]臣君 沉沒也[去]沒物水中也 陳~設又久也姓也[去]仝陣 塵灰 諶信也誠也 忱同上 堪② 無釜之灶 霃久陰

[上]朕帝自稱曰 葚桑~即桑子

[去]陣戰~ 酖酒有~毒 鴆毒鳥其羽瀝酒人飲則死

一百八十一號

[平]生產也又~熟 笙簫~ 僧和尚曰 甥外~ 牲犠~ 泩水深廣貌

[上]省~儉~城〇星 眚赦也又妖病 瘖瘦~

一百八十二號

[平]滕~國又水超涌也 騰飛~又姓 躤仝上 膡~錄藤葛~ 籐蔓生似竹又~器 螣~蛇似龍 疼~痛本音同 瘢仝上 鼟鼓聲

[上]蹾踐~行貌

[去]鄧國名又姓 蹬蹭~ 霯久雨〇登通正音近吞

一百八十三號

[平]真~假俗作眞 肫誠也又雞~ 屯厚也屯也又卦名 珍~寶 迍③~遭難行不進之貌 蒇茅~也馬藍 楨築牆板又女~木名 滇水名 諲~誠也 窀~穸下棺也厚也 訰~~亂言貌 娠婦人有孕 斟~酌 貞~潔 針引線 鍼仝上〇砧④ 箴仝上~規 畛田間道也 砧搥繒者 碪仝上又椹仝板 忳誨人不倦〇⑤ 諄以己誨人也又壯健貌 惇心實也〇敦 甄察也又姓

[上]袗單衣也 賑濟也富也 顛⑥白花黑~又~ 診同診審脈也視也驗也 枕~頭〇沈 軫⑦車袋~橫木又動也 準~一定~作准 屒初生羽也 震卦名

① "月"，當作"明"，據昌文本。按：《說文解字》"晟，明也。"
② "堪"，當作"煁"，據奎照本。按：《集韻》"煁，時任切，《說文》烓也。"
③ "遭"，疑訛。按：《廣韻》"迍，邅也。"
④ "〇砧"，當作"~砧"，據昌文本、會文本、廣益本。
⑤ "〇"後疑有脫漏。按：《字彙》"忳，……又殊云切，音純，人名後漢王忳。"
⑥ "顛"，疑當作"顛"。按：《正字通》"顛，……亦作顛。"

又動也威也起也 鎮市~又~壓 疹癗~皮外小起貌 振~救又動也作也止也收也 瑱~鎮也○天

[平]徵召也驗也○子 癥懷中~結 烝薰也又冬祭曰~又下淫上也 征~伐 蒸炬也又麻幹 餳~餅 鉦鏡也鐲也 禎~祥

[上]整戲~本又修~又~雞 拯救也舉也

[去]正端~又~月[平]① 向明處也 証諫~ 政~事又正[平]役也曰~ 證~騐候也質也 症病俗字 甄飯~本音增

一百八十四號

[平]文~章~武又錢 蚊~蟲 䘓② 班 尾鼠也 鼖大鼓 聞耳~又姓聲響③曰~ 紋路又~銀 墳~墓[去]去色一作坟 汾水名賁 蕡花多結實 枌木名白

棼 濆水涯 焚燒也 頒大首貌○班 憤發~ 忿~怒也 刎割頸自~ 蕡大也又大鼓也

[上]汶~上地名 紊~亂

[去]問通~又以物遺人曰~ 分限量也又名~ 紒五服外之喪服 免同上

一百八十五號

[平]登~高~科 豋禮器瓦為 䤲飽也又雞~ 燈~火又灯仝 劉~鈎 瘫病也

[上]等~候~級又仝戲 戥~子 凳板~又櫈同 饎~食又祭食

一百八十六號

[平]萌~芽叶音明茫 甍屋棟也 ④蒙盲青~眼 蝱~蟲又飛蟲蝱 虻黄 氓民也 猛勇 艋小船 蜢蚱~

[去]孟姓也長也勉也叶音蒙 蓋狼尾草[平] 盟水名~誓

[平]門~戶 亹陡~村近三江 捫掩也 萠~冬草

⑦"袋",當作"後"。按:《說文解字》"軫,車後橫木也。"
①"[平]"后疑有脫漏。按:《字彙》"正,……又平聲,諸成切,室之向明處曰正。"
②"班",當作"斑"。
③"聲響"前脫漏"[去]",據奎照本。按:《廣韻》"聞,《說文》曰知聲也,無分切。又名達,《詩》曰令聞令望,亡運切。"
④"蒙"前脫"○",據廣益本。

[去]瞞暗也們肥滿也悶煩~氣~悗仝上

一百八十七號

[平]崩墜下曰~又天子死曰~繃即繳褓也束也絣繡也祊廟門傍①祭先祖也堋~瀆霦大雨也伻使也浜溝納泔②者曰~痭婦人血~不止○朋

繆結也

[去]窆束棺下也仝堋

[平]奔疾行又犇仝錛~斧平木器也搬~移~托

[上]本根又~利畚~斗

一百八十八號

[平]更改也又~漏[去]再也庚天干鶊鶊~粳晚米一作稉耕~田一作畊賡續也黋草也羹~湯

[上]埂堤~耿介也光也憂也又不安也梗硬~柴哽~咽悲塞又言語③也鯁魚骨不下咽也

[平]根樹~又~本跟足後~

[上]詪難言也

[去]艮卦名又很也上也堅也限也

一百八十九號

[平]朋同類也又~友彭行也道也盛也側也近也壯也又~城又姓○拜蟚蟛蟹棚凉~燈膨~脝脹貌鵬大~鳥祊禋祭名榜~穜穀名彭~踣死

人胖盆銅~嗑吐也

---

①"傍"，當作"旁"，據昌文本、廣益本。
②"泔"，當作"舟"。按：《集韻》"浜，……溝納舟者曰浜。"
③"言語"疑訛。按：《洪武正韻》"哽，……語為舌所介礙……又哽咽悲塞也。"

[上]韏車上蓬也 髪酒~ 捹~①体呆~粗率 笨同上 髶蹎~蹋地聲

一百九十號

[平]春四時之首 瑃玉名 椿萱又香~ 瞋~怒張目貌一作嗔②䐜肉張起貌 鶞鳥名 鷻春鷹名鷻 杶木似樗可作弓幹 琛寶也一音杶 蠢~子

軘載柩車又禹泥行所乘 偵探伺也問也又同貞 稱~揚又舉也[去]全秤 頳赤色 櫄似柳而赤

[上]蠢蟲動也又憃③~疢~疾善嗜之病 賰富也厚也 騁馳~疾走也 逞通也快也疾也盡也

[去]趁逐也從④ 也踐也 趂全上又~船~錢~秤~知輕重[平]扛稱

一百九十一號

[平]棱威也四方木也 楞全上四方木也 稜神靈之威也 薐波~菜~踜~踏行貌[上]

[上]冷寒也清甚也

一百九十二號

[平]增益也加也 曾~孫又~祖〇層 罾魚~ 丁伐木~~ 爭鬬也競也俗作争 筝樂器 憎嫌~ 矰繁矢射禽 崢急絃之聲 颸風~

[去]諍諫~救正[平]動也 甑炊飯⑤也 譄譏殹⑥ 桱木節本音撐 腪足跟筋也

一百九十三號

[平]撐~船又撐同 琤玉聲 鎗金聲 瞠直視貌

一百九十四號

[平]升~斗~降昇日上曰 陞登也蹟也陟也又姓 聲~音作~

---

① "殑",當作"搤"。按:《字彙》"搤,……搤搤,撞也。"
② "嗔",疑訛。按:"嗔""瞋"不是異體字。
③ "憃",當作"愚",據奎照本。
④ "從",疑訛。按:《類篇》"趁,……蹈也、逐也……踐也。"
⑤ "飯",疑訛。按:《集韻》"甑,……炊器。"
⑥ "殹",當作"毀",據奎照本。

[去]聖人之至也又通明也 勝好~得~[平]行也省也盡也

[平]紳紳又大帶也 申屈~又重也明也 伸~縮信屈而不信又再宿為~ 身~體 呻~吟 深~淺 訷~說 娠~孕○震~ 胂夾脊肉也

[上]嬸叔妻也 哂微笑也 矧况也 沈姓也 審~問 諗謀也告也

[去]舜虞~又木槿也 蕣木槿又舜全 瞬開閉目數挨① 也 抻~物長也

一百九十五號

[平]能才~ 瀧水名

[上]喃多言 檸木皮浸酒可治瘋痛

一百九十六號

[平]烹~煮 苹使也○又草名 姘男女私合曰~ 砰砯~石聲 怦心急也又中道貌 匉~訇大聲 鏢鍊金 噴~水 嗙全上

一百九十七號

[平]衡權~又平也也○洪 行走也用也[去]德~孝~ 恒常久也 恆全上 姮~娥 珩佩首橫玉 桁屋上橫木也 莖草木幹也 魱牛星也

[平]痕~迹又癥② ~

[上]很兇~俗讀亨

[去]恨怨~

一百九十八號

[平]亨通也 悻~自強 殑憯~自強 㸌彭~脾③ 也 搷~鼻涕 很兇~又庚 狼全上本音恨

[去]誙~直○恆 脝膨~腹脹也

①"挨",當作"搖"。按:《集韻》"瞬,……開闔目數搖。"
②"癥",疑訛。
③"脾",當作"胖"。按:《集韻》"殑,……彭殑,胖也。"

一百九十九號

[平]神~祇①　又精淳質也樸也當作涫莼~菜純純粹也全也篤也至也好也文也不雜也大也識②也人萬物最靈者為人仁義鶉③鷉~不亂匹屬④

辰~宿又地支宸宮酏醴⑤~美酒也晨~早屑~嘴唇俗仝上〇震湣河邊紕機縷也[上]⑥紝仝紕芒草名犉黃牛黑脣醇不燒⑦酒也厚也

篤戴勝鳥也壬天干姙身~有孕

[上]荏~苒速⑧也忍安於不仁也又容噢小兒~乳筵車席也葚桑~即桑子荵~冬菜又菜名蜃蚌屬餁熟食也腎腰稔年豐曰~恁思念也

如此也腍~熟也味好也

[去]刃~鋒訒言不易發軔轉爭⑨輪木仞八尺曰~認難也又相~牣充滿也袵衣衿也〇忱⑩甚過分也〇忱任~事官一[平]姓也賃備也借

也順和~從也孝~潤滋~慎謹~楣木名閏~月定四時

二百號

[平]分~開~別〇問~紛~紜芬~芳香也雾~~雲貌餴烝米熟沃水直蒸氛祥气也芬亂也〇焚閩閫~即繽紛粉⑪米~又~飾鼢鼺~彩色

[去]糞穢也坌~掃除也拚掃席前曰~賁覆敗也僨仆也奮鳥張翼也又揚也濆水源沸湧而出也

二百一號

[平]鏗~爾金玉聲瑟聲脛視不分明硜~~猶碌碌也輕牛膝下骨又宋⑫人名坑塹溝也陷也〇肯

---

① "祇"，當作"祇"。按：《集韻》"祇，……《說文》地祇提出萬物者也。"
② "識"，當作"誠"。按：《字彙》"純，……粹也、全也、篤也、至也、好也、大也、文也、誠也……"
③ "鶉"中的"享"缺末筆。
④ "屬"，疑訛。
⑤ "~"，疑衍文。按：《廣韻》"酏，……純美酒也。"
⑥ "[上]"，當作"[去]"。按：《集韻》"紕，如林切，機縷也。又如鴆切，《說文》機縷也。"
⑦ "燒"，當作"澆"。按：《說文解字》"醇，不澆酒也。"
⑧ "速"，疑訛。
⑨ "轉爭"，疑訛。按：《說文解字》"軔，礙車也。"
⑩ "忱"，疑訛。
⑪ "粉"，當在上聲。
⑫ "宋"後疑有脫漏。

[上]懇求~又信也實情也墾開~齦~嚼○銀揹勒~又留撩也肯可也亢①也

[去]硍石有痕曰~

二百二號

[平]橙~黄橘子○仝凳棖門高旁木也層~疊~次曾嘗也

[去]贈送也增也

二百三號

[平]恩小惠又姓嬰女字蒽草名饐~食欲飽也

二百四號

[平]天氣之輕清上浮者為~靝古仝上兂仝添增也益也忝仝上與忝不同

[上]餂以舌鈎取物舔仝上腆厚也至也多也善也靦面慚也恬~弱忝怗辱也一作忝唺吐也

[去]掭手伸物也桥炊火木即火~栝仝上

二百五號

[平]連牽~蓮~子又荷花也漣風動水成文曰~聯~綿又~紛文~對憐~憫○令廉清帘酒旗簾珠~窗縺~纏寒具薕白~藥名又草名匲盛香器又鏡鐮鐮鐷也奩莊~又鑑匣也匲仝上磏礪石赤色燫火不絕也臁~瘡褳搭嗹~嗕言語煩絮悢泣下也鰱~魚蠊蜚蘞獉餿餅也濂薄也又溪名㜤瓜~又瓜名璉瑚~商曰~斂收~聚[上]仝

[上]漣水波~臉面也本音檢攣手足曲也○翷扣和尚~飯本音湛輦人走挽車也俗讀年

[去]練~絲綢楝~樹煉~丹鍊鉸健雞小者也殮~衣死人以下棺也瓬瓜~敷瓦泥

二六六號 言音與年音通

①"亢"，疑訛。按：《廣韻》"肯，可也。《說文》作肎，骨閒肉肎肎著也。"

82

[平]言~語又姓叶音牛 咸皆也 鹽煮海水為~塩仝上又鹹仝 諴誠也和也和也 炎熱也火光~上也一作炏 簷屋~又櫓仝 閻間~又姓 閆仝上 賢忠良

又聖 贒仝上又矣仝 延長也遠也 筵席~ 弦弓~ 絃①~丝 蜒蚰蜒 沿河~ 嫻靜也雅也 閒~暇 閑仝上又闌也止散也冗也衞也防也法也 舷船邊也

顏~色又容 莚~蔓不斷也 綖冠上前後垂覆 瞯馬一目白者 刓自刓也 妍姿也淨也美好也 衒婦人守志 嫌~憎也 焉決辭○烟 鉛青金錫類 函容也又

函丈 訮急也訟也○天 研窮也究也又仝硯 嚴威~今讀年

[上]檻門~或讀欠 限~定時辰 眼~睛 傊威嚴貌 焱火 演操 衍多也又蕃~茂貌 夼尖之對也 儼~然恭也今讀年 琰璧上起美也仝 厰~庣門闌

也 兖~州又姓 剡銳利也削也姓也[去]扇嵊縣~②

[去]艷姣~ 豓仝上 餡果~ 焱火光○叔 灩③~水滿貌 焰火光 雁鵝又鴈同 現~形錢見 見出~客也下~上曰 陷~坑縣州~

二百七號 墊差~錢糧本音店

[平]田~地~獵[去]耕治也又姓 鈿翠花~又洋~[去]揑 填~發~滿~房 畋~獵又耕 佃~戶又~獵仝上 鈿又仝上 闐盛也滿也 磌石墜貌○真 恬安

也靜也 甛甘~一作甜 菾菜○添

[上]簟晒穀 殄滅也盡也絕也 蜒④~蟃蛇

[去]殿宮~○典 靛青 甸海 奠祭~ 鎮螺~以寶飾器 蕇插~桌腳 蕇仝上 電雷~ 靛藍~可染

二百八號 痊病除也本音千

[平]全完~錢銅~又姓○尖 前~後 旋~泉 泉出水從下而上也 佺仝上 牷牛體完全曰~ 璿~瓊玉衡 漩水回~也[去]潛藏也伏也中~液

也摯~摘 還~回 燑熖~以湯沃毛令脫 璇仝璿 鐫~刻一曰琢石也

①"絃"缺末筆。字形中有"玄"的字多缺末筆。
②"~名",當作"名~",據奎照本。
③"激",當作"瀿"。
④"蜒",當作"蜓"。按:《集韻》"蜓,徒典切,蟲名。《說文》蝘蜓也。"

[去]吮①_{喋也}踐_{踏也○尖}漸_{徐進也○尖}賤②_{貴~賤}鏾_{鑯~}羨_{稱~又欲也}

二百九號

[平]千_{十百曰~}遷_{移~}迁_{葬~又回~}蹮_{蹁~旋行貌}韆_{鞦~}銓_{衡也度也量也}仟③④_{長~ 人}曰_~筌_{竹帯弶魚}痊_{瘉病除也}芉_{~~草盛}阡_{田間}

道也_悛_{改也止也○遷}詮_{擇言也解喻也具疏也}綅_{細布}籤_{竹~求神}僉_{咸也皆也}佺_{偓~仙人}刊_{切也與刊不同}籤_{書~又字~頭}幟_{幖~~頭}

[上]淺_{深~}茜⑤_{草可染絳也}倩_{美字也○侵}

二百十號

[平]軒_{翻~}掀_{以手高舉貌}癐_{~瘦物在喉也}

[上]蜆_{黃~}顯_{耀明也著也光~}幰_{車幔也}

[去]獻_{美也進也賢也}献_{全上}玁_{~狁匃奴別號}險_{危也又僉也}憲_{法也又府~}莧_{~菜正音現}灛_{水名}歗⑥_{火~出智燈難字}

二百十一號

[平]邊_{旁也側也又姓}鞭_{馬~又~笋}籩_{豆祭器}邊_{全上}編_{以簍~器}蝙_{蝠有乳禽}鯿_{魚一作鯿}稨_{籬上荳也}

[上]褊_{衣小也}區_{不圓也又牌}扁_{全上○片小也}揙_{~擔}籩_{晒~○卜}貶_{譎也減損也抑也}昪_{全上}藊_{白~荳}徧_{普~也}遍_{全上}

[去]變_{易也又災~}窆_{○卜下棺也}封_{全上}

二百十二號

[平]乾_{卦名又君象也}虔_{~誠恭也商⑦ 也殺也}箝_{口結舌}鉗_{以鐵束物也}鍼_{全上○針~}鈐_{鋤也○}黔_{民曰~首○琴}髠_{去髪之刑}

①"吮"，當在上聲。
②"賤"，當在去聲。
③"長"，當作"千"。按：《集韻》"仟，……千人之長曰仟。"
④"人"後脫漏"之長"。
⑤"茜"，當在去聲。
⑥"歗"，當作"爒"，據奎照本。
⑦"商"，當作"固"。按：《集韻》"虔，……一曰恭也、固也、殺也。"

[上]件_{條~}鍵_{關~戶鑰也}儉_{~約}芡_{~實即雞頭子}健_{強~堅~又難也舉也}

二百十三號

[平]先_{~後[去]~之也}仙_{人~}①_{又仚仝}僊_{仝上}纖_{~~細貌}暹_{日光也進也長也}廯②_{倉廩也[上]仝}宣_{揚也布也盡也明也通也緩也散也召也徧也}

鱻_{新~[上]仝鮮}襈_{褊~衣貌}躚_{蹁~舞貌}秈_{穳~稻也}銛_{利也又臿屬}孅_{細貌}

[上]鮮_{少也[平]新~}選_{擇也}跣③_{徒　足履也}④癬_風銑_{鐘之兩角也金之光澤也}蘚_苔筅_帚抙⑤_{換~手捻物也}洗_{滌也又姓○洒}獮_{秋狩○}

⑥撰_{~造也○饌}毨_{毛落更生整理也}

[去]線_{絲~又綫仝}霰_{雪粒}

二百十四號

[平]緶_{縫衣也}駢_{二馬並駕}胼_{并脅骨也}笢_{屋上所用}胼_{胝皮堅也}軿_{輜~輕曰~}

[上]辨_{~別}辯_{~正}辮_{打~}

[去]卞_{姓也}便_{順~利~[平]~辨}⑦汴_也_{水名又~高}⑧_{地名}弁_{姓也又皮~}忭_{喜樂也}㴱_{小便溺也}抃_{拊手也}頯_{冠也}

二百十五號

[平]綿_{柔弱也又絲~}緜_{古仝上}棉_{~花可作布}眠_{睡也又~床}

[上]免_{罷也脫}⑨_{事不相及也}娩_{做產曰分~○凡}汅_{水~}勉_{~強又勤也}眄_{邪視也}冕_冠湎_{沈~飲酒}緬_{綢繆反覆又遠也}丏_{避箭牆也}

---

① "人~"，當作"~人"。
② "廯"，當作"廯"。按：《集韻》"廯，相然切，廩也。"
③ "徙"，當作"徒"。按：《字彙》"跣，……徒足履地。"
④ "也"，當作"地"。
⑤ "換"，當作"捹"。按：《集韻》"抙，……捹抙，手捻物。"
⑥ "○"，當作"曰"，據昌文本。
⑦ "辨"，當作"辯"。按：《集韻》"便，毗連切，《說文》安也……一曰便便，辯也。"
⑧ "高"，疑當作"京"。
⑨ "脫"後脫漏"也"。按：《廣韻》"免，止也、黜也、脫也、去也。"

[去]面~麫麪麥粉為~麵仝上

二百十六號

[平]膹脂又膕仝瑉~烟烟~火又~酒〇煙仝上本字剜刑也~離~豬~狗殗殁也鄢地名[上]仝淹~流醃鹽魚肉蛋咽~喉焉疑辭又何也

豈也闇又監也崦~崦嵫山日出處[上]嫣美貌美色蔫物不鮮也又臭草菸仝上[上]人名閼~氏單于適妻〇遏歅~氏善相馬者厭~足~煩又飽也[去]

歐也又以尺量物之數也〇鼴偃~息僂也服也臥病~瘨奄覆也忽也止也取也藏也遽也仝也火有餘也姓也鼴~鼠好飲偃河形大如牛蝘~蜓蛇揜仝上

掩~住又遮~

[上]埯土覆物也魘夢中~也黶面中黑子又瘡~黶~痕人面黑子厴~心甲

[去]燕玄鳥又喜也息也息[平]國名晏晚也安也俺大也宴筵~又~息醶仝上嚥吞也施~物長短濶狹也焰和尚放~口本音現堰堤也~頭鷃雉

兔鶉~鷃飫飽也曣日出無雲

二百十七號 彥音與言音通

[平]年載也古作秊黏糊也又粘同拈指取物也即~香儼~然恭也正音言嚴~肅正音言閆~羅王又閻同

[上]喃~泥本音南輦鳳本音連碾~之令物為末也輾仝上〇占甂無底甌〇言嶘嶘~山美貌又山名撚以指撚物

[去]硯瓦可磨墨研古仝上〇言唁弔~彥仝上吊~失國曰~彥名士曰~喭俗語也又諺仝念二十日~又~經佛廿仝上又廿同驗證~又騐仝

二百十八號

[平]尖小也箋花~紙煎~炒[去]水煮殲微也盡也漸流入也漬也

---

① "監"，疑訛。按：《說文解字》"闇，豎也。"
② "出"，疑訛。按：《廣韻》"崦，崦嵫山下有虞泉，日所入。"
③ "蝘"，當作"蜓"。
④ "揜"及其注釋，當在"掩"及其注釋之後。
⑤ "滅"，疑訛。按：《廣韻》"撚，以指撚物。"
⑥ "也"，衍文。按：《說文解字》"殲，微盡也。"

86

[上]餞~別〇踐羨仝翦~刀又仝上①戩~穀福也盡也

[去]薦推~草~荐仝上剪齊斷也[去]尖也穲草~竿~屋䍾至也再也葥草可為席②箭弓~竹~僭假也儗也〇仝譖

二百十九號

[平]篇書~偏邪視也半也蹁~躚旋行貌翩~翻疾飛牑~凳扁小也〇匾

[上]諞巧言也仝下騙誆~片辨③也

二百二十號

[平]堅~固緘封也索也〇針椷木篋也間中間[去]~斷間仝上房~兼并也蒹~葭又葦屬奸~詐~淫姦仝上監~生又太~肩~髀~胛菅草名艱~難尷~尬行不正貌尲仝上

[上]簡~略~慢也柬~帖鹻~汁繭蚕~又~綢璽仝上揀~擇減~損檢~點又巡~蹇跛也難也耕十把曰~作耷④

[去]見看~〇現鑑鏡也明也鑒仝上諫直言以悟人也襇裙~鐧車軸頭鉄又器皿澗山夾水也建置也立也福~省�車~劍刀~又劒仝鋻剛也㶕沈物水中使冷也毽~子錢鍮雞毛為之覸視也又瞷同

二百二十一號

[平]顛傾斜也頂也傎~倒巔山~也癲~狂

[上]玷玉有病者耇老人面上黑子點圈~指化作~⑤典主也當也法也

[去]店肆也趝足長短行疾也墊下也溺也殿軍後曰~玷⑥反~

二百二十二號

①“又仝上”，疑訛。
②“席”，疑訛。按：《字彙》“葥，……草可作帚。”
③“辨”，當作“瓣”。按：《字彙》“片，……又瓣也。”
④“耷”，當作“秉”。按：《正字通》“耕，……亦作秉。”
⑤“點”，疑當作“黚”。
⑥“玷”，當作“坫”。按：《集韻》“坫，都念切，《說文》屏也。一曰反爵亢圭處。”

[平]悁罪~牽_{引也}謙_{讓也敬也}○乞褰_{揭衣涉水}騫_{虧少又馬腹也}搴_{拔取也}○見掔_{堅也固也牽去也}慳_{悋也}

[上]遣_{袪~差}歉_{抱~}繾_{繾~不相離貌}

[去]欠_{~伸又掩~}[平]叶瞰_{偷視也本音堪}闞_{全上一作瞯}①僆_{~開也}譴_{責也問也謫也姓也}

二百二十三號

[平]寒_{冷也含~}含_{容~啣}啣_{口~物也}御_{馬勒也}銜_{官~俗全上}韓_{姓也}唅_{嗽忿氣}函_{包也容也又圅全也}涵_{養~一作涵}

[上]頷_{頤也蕽~}蕽_{蒋草也}萲_{白~草}邯_{~鄲趙縣}○酣頷_{領下又點頭以應}旱_{久不雨也}菡_{花未破也}悍_{性勇急也}鶾_{雞赤羽}

[去]唅_{~睡}銲_{臂鎧又~藥}豻_{猛獸又野狗也}翰_{~苑~墨又鳥羽又高飛也}閈_{里門也}汗_{熱極出~[平]姓也}捍_{衛也一作扞}皔_{白也}洊_{水和泥也○甘}

瀚_{浩浩廣大貌}憾_{恨也}

二百二十四號　溇_{~柿去灑本音嵐}

[平]南_{午向火方}男_{~女}枏_{海~似杏而酸}楠_{海~木}喃_{~~多言貌}喃_{呢~燕語}邯_{國名一音那}腩_{煮肉軟也}軟_{~硬②本音善}箳_{~竹即無梢竹}湳_郡

名水名又姓鉻_{~鐵打銀具}

[去]婻_{少肥又美貌}㶁_{柔草}㘝_{魚食貌}

[平]煖_{溫也和~}

[上]暖_{全上}餪_{女嫁三日送食曰~女即今~房}

二百二十五號

[平]譚_{大也又姓○③又與談全}覃_{長也廣也及也}醰_{味長厚也}潭_{深~}鐔_{酒~}壜_{全上俗作坛}曇_{~花又雲布謂之~}馣_{馣~香氣}蟫_{白蟫魚}鄲_{空也}

萏_{菡~荷花也}襢_{除服器名}賧_{買物先付錢也}潭_{沈水底俗云躲沒~~}

① "瞯"，疑訛。
② "軟"，當在上聲。
③ "○"，衍文，據奎照本、昌文本、廣益本、會文本。

88

[平]團包~又~圓 摶以手圓之也摶仝 溥露多貌 餺飯 鶉 鷻~鶉~射人能含矢反射 櫏大木 蜑~魚即鱉也 斷斬~一作斷

[去]緞綢~ 段片~又~頭 椴白~即白楊樹 醓面圓也

二百二十六號

[平]厽~拜~將 參~謀 驂篇三馬 曑~嵳不齊 慘悽~又憯同

[平]① 篡逆而奪之曰~位 鼠逃~ 爨煙~ 爂仝上~ 攛掇又擲也

二百二十七號

[平]端~正又~木雙姓 耑角~神獸

[上]短長~ 睇腕~小有財

[去]斷決~[上]截也 斷仝上~ 煅~鍊鍛~磨 挊打也 腶~脩~補② ③ 加薑桂也 鱮魚~俗字

二百二十八號　玄與元通

[平]員職~生~ 玄黑色 袁姓也又衣長貌 園田 緣姻~○延 戴~鵲遭害不仁 鶤~鵾海鳥 楥籠絡絲具又姓 蔫~尾草 猿~猴 圓方~ 垣牆也

轅~門又車前橫木 懸~掛一作縣 援拔也引也[去]救助也 媛嬋~又美女也 沄水深廣也[去]潛流滿溢 湲水流貌 爰於是也行也司也 蝝蟻子○延 鳶~

鳴則風生

[上]遠~近[去]之也 鋺鼎耳

[去]鞍刀~ 褑佩玉帶 衒自矜也 炫火光~耀 院亭~堅也室也 眩目不定也 琄玉也[平]姓也

二百二十九號　元音與員音通 軟~胎箱本音善

①"[平]"，當作"[去]"。
②"脩"後脫漏"捶"。按：《集韻》"腶，……腶脩，捶脯施薑桂也。"
③"補"，當作"脯"，據奎照本、昌文本。

89

[平]元 大也始也 原 本也高平曰 院① 古全上又~社村又姓 源 水~頭 謜 徐語也~弱○干 黿 癩頭~ 嫄 姜~后稷母也 沅 水也 騵 赤馬白腹 芫 ~花藥名

筅 竹也 羱 獸似牛三足 獂 野羊大角

[去]愿 謹慤也 願 情~又欲也 瑗 大孔璧○還 援 佩也

二百三十號

[平]欒 木似蘭 鑾 ~鈴 鸞 ~鳳凰 圝 團~口~ 巒 小山即~頭 㡓 ~帶

[去]孌 美女②也 亂 治也又作~③ 戀 念也係慕也

二百三十一號

[平]酸 醋味 痠 ~疼也 狻 ~猊即獅子○俊

[去]筭 ~數又作算笇 蒜 大~葷菜

二百三十二號 與下號通

[平]攢 簇④聚也 欑 叢木也 積 刈禾積也又棍~

二百三十三號 與上號通

[平]蠶 吐絲蟲 蚕 俗仝上本音天 燅 湯中焰⑤肉也

[上]朁 ~字~子朁也

二百三十四號

[平]誼 ~譁喧 全上又哀泣不止 諼 詐也忘也 壎 簴樂器 萱 ~草比母 喧 日溫煖貌 暖 大目也 讂 智也多言也

---

①"院",當作"阮"。按:《洪武正韻》"阮,于權切,从阜从元,古原字。"注釋中的地名"阮社村",今紹興柯橋區阮社村。《標韻》不僅有紹興一帶有名的地名,還有小地方(王佳亮2019)。
②"女",當作"好"。按:《洪武正韻》"孌,……美好。"
③"~",疑訛。
④"簇",當作"族"。按:《洪武正韻》"攢,……族聚也。"
⑤"焰",疑訛。按:《說文解字》"燅,於湯中爓肉也。"

二百三十五號

[平]盤_{~碗}柈_{仝上又棋}澎_{水迴旋也}蟠_{屈曲伏者曰~}槃_{桓自得}媻_{小妻也}鞶_{大帶也}磐_{大石也}磻_{溪○波}盤_{屈曲~足}般_{樂飲酒}

胖_{肥~又大也}拌_{~碗即和菜}瘢_{瘡痍}謷_{~問以言難人}礬_{~磚大石也}蹣_{~珊跛行貌○滿}

[上]伴_{陪~}

[去]畔_{田~即田界}叛_{背~}

二百三十六號

[平]淵_{止水也即深}鴛_{~鴦}鵷_{~鶵鵷鳳屬}冤_{屈也又冤同}嚘_{~~鼓聲}殘_{人死曰~}宛_{西域國名}

[上]琬_{~琰美玉也}蜿_{~~龍行貌}

[去]怨_{恨也[平]叶韻}

二百三十七號

[平]權_{稱錘也[上]~柄}拳_{曲手作~}顴_{~骨一作髖}鬈_{鬈髮}①_{鬈也}惓_{~~謹貌[去]仝倦}踡_{~躅不伸}卷_{曲也屈也○昆}

[上]錈_{屈金也}

[去]倦_{疲~懶~勞~}

二百三十八號

[平]完_{全也保守也}岏_{小山高如大山}丸_{彈~又~藥}芄_{~蘭垣牆}洹_{水名○員}萱_{草名}桓_{盤~難進貌}紈_{素也結也}萑_{細草○追}

[上]緩_{遲~}睅_{大目也}澣_{濯垢也一月三~浣全}睆_{窮視貌星明貌}皖_{白淨也明也}莞_{爾小笑貌一讀婉}

[去]換_{兌~}逭_{逃也迍也迭轉也}

①"髮"，疑衍文。按：《正字通》"鬈，……鬚鬘好貌，……又髮曲貌。"

二百三十九號

[平]寬舒也緩也 髖兩股開①也

[上]欵誠也敬也叩也款 窾空也 撒捉也提也 徽緩徐行貌 薂~冬花

二百四十號

[平]貪~婪無厭 探~花打聽也[去]伺也 噞衆飲食聲也 傪~㑀痴貌 湌~泛水浮貌[上]沒也又水名 睆~望私視也 湍~水瞳禽獸所踐之處

[去]彖斷卦也又豕走也 湪水名

二百四十一號

[平]歡~喜一作懽驩 玃~豬 玃~狗 煥②明彩貌 喚叫~ 瑍玉有文彩 奐~文~大也 渙~~水盛貌

二百四十二號

[平]捐棄也除去也 娟美好也 涓~~水貌 蠲明潔也又~兔 鵑~瑪鳥名

[上]菤耳草名 捲舒也○權 猒昌~蒲姐 絹綢 睠親~又顧念也 卷書~[去]收也○犬 婘內~[去]○權好也③ 睠反顧也 鄄衛地名 狷褊急也又

才不足而守有餘

二百四十三號

[平]潘姓也

[去]泮~宮學名○版 判斷也 拚棄也楚人凡揮去物曰~今寫~樹~票要用此字~票

二百四十四號

[平]般多也移也[上]縣名

[去]半物中分也 絆繫馬足曰~ 靽駕馬具在後曰~

①"開",當作"間",據昌文本。按:《廣韻》"髖,兩股閒也。"
②"煥",當在去聲。
③"[去]",衍文,據奎照本。按:《字彙》"婘,逵員切,音權,美貌。《博雅》好也。又……音眷。"

二百四十五號

[平]圈~點○權姓也 棬屈木也

[上]犬狗也 畎田中溝也 綣繾~不相雜貌①

[去]券契~ 勸~勉

二百四十六號

[平]安逸也~置勉也 庵~廟古作菴 鵪~鶉鳥名 噆鐘聲徹也○燕小聲 唵不言貌 諳~世務又記也悉也 鞍馬~

[上]唵佛語又手進食也 闇~室○因

[去]暗昏~ 案几~又全按 按~住又考也驗也

二百四十七號 銜官~今讀含

[平]巖山~一作嵓又作嵒 巉~巉嵬 岩石~ 豻野犬似狐而小○仝犴

[去]岸水涯高者曰岸 犴狴~獄名

二百四十八號

[平]堪可也又不可 嵁不平也 嵌~山險貌巖 龕金鑲玉 龍龍貌又~山鎮 刊~字于板與刊不同 戡勝也克也 鉛青金錫類本音沿 砍②~斫~硴 坎卦名又小阱 衎信也和也 侃~~剛直也 欿食不滿也又~芒 轗~軻車行不利 勘③~合 礛河~又墈同 看觀也[平]仝

二百四十九號

[平]占測也卜也候也明也姓也[上]以卜筮者尚其~ 詹至也省也給也姓也多言也瞻仝 瞻仰視曰~又姓 霑雨淋也清④ 也霈⑤ 也沾仝 顚~項又謹貌

---

① "雜貌"，當作"離散"。按：《集韻》"綣，……繾綣，不相離散也。"
② "砍"，當在上聲。
③ "勘"，當在去聲。
④ "清"，當作"漬"。按：《廣韻》"霑，霑濕也，又濡也、漬也。"
⑤ "霈"，當作"濡"。

饘厚粥也飦仝　專~攻其事又尚仝　旟曲柄旐旆與之義仝　磚~瓦又甎仝　亶~亶又氈仝　鱣大魚也〇善　邅~迍~難行不進之貌　粘糊也正音年　鸇惡鳥

轉旋也運也逆也迴也　輾轉之一半曰~準①

[去]展開也誠也　囀鶯鳴曰~　戰鬭也　顫寒~又頭不正也　驙謀人財物謂之~

二百五十號

[平]傳~受~代[去]經　椽屋~　遄往來速也　纏繞也約也束也姓也本讀去聲[平]音蟬　廛一夫所居曰~本音船　躔踐也

[上]瑑圭璧上篆文~書　篆~書　攐手~物也即拾也

二百五十一號

[平]籛首筓也〇爭　昝姓也　揝執持也又手動　鑽穿物鉅~　纘繼也　纂卜書　鄼百家曰~〇攢　鱶黃~

二百五十二號

[平]川水~　襜衣~如也筐②也　幨仝上又桌幃　穿破~又著[去]貫~　覘視也候也

[上]諂~卑③　~誒喘~嗽又疾息也　闡闢也顯也開也大也明也　舛錯也　蕆解也借④也又敕也　鍾卜⑤物令長也〇祭

[去]瘑癰~　釧釵~　鬮小開門以候望也　闞窺視也　串~錢~繩

二百五十三號

[平]甘甜也　肝甘蔗　疳小兒~病　柑~子　粓米　泔水名又仝上　干~戈又求也　竿竹~　肝心~　淦水入船中也　乾~燥一作乾　玕琅~又名次玉

杆梘~幹築牆板⑥也　苷~草　感⑦~激[上]⑧~化　趕追~赶舉尾而走　敢犯也思⑨也為也果　笴箭~〇哥　稈木~莖也接~　橄~欖　贛⑫江西~

①"準",疑衍文。按:《字彙》"輾,……轉之半曰輾。"
②"筐",疑訛。按:《字彙》"襜,……又整貌。"
③"~卑",當作"卑~"。
④"借",當作"備",據昌文本。按:《古今韻會舉要》"蕆,……解也、又備也。"
⑤"卜",當作"~"。按:《五音集韻》"鍾,……鍾物令長也。"
⑥"板",當作"版"。
⑦"感",當在上聲。
⑧"[上]",衍文,據奎照本。

94

州〇貢 撇① 以手伸物

[去]幹麥~荳~〇含紺青黑赤色

二百五十四號

[平]然是也而也又燒也 燃燒也 蟾月裡~蜍 單~于匈奴號又姓〇丹 髯鬚在頰曰~ 船舟也正音椽 嬋~娟 澶水名俗音傳 廛一夫所居曰~ 蟬~

以翼名② 飲而不食 墠低處下場

[去]③鱔黃又鱔全~ 善~惡[去]取~曰 苒荏~柔弱貌 蟮蝒~蜎弱也又扑全 奭罷弱也 染顏色[去]污也④ 軟柔也又頓全~ 墡白~泥又磩全

[去]擅自專也 膳具食也 饍全上 僎恣態也 贍賙也結也足也 禪~⑤代也又封~築土曰封除地曰~靜也

二百五十五號

[上]碗盤~ 婉嫭~又順也美也少也 宛~然本音淵 莞⑥~爾小笑貌本音莞

[去]豌~豚小有財 腕手~ 骸膝~

二百五十六號

[平]官~府~宦 冠冕弁總名[去]為衆首曰~ 棺~材 觀視也[去]寺~

[去]莞蒲席又燈心草 管樂器又主當也 莟看~宇草體全上 筦筆~又~弦 館客舍也 琯玉~ 盥~手 脘胃~脫全又肮全 蜎雨~蟲 舘書~酒 灌~地降

神又祼全 瓘玉名全 鑵瓦~ 罐瓦~ 鸛似鶴者 藿全上又[上]全 爟日中取火曰~ 丱束髮如角 貫~串通也 斡旋轉也一音窩~旋 褲衣帶也

二百五十七號此號與萬音相通

⑨ "思"，疑訛。按：《廣韻》"敢，勇也、犯也……古覽切。"
⑩ "木"，當作"禾"。按：《說文解字》"稈，禾莖也。"
⑪ "接"，當作"秸"。
⑫ "鹽"，當作"瀶"。
① "撇"，當作"擆"。按：《集韻》"擆，古旱切，以手伸物。"
② "名"，當作"鳴"，據昌文本。
③ "[去]"，當作"[上]"。
④ "顏"前疑脫漏"~"。
⑤ "~"，疑衍文。
⑥ "莞"，當作"莞"。

95

[平]漫水廣大貌[去]滿也汙也 塯牆壁之飾曰~ 槾杇也全上[去]仝 謾欺也刃① 也 鰻長魚也 瞞使人不知也 鏝鐵杇也 饅~首 曼長也[去]禾②

也旦也

[上]滿充盈也 鞔綳鼓曰~鼓 鞔穿素~鞋 蔓菁菜名○萬 幔帷幕也 縵繒無文者 輓車蓋也

二百五十八號

[平]酣~歌半醉 蚶~子蛤屬 嫫老嫗貌又怒也○善 噉吼也

[上]闞怒聲○欠 罕少也又兔網 撼~動○本音含

[去]漢天河又~朝又好 僕好~又姓 暵旱也燥也 熯蒸也○善 貼賺③~貪財也 鹹食不飽也

二百五十九號

[平]羶腥~臭也 苫草 痁瘧疾 欃門~一作門

[上]閃躱~晱④ 曤~即電也 陝~西省名 搎疾物也 夾⑤盜竊人 物 詪誘言

[去]扇引風物又門~數 搧動也批也 煽使火盛也[平]熾盛也 諞以言惑人 蝙蠅醜搖翼 騸~馬

二百六十號

[平]談講 郯國名又姓 惔恬~ 痰~火病 餤餌也進也[上]仝 檀~香~樹 壇~場 彈~琴[去]激圜也 澹~臺複姓[去]仝淡 炗烘~揮 撢動~○蟬

[上]啗食也 啖噉也食也餌也姓也 但~凡~則 苴草○姓 誕壽又放也大也詞妄也 筊竹名 窞地旁入也 潭船無篷 淡薄~[去]濃~

[去]憚畏難也 蛋~卵~古作蜑

二百六十一號

①"刃"，疑訛。按：《字彙》"謾，……欺也……又且也。"
②"禾"，當作"未"，據奎照本。
③"賺"，當作"賺"。按：《集韻》"貼，……賺貼，貪財也。"
④"晱"，當作"睒"。按：《集韻》"睒，失冉切，《說文》暫視也。"
⑤"人"，當作"裹"。按：《說文解字》"夾，盜竊裹物也。"

[平] 丹仙 耽耳大下垂又過樂也 躭全上又 擖 擔挑 儋全上又~耳郡名 [去] 薔也 聃老子名~又國名 担~拭 單~夾又薄也〇善 禪衣也即無

裡 殫竭也盡也 簞盛飯器 鄲邯~縣名 匰盛神主之器 癉~病也 酖樂酒也 瞫苦~亶誠也信也大也又全亶但袒三字

[去] 旦平~小~疸黃病 鴠求旦之鳥似雞

二百六十二號

[平] 樊姓也凡諸~仙一作凡 帆風篷也 颿全上又馬疾走 渢水流貌 煩相~又~悶又熱也 礬白~明 繁盛〇盤 藩壹即布政司 蕃~華 燔~

灼 墦冢也 膰祭餘肉 蘩蓬蒿 潘水暴溢也又水名 蹯獸之掌也 蕃小蒜 膰宗廟火熟肉 杬柴皮俗呼水浮木 璠~璵魯之寶玉

[上] 范姓也又草名 範規~ 晚將夜之時 犯~罪又干 秜禾名 范法也即規 梵西域~音

[去] 萬音與① 十千曰~万全上內典作卍 飯粥~〇反 獌蠅~似狐能捕獸 曼引也無也修廣也 蔓延也〇滿音通

二百六十三號

[平] 環玉~又回繞也 鐶全上 鍰金銀六兩曰~又全上 還回~ 圜回繞也 寰天子封圻內縣也 頑痴也鈍也 環~堵謂而② 一堵牆也 园③圓也

[去] 患憂~[平]與物無~ 宦官~ 豲游~厭也狎也習也 豢以穀食犬豕 幻虛~又惑也 玩戲也 輾以車裂又④[平]全 卷弩弓也〇絹

二百六十四號

[平] 班列也次也 辬全上本字又作般 斑花~瘢~痕 頒~行又頭半白也賜也 蟹~毛蟲名 斒~斕

[上] 板木~又版全坂~田~本音反 枚⑤妝 扮推~〇攀 挷絆也

二百六十五號

[平] 關閉也又関全〇全彎 瘝病也 喧~~和鳴 鰥老而無妻曰~ 矜全上

---

① “與”，疑訛。
② “而”，當作“面”。按：《集韻》“環，……環堵，謂面一堵牆也。”
③ “园”，疑訛。按：“园”的讀音與該組同音字相去甚遠。
④ “又”，當作“人”，據奎照本、昌文本。按：《說文解字》“輾，車裂人也。”
⑤ “枚”，疑訛。

97

[去]慣習~成自然 遺習也行也

二百六十六號

[平]蘭~花 闌遮也盡也晚也殘也 幝衣與裳連曰~ 眇~魦少也 欄~杆又牛 瀾~波 攔~阻 攦擾小人衣 讕詆語誣毀也 斕~斒 襴衫也 藍翠~色也 襤~縷全上 籃筐 繿~縷全上 儖形貌惡也 蹦踰也 艦軀身長貌 籃~篾薄而大也

[上]嬾①~隋 爛又攔全 覽監也又覽全 攬手取也

[去]爛燦~熟~又臘全 濫汎~ 纜維船索 嬔~人婦也 孄敗也 燗火~ 擥撮取也 攬全上 欖橄~又攬全

二百六十七號

[平]嵐山~氣正音闌 婪貪~ 惏②全上 惏~柿去澀

二百六十八號

[平]難艱~患~ 难草體全上

[上]赧面慚赤色也今讀乃

二百六十九號

[平]灘沙~ 癱風 坍崩~冲~ 攤~開 擹蒱賭錢也 尼迡~不動 坎墌~地平而長 籔③~薄而大也 毯毛布 毡毡~俗字 袒~裼露臂也

[上]坦平~稱人堶曰令~ 志~忑音忒虛怯也 菼草名 綟線~

[去]嘆讚~又歎全 炭桿~白~

二百七十號 　昷日光照也

[平]餐熟食也 飧全上一日三~ 攙~扶 鰺鯹白~魚名

①“隋”，當作“惰”。
②“惏”，當作“惏”。按：《集韻》“婪惏，盧含切，《說文》貪也。”
③“~”前疑脫漏“籔”。《集韻》“籔，……籃籔，薄而大也。”

98

[上]産~業又生 剷削平也 騽馬名 滻水名 鏟平木器也 揎擇也以手~物也

[去]粲粟之精者 璨玉光 燦明也 瓚二女曰~ 懺~悔也皇 讖全上又奶全

二百七十一號　蕃~茹本音几

[平]番三~兩次 憣~悔 旛旗 翻轉也反也覆也 幡~幢

[上]返還也回家曰~舍 反覆也不順也[平]叶 仮全上不順也 阪澤障也

[去]飯飢也餐也 坂墟也 疲惡心欲吐 販貨客 泛浮~一作汎汎〇風 汳~然又水名 畈田~平疇也 怰急性也

二百七十二號

[平]彎曲也 灣水曲也 圌~潫水勢回旋也 欒木曲

[上]綰繫也貫也 挽~子~斗正音煩 輓引車也又~幡正音煩

二百七十三號

[平]山高大有名 芟除草曰~ 刪~其叢雜 跚蹣~跛行也 珊~瑚 潸~流涕貌[上]全 衫衣 霎小雨[上]全 撋芟也[上]全 摻好手貌 衫衣敝曰幰~ 杉~樹毛 三陽數也[去]~思 參全上俗作叁

[上]散疏離而不聚也[平]分離也布也 傘雨~俗作 繖俗全上 饊放稻俗作~餅 𣂾斬取也 糝米屑也 抌撼~摇動也

[去]訕謗~[平]全 汕魚游水上也 疝~氣病 髟屋~本音彪

二百七十四號

[平]攀自下而上也 扳全上又援也

[上]昄大也明也〇板

[去]盻② 顧~本作盼 瓣花~[平]全 襻紐~ 絆紐~ 鑻腰帶~面又鉄~

①"放"，疑訛。按：《說文解字》"饊，熬稻粻程也。"
②"盻"，當作"盼"。按：《字彙》"盻，……此字今人混作盼。"

二百七十五號 本與上號今讀分作二號

[平]爿~片又瓦~蹩~蛋[1]不動

[上][2]辦致力也办草體仝上

二百七十六號 此號與萬滿二音通

[平]蠻南~子槾赤~稻名○萬趨行遲鬘花~○滿

[去]慢惰也怠也謾仝上○滿漫仝慢○滿僈恕[3]遲也又仝上嫚媟[4]污也蔓延也本音滿萬

二百七十七號 纔音才詳號才站俗作衙役~班本音盞

[平]殘~敗儳儖~貌惡[去]輕賤貌潺~~水流貌孱懦弱也不肖也讒佞也譖也毚狡兔巉~巖高也磛石~巖劖~斵鑱犁~又鋭也刺也又仝儳

饞嘴~又嚵仝慙~愧又慚仝穳䅥~麥肥也

[上]瀺口水也又魚~僝見也又~僽棧貨~又~道湛~~露多貌撰造也選也○先饌餔~暫[5]~時賺重賣也惜也綻~縫衣縫解也僎具也又~錢

二百七十八號

[平]趈坐立不安也閚立待也詀~喃語聲又多言也

[上]儹積~聚也盞酒~小杯醡~醾面皺而老也斬斷首也盡也鮎鹹也多也

[去]讚稱羨也贊助也參也濺水激灑也濽汗灑也又仝上趲~路站獨立也蘸~醬油

二百七十九號

[平]桃~子化作尭陶瓦器又姓也正也化也善也又~氣○搖逃遁也又迯仝萄蒲[6]~淘~洗又~籮濤波~檮山~樹名錭~鑊鼗小鼓又鞉仝鼉

①“蛋”，當作“蚤”。按：《篇海類編》“蹩，……蹩蚤，不能行。”
②“[上]”，當作“[去]”。
③“恕”，當作“舒”。按：《字彙》“僈，……舒遲也。”
④“媟”，疑訛。按：《字彙》“嫚，……《說文》侮易也……《增韻》媟污也。”
⑤“暫”，當在去聲。
⑥“蒲”，當作“葡”。

大風幬 禪帳也又仝① 翳 舞者所持羽尾② 之屬 酶 ~醉貌 絢 絞索也 陶 往來言也 佻 ~號 駒 ~絲③ 馬 鵤 ~阿④ 鳥也〇紬 掏 ~擇~摸 筄 ~枝竹

[上]稻 禾~ 道 ~理~路[上]仝導

[去]盜 ~賊又欲也 燾 覆照也 導 引~ 悼 傷也哀也 叙 七十曰~ 瘁 傷也 蹈 踐也 纛 旗~〇獨

二百八十號　茭 ~白正音交

[平]高 上也崇也敬信⑤ 姓也 羔 小羊皮⑥ ~皮 糕 粉食又餻仝 膏 ~澤~藥 槔 桔~水車 皋 九~澤也 篙 撑船~又簝仝 鼛 役事鼓也 嶂 ~嶗亭名 藁 葛屬 稾 禾名 蒿 白~草名 櫜 弓衣 縞⑦ 素衣白色 皜 白色 杲 日出明也 槁 枯木也正音考 稿 草~又禾稈 疴 ~疥疥病 窖⑧ 糞~〇交 郜 國名 誥 ~命發下曰~ 告 請~〇谷

二百八十一號

[平]遭 遇也逢也 糟 酒滓燒也 抓 ~癢膓 嘲 ~笑

[上]蚤 跳蟲又早也又仝爪 蚤 仝上虱 棗 ~子又草體作棗 早 ~晨又先也 爪 脚~又足甲也 叉 仝上

[去]藻 水草 找 ~價欠 懆⑨ ~恐⑩ 不伸也 澡 洗滌 罩 雞~ 懆 心煩怒也 羉 小網又覆鳥也 躁 急也動也 竈 炊~又灶仝 蹧 ~蹋俗字

二百八十二號

[平]庖 ~廚又代 咆 ~哮熊虎聲 鞄 柔革之工 匏 ~瓠也 袍 長襦也 跑 疾走也躁仝 施⑪ ~闕 刨 ~削 爬 以指甲~物也 炮 肉置火中曰~〇砲

①"仝",當作"〇"。按:《字彙》"幬,徒到切,音道,……又《說文》禪帳也……又除留切,音儔,義同。"
②"尾",當作"旄",據奎照本、昌文本。按:《字彙》"翳,……音導,舞者所持羽旄之屬。"
③"絲",疑訛。　按:《玉篇》"駒,……駒騄,獸如良馬。"
④"阿",當作"河"。按:《集韻》"鵤,……鵤河,鳥名。"
⑤"信",當作"也",據奎照本、昌文本。　按:《字彙》"高,……上也、崇也、遠也、敬也。"
⑥"皮",當作"又",據奎照本、昌文本。
⑦"縞",當在上聲。
⑧"窖",當在去聲。
⑨"恐",疑訛。按:《說文解字》"懆,愁不安也。"
⑩"伸",疑訛。
⑪"施",疑訛。

[上]抱~㧌懷也鮑~魚①于煏室之中糗乾也又姓②

[去]鉋光木器者暴~虐不仁皰全上又~皮醸一宿酒也酕酒色○砲謤~謤③惡也本音豹

二百八十三號

[平]毛毫~又姓髦髪也貓捕鼠獸也又猫全旄牛尾舞者持之茅茅草又姓芼草覆蔓也又大④也托⑤冬桃矛罘屬蝥班~蟲名茆⑥鳧葵也卯地支昴宿名媚妒嫉耄⑦九十日~又將⑧忘也帽頭巾也眊昏貌貌容~○莫瑁~方四寸冒犯也覆也假稱也貪也又冒全

二百八十四號

[平]曹爾~吾~又姓勦~勦~作事不精細也螬蟻屬饀食餶也嘈嘍~又胡言也槽馬~酒漕衞地[去]全褿祭豕先也簹竹名罾~網捕魚具臘脆也⑨

[去]皁黑色皂~隸肥~槽肥~全上造~作始也為也譖喧也

二百八十五號

[平]滔~~水流貌慆悅也慢也久也條絲~又綯全韜~囊也藏也寛也帨巾帽也士服饕~饕貪財曰~夲往來見也叨~光盃也謟疑也討⑩乞也誅也套⑪外~

二百八十六號

① "~"前脫漏"扶"，據奎照本。
② "魚"，疑當作"者"。按：《說文解字注》"鮑，……饐魚，於煏室中糗乾之，出於江淮。"
③ "謤"，當作"謤"。按：《廣韻》"謤，謤謤，惡也。"
④ "大"，當作"菜"。按：《說文解字注》"芼，艸覆蔓。……肉謂之羹，菜謂之芼。"
⑤ "托"，當作"柁"。按：《廣韻》"柁，冬桃。"
⑥ "茆"，當作"茆"。按：《古今韻會舉要》"茆，莫飽切，鳧葵。"
⑦ "耄"，當在去聲，據奎照本。
⑧ "將"，當作"惝"。按：《字彙》"耄，……惝忘也。"
⑨ "~"，衍文。按：《集韻》"臘，……脆也。"
⑩ "討"，當在上聲。
⑪ "套"，當在去聲。

102

[平]饒豐也飽也餘也又~恕　蕘　橈耀之短者曰~　○饒　韶舜樂　嬈妖~纏　襜①夫~　~劍衣

[上]擾攪~　繞纏~又遶全　紹繼也續也又~興府　肇始也本音趙　兆吉凶之~本音趙

[去]邵高也勉也又姓　劭勸勉也　旐兆也本音趙

二百八十七號　濠苏州南~街本音毫

[平]熬煎~　嗷哀鳴~~　敖遊[去]全傲　遨全上　翱~翔　嗷眾口愁也　螯蟹之大足　鰲~魚厰倉　獒犬知人心可使者

[上]薁全上　滶水名

[去]鏊齧也又咬也　臬人名~濠②　舟　傲慢又懶全　謸謔也

二百八十八號

[平]刀兵器又錢名　舠小舟也　忉~~憂也

[去]③禱祈也　島海中山也　嶹全上　擣搗也　倒④顛也頹也[上]仆也　菿草大⑤　倒也　到至也

二百八十九號

[平]超趨也躍過也　岧弛貌　帩細絲

二百九十號

[平]燒焚~又~酒

[上]少不多貌[去]~年　肖⑥十二之~正音霄

二百九十一號

①"夫",當作"祛"。按:《集韻》"襜,……《博雅》祛襜,劍衣也。"
②"濠",當作"盪",據奎照本、昌文本。
③"[去]",當作"[上]"。
④"倒",當在去聲。
⑤"大",當作"木"。按:《說文解字》"菿,艸木倒。"
⑥"肖",當在去聲。

[平]蒿蓬~又~莱薅拔去田草也

[上]好美也[去]喜~

[去]耗虚~折~魙全上虚~孬草也

二百九十二號

[平]豪英~毫毛又十絲曰~號~泣[去]名~濠水名壕城下池也

[上]鎬京武王之都又溫器浩廣大貌~天昊春天曰~天皓大也又白貌灝水勢遠也

[去]号~令

二百九十三號

[平]包裹也含①也又姓胞胎衣苞草名褒~貶~封~襃袖也羔裘豹~②

[上]寶貴也重也飽食之充滿也鬓髻也又髮求③長保~全~守鴇鳥名又娼婦之夫葆草盛貌堡~障褓襁~又緥全㛀④騕馬也

[去]豹虎生三子必有一~報~答~應~爆~竹即火~

二百九十四號　鮜魚~

[上]尻米秋骨⑤考殁父稱先~又稽也攷全上又成也叩也栲~枳樹燺乾拷打也薧魚乾曰~凡物乾者皆曰~槁木枯又全上魚~殠殆⑥⑦朦

也犒~賞靠倚~又理相還⑧也

①"含"後脫漏"容"。按：《洪武正韻》"包，……裹也、姓也、含容也。"
②"襃"的釋義疑訛。按：《集韻》"襃，博毛切，《說文》衣博裾也。"
③"求"，當作"未"，據奎照本。按：《字彙》"鬓，……又髮未長。"
④"㛀"，疑訛。按：《集韻》"㛀，……馬名，烏騘也。"
⑤"米秋骨"為紹興方言"尾骨"的說法。
⑥"殆"，當作"祜"。按：《字彙》"殠，……祜殠，曝也。"
⑦"朦"，當作"曝"。
⑧"還"，疑訛。按：《說文解字》"靠，相違也。"

[去]筹~篞屈竹為器

二百九十五號

[平]鈔取也畧也[去]錢~抄~録

[上]艸百卉之總名草仝上炒煎~又煼仝慅憂也〇騷謅弄言也嘷~嘐寂靜無人也䶌䶌~面曲貌麨糗也懆心~又心迫也懆~~心亂貌

[去]操節~又~演[平]持也造詣也至也進也慥~~篤實貌皶粗~糙粗~又~米艄船不安壓~眇~田耖仝上

二百九十六號

[平]潮海~又~濕朝~廷鼂㔶~蟲名又姓

[上]趙趨也久也利①也又姓兆吉凶之~旐兆也肇始也擊也正也長也肈仝上戟屬

[去]召呼也又姓〇邵

二百九十七號

[平]勞勤~犒~又姓牢~獄~壯哰~叨多言也澇淫雨也[去]淹也潦水多②[上]路上流水曰行~撈水底~月[去]仝橯~斛又摩田器醪汁滓酒也

[上]老年~又~嫩又姓撩③椽也〇了栳栲~器也恅懆~心亂笔筹~削④竹为器癆~痢恶人僗伴~也又仝勞

二百九十八號

[平]凹凸之對也爊炆也又~鷄~鵝䶌~䶌面曲也〇又顤大頭深目貌又頭凹也坳~闕鏖盡死殺人曰~

[上]襖綿~又夾~媪老婦之稱

[去]奥室西南隅為~燠~煖⑤也〇郁拗凹~[上]折之墺地近水涯者嶴山~又岰仝媢妬也抭量也摬~磨砌石不平也袎襪~正音夭詏言

①“利”，疑訛。按：《集韻》“趙，起了切，刺也。”
②“多”，當作“名”。按：《洪武正韻》“潦，郎刀切，水名。”
③“撩”，當作“橑”。按：《集韻》“橑，魯晧切，《說文》椽也。”
④“削”，當作“屈”，據奎照本、昌文本。按：《字彙》“笔，……筹笔，屈竹爲器。”
⑤“~煖”，疑訛。按：《集韻》“燠，烏浩切，甚熱也。”

逆懊~悔

二百九十九號 　 槄~子如香團而大其味酸美正音叨

[平]抛擲也脬尿~胞眼~○包泡水上浮滔①

[去]砲石~炮火~音抱皰皮傷起~軳飛石~車靤天~瘡本音鉋疱腫病嗷大聲也又咧也

三百號

[平]騷詩人曰~又愁也搔手爬癢也梢樹木~也筲~箕慅動也憂也臊腥~氣牛~氣髾髮末也繅繹絲艄船後~也[去]船名蛸蠨~長脚蜘蛛

[上]嫂兄妻也嬶仝上掃~地[去]仝埽仝上蔱藕~細者燥乾~噪鳥羣鳴慅快性也稍廩食曰~又漸也睄小視

三百一號

[平]鐃小鐙也撓~鈎又亂也[上]屈也拗~鈎呶歎聲猱狌屬怓昏~心亂也硇~砂藥名腦②頂~惱怒也瑙瑪~碯碼~仝上

[去]淖泥~又和也鬧不靜也擾也橈枉也摧折也○邵

三百二號

[平]朝旦也昭明也著也仄仝招手呼也引也[去]仝詔釗見也遠也勉也鉊大鐮沼③小池也照④明如燭也炤仝上明也曌又仝上詔告也命也

三百三號

[平]敲~打墝土不平又瘠土也磽仝上本字蹺~脚蹊⑤骹脛也蹻舉足高行也橇形如木箕禹乘泥行嵪~嶢埆堉土也巧⑥~妙鳶巧媽⑦鳥

①“滔”，疑訛。按：《字彙》“泡，……水上浮漚。”
②“腦”，當在上聲。
③“沼”，當在上聲。
④“照”，當在去聲。
⑤“蹊”後脫漏“~”，據昌文本。
⑥“巧”，當在上聲。
⑦“媽”，當作“婦”。按：《字彙》“鳶，……巧婦鳥。”

竅^①七~敲物破則~起 䡾~䡾不安妥^②也 劓仰鼻 廎高屋 磽石不平也〇劭

三百四號

[平]巢鳥~ 轈兵車如^③巢以望敵者 勦輕捷也〇焦 樵斫柴者曰~夫 瞧偷視也 顤~顤憂患也全憔悴 譙譏~

[去]誚以辭相責也 櫂進船械^④也 棹全上 嚼牛羊轉~〇爵

三百五號

[平]鍫泥~ 秋飯~ 哨吹箭以示警也 橾斂髮為之~頭 糅~糅 脂凡物之殺銳曰~

[上]愀色變也 悄憂^⑤急也

[去]俏俊~ 誚立貌 愀~保不仁 峭山峻也 帩~縛 蹺足筋急病 陗峻也險也至^⑥也

三百六號

[平]姚舜姓 搖~動~船 傜役也使也 繇隨行也又全上〇由 徭差^⑦~〇姓 謠~言 窰~言瓦 窯全上 陶皐~人名又全 餚~饋 肴全上又殽全 飇颲

飄~風動貌 淆水濁也雜也 遙遠也逮^⑧也 嶢~函山名 䍃瓶也 媱美好貌又戲也 瑤瓊~美玉 愮~~憂心無告 爻卦有六~ 笅小簫十六管 堯唐~古帝

薞草根 詨言不恭敬^⑨

[上]䍃以瓢兜物也又~酒

[去]耀榮~又火光 筄屋上簿^⑩謂之~ 傚法也又倣全 效象也學也 樂喜好也 燿炫~ 曜全上日月五星也 効~驗校~學 敩教也全上 恔

①"竅"，當在去聲。
②"妥"，疑衍文。按：《玉篇》"䡾，……䡾䡾，不安也。"
③"如"，當作"加"。按：《說文解字》"轈，兵高車加巢以望敵也。"
④"械"，疑訛。按：《說文解字》"櫂，所以進舩也。"
⑤"憂"後脫漏"也"。按：《說文解字》"悄，憂也。"
⑥"至"，疑訛。按：《字彙》"陗，……峻也、險也、急也。"
⑦"〇"，當作"又"。
⑧"逮"，疑訛。《廣韻》"遙，遠也、行也。"
⑨"敬"，當作"謹"。按：《集韻》"詨，……言不恭謹。"
⑩"簿"，當作"薄"。按：《正字通》"筄，……屋上薄謂之筄。"

快也

三百七號

[平]橋水梁也喬高也僑旅寓蕎~麥荍荊葵花又仝上嶠高山也翹~企又鳥尾翹飛貌

[去]轎花~藮連~藥名嶠不順也僑~~行貌撬賊~門又~口開本音挨[①]撟手~物也一音絞

三百八號

[平]標木末也表也舉也又草也鑣馬口鐵彪小虎也髟髮長垂貌○杉猋犬之疾走也摽揭也落也○瓢幖幟也又~客大商飆暴風自下而上者

臕脂~肥也膘仝上墂封土為識杓北斗之柄○勺鏢刀鋒曰~瞟着眼視也

[上]表外也明也末也俵~散裱~褙俗字

三百九號

[平]調~和[去]選也條枝~又~目苕~開花草笤~箒鰷白~魚也蜩蟬也迢~遞遠也髫~髮小兒垂髮齠始毀齒也鞗革轡也岧~嶢山高貌

佻獨行也挧~神~鬼蹽~馬燈掉~轉頭也趒~趒朓長~桌俗作朓誂~戲弄言

[去]窕窈~蓧去草器銚~盤燒器

三百一十號

[平]焦鳥~又姓燋仝上蕉芭~穛物縮小也椒花~噍聲~鐎即刁斗也蟭螳螂子也膲三~無形之府䨝灼龜~[②]兆而焦也醮[③]冠娶祭名

醮仝上婦人重嫁曰再~爝~火炬火也憰心性急也礁石~海中石也

三百十一號

①“挨”，當作“搖”，據奎照本、昌文本。
②“~”，當作“不”。按：《洪武正韻》“䨝，……灼龜不兆而焦。”
③“醮”，當在去聲。按：《集韻》“醮，子肖切，《說文》冠娶禮祭。”

[平] 刁~斗又姓 彫~琢 雕~刻 凋~零 鵃^①~鶻似雀 推全上 貂~鼠 鵰大鷙鳥羽可為箭

[去]^② 屌男丁陽物 帒~僧帽^③ 釣^④~魚 寫~遠 弔~喪吊全鳥鳥之總名 噭弄也相呼誘也

三百十二號

[平] 飄^⑤~羹 藻細萍也 澎~池北流 殍^⑥餓死者○孚 摽落也○飄 皫白也即~亮 嫖~妓女 闞^⑦全上

三百十三號

[平] 漂浮也動也流也又~票 票牌票[去]全 熛火飛也 飆~飈風動貌又吹也 飇旋風又風聲 僄輕 螵~蛸螳螂子 趫^⑧~輕 行貌 魒斗星名 穮稻禾秀出者 瞟~白眼 縹~縹輕舉貌 鰾魚~可作膠 驃~騎將軍

三百十四號

[平] 消~散 硝~磘即硫黃餘 銷~鎔 蕭荻也又~條冷淡也又縣名又石~牆 簫直吹者曰~ 橚~橚樹落葉貌 蛸桑~螵即螳螂子 霄雲~ 瀟~~風雨聲 逍~遙 蠨~蛸小蜘蛛也 宵夜也 哨~巡又口不容也 箾樂器 捎~篦子除耳垢者 痟渴病 魈獨脚~

[上] 小大~ 謏誘也 篠小竹也又竹~

[去] 笑喜~又咲全 肖相似也又不~ 鞘刀壳 嘯吹聲礐口而出也

三百十五號

[平] 苗禾~又夏獵也求也棄也 描~畫 紗精微也俗作妙 渺大水貌 繆姓也音謬

[上] 眇一目小也 藐~遠~小又輕視貌 渺~漾水貌 緲縹~又微也 淼大水貌又水龍~頭 秒禾芒也

①"鵃"，當作"鶋"。按：《爾雅》"鶋鶋，……似雀青班長尾。"
②"[去]"，當作"[上]"。
③"~僧帽"，疑訛。按：《玉篇》"帒，……帬繒頭也。"
④"釣"，當在去聲。
⑤"飄"，當作"瓢"。
⑥"殍"，當在上聲。
⑦"闞"，當作"闞"。按：《字彙補》"闞，溺唱也。俗字。"
⑧"~"，衍文。按：《說文解字》"趫，輕行也。"

109

[去]妙巧也廟寢~寺~宗~庿仝上俗字

三百十六號

[平]堯唐~古帝音遙

[上]鳥禽也嫋長弱也褭輭美也褭以組帶馬㒡僄~細腰蕘①寄生草也嬲戲相擾也鳥懸物也擾搦②也尿小便也一作溺

三百十七號

[平]要求也急也[去]~約腰身之半又~子邀招也求也遮也幺小也又姓俗作么喓~~草蟲褄裙~褲~妖~嬈~孽葽小草也訞~言巧言也

[上]杳~然~小宴③殀短命也夭短折也[平]少好貌窈深遠也又~窕窅深目也僄~㒡細腰貌䳬雌雉聲腰遠視也㘭~嫪不順也嫈~嬝細弱

三百十八號

[平]交相好也又~易蛟~龍嬌~娜[上]叶膠魚~驕~傲澆沃也~薄○孝傲~倖出意外也僥仝上茭~白郊邑外曰~又~祭天嘐鷄鳴~~○孝

窖糞~鮫海魚皮可飾刀又~人居水織絹徼伺察也求也要也[去]繞也

[上]佼好也[平]叶絞~索又經也急也狡~滑攪~擾皎明也繳纏也○勺矯詐也曒明也鉸~鍊筊聖~袨~袴小褲服之以取魚也皦~耳

皦玉石之白又明也齩齧也又咬也

[去]教~訓[平]仝噭~喚又叫仝餃米~覺尚寐無~酵酒娘較較量校仝上[上]仝警痛呼也計也邀僥也小道也

三百十九號

[平]寥寂~寮同官為~僚同類也[上]仝橑~簷羽木○老鷯鷦~鳥名嘹聲音~喨鐐白金之美者又脚~獠宵田為~嫽戲也[上]好也璙玉名又

國名燎火燭也[上]照也聊耳鳴也又韻④也又語辭飂風聲憀~~又悲恨也○留撩~理遼蠻也遠也膋腸間脂也蹽脚長行貌尞姓也又仝繚⑤

① "蕘"，疑訛。按：《說文解字》"蕘，薪也。"
② "搦"，疑訛。按：《集韻》"擾，……擿也。"
③ "小宴"，當作"冥"。按：《說文解字》"杳，冥也。"
④ "韻"，疑訛。按：《字彙》"聊，……《說文》耳鳴也……又且也、賴也……"
⑤ "繚"，疑當作"燎"。按："尞""燎"為古今字。

[上] 了完也慧也 蓼辣~草 繚~繞也 醪~目精明也[平]眠~ 嘹~驕長貌 瞭明也 廖姓也人名 療治病也

[去] 料~事而多中也又材~ 膋~炙也

三百二十號

[平] 跳~躍又趒全 挑~擔又~撥 桃祖廟也 佻偷薄也 禰公~又姓○泥

[去] 糶~米 眺~望 頫俯首而聽曰~○府

三百二十一號

[平] 嚻~~無欲自得之貌 鴞~鴟 嗃~~叫聲○塈 枵虛也亥~十二次 驍勇又良馬○交 梟~首示衆又不孝鳥 虓虎目①怒也 哮~咆又豕驚貌 瘝~嗽喉病 撓~起

[去]② 曉天明也知道也 孝③~弟又~子 貓~貓俗字

三百二十二號

[平] 求懇也 毬戲也 觩角觩 逑聚也匹也 球美玉又銀錠一~兩 裘皮~又姓 仇匹也讎也傲也 矛三隅矛○紬④ 虯~龍無角

[上] 咎過也惡也愆也 臼搗~ 舅娘~又~姑即公婆 杻~樹生~子 柩棺也

[去] 舊新~又久也宿也

三百二十三號

[平] 憂愁也 浟水緩流貌 嚘嘆聲 優倡~戲子又勝也 穮小禾也 耰犁也又覆種也 麀牝鹿 幽~雅~靜 呦~~鹿鳴聲 悠遠行也又久也 攸久也所也又全上 優~游暇也 烰~俎⑤半乾也又呦全 櫌打塊鎚又鉏也

---

①"目"，當作"自"。
②"[去]"，當作"[上]"。
③"孝"，當在去聲。
④"紬"，疑訛。按：《洪武正韻》"矛，渠尤切，三隅矛。又忍九切，《說文》獸足蹂也。"
⑤"俎"，當作"烌"。按：《集韻》"烰，……烰烌，欲乾。"

[上]黝微青黑色又人名 褎福也 懮~~病也 蚴~膠① 龍行貌 魆額面醜貌〇夭

[去]又再也本音右 幼~小~弱又幼全

三百二十四號

[平]周~旋又姓 譸張誑也 賙張② 目動也 週~年又迴也 舟船也 輈車輈 輖重載又重也 州~郡 賙賑贍也 洲水中地 銕金刀

[上]肘肉~手 帚剔③ ~又彗星也 箒全上又掃 咮鳥喙也〇諸

[去]呪經~又說全 晝~夜

三百二十五號

[平]綢~繆~緞又紬全 儔眾也類也誰也 晭田~ 揉以手挻也調順也 幬幃也 籌碼又算也 醜惡也棄也 酧謝又厚也勸也 酬全上又酹全 鍒鐵之頓者 鞣熟皮也 鯈人名 犫白牛又牛急聲④ 憜怨又匹也報也 讎全上又讐全 柔耎也弱也順也安也 蹂往來~踐[去]全 璹玉名 售賣也 稠多也密也醴也⑤ 裯單被也〇刀 幬~ 躊~躇猶豫也 膅小腹痛腿後曰 煣以火屈伸竹木也

[去]紂~王商君也又馬縉⑥也 宙宇~往古來今曰 輈車輞⑦也踐又⑧也 糅雜也 胄甲~又嗣也裔也

三百二十六號

[平]牟牛鳴也又中~地名又過也侵也取也奪也陪也受⑨也大也 眸~子目童子也 麰大麥也 侔齊等也均也 謀議也計也圖也 蛑食苗根之蟲 瞀目昏也〇楞⑩ 矛三廉鎗 鍪釜屬又~兜⑪

---

① "膠"，當作"蟉"。按：《字彙》"蚴，……蚴蟉，龍行貌。"
② "張"，當作"~眠"。按：《類篇》"賙，……賙眠，目動貌。"
③ "剔"，當作"掃"，據奎照本、會文本。
④ "急"，當作"息"。按：《說文解字》"犫，牛息聲。……一曰牛名。"
⑤ "醴"，當作"醲"。按：《字彙》"稠，……多也、密也、眾也、醲也。"
⑥ "縉"，疑訛。按：《說文解字》"紂，馬緧也。"
⑦ "輞"，當作"輈"。按：《字彙》"輈，……車輈又踐也。"
⑧ "踐又"，當作"又踐"，據昌文本。
⑨ "受"，當作"愛"，據昌文本。按：《字彙》"牟，……又過也、陪也、愛也、進也、大也、侵也、取也、奪也。"
⑩ "楞"，當作"務"，據奎照本。按：《集韻》"瞀，微夫切，雒瞀縣名，在上谷。"

[上]牡畜之雄者又~丹花畝田也~本作畞某~人不敢稱其名也

[去]霧天氣下降曰~貿~易即交易茂~盛楙木盛貌又木瓜懋美也勉也俗作懋戊~己天干

三百二十七號

[平]勾曲也拘也~芒神名鉤曲也又鈎仝鈎仝上溝水~韝射決也篝燻籠也䰈~䰈䰢屬瓜~瓝即王瓜

[上]筍取魚竹器狗犬也苟~且垢塵污也耉老人面如凍黎也枸~杞子木曲枝

[去]搆牽也遘①積草姤陰陽交媾重婚也覯遇見也構起造也詬恥也夠不~之~够仝上多也遘遇也彀弓矢持滿也㝅取牛羊乳也

雊雌雄鳴也購以財求之也鷇~鵂鳥名冓交積財②也數也鳴雞鳴[平]仝

三百二十八號

[平]牛~馬又姓本音由㖤~呢小兒聲芈~膝藥名

[上]紐絲會也狃犬性驕也押③也習也鈕~扣又鈌~又姓扭~繩杻~燉半乾一作朌胁④

三百二十九號

[平]搜~尋蒐春獵曰~又治兵也餿飯食壞也廋匿也索也溲小便溺也颼大風~~又風聲駷番⑤中大馬艘船之總名

[上]瞍目無眸子謂之~擻抖~精神叟長老之稱[平]仝搜㖗使犬聲藪大澤也籔十六斗曰~

[去]瘦不肥也嗽欶~○叔仝漱~口

三百三十號

⑪ "~兜"，當作"兜~"。按：《廣韻》"鍪，兜鍪，首鎧。"
① "遘"，當作"蔯"。按：《集韻》"蔯，居候切，積草。"
② "財"，當作"材"。按：《說文解字》"冓，交積材也。"
③ "押"，當作"狎"。按：《玉篇》"狎，……狎也、習也、就也、復也。"
④ "朌胁"，當作"胁朌"。
⑤ "番"，當作"蕃"。

113

[平]樓_{重屋也俗作楼}婁_{宿名又姓〇呂}摟_{~抱牽也}髏_{髑~}螻_{~蛄}瞜_{~貪也又哄}①[去]縷_{絲也〇呂}

[上]簍_{竹~}嘍_{多言煩貌}漊_{小河不通曰~〇呂}

[去]鏤_{雕也刻也}漏_{更~屋~}陋_{卑~}瘺_{腦~}屚_{雨穿屋曰~又全漏}

三百三十一號

[平]謳_{~歌歐~陽雙姓吐}②_也嘔_{嬰兒聲[上]惡心欲吐}甌_{小盆}鷗_{水鳥}漚_{水面泡又漬也}篓_{育蚕竹器}籐_{~簃以息小兒}

三百三十二號

[平]劉_{殺也又姓}留_{~住又酉全}流_{~動}瘤_{疣也肉起貌}榴_{石~}旒_{冕~}遛_{逗~不進}瑠_{~璃又琉全}騮_{赤馬}籀_{竹名又作簾}鎏_{美金}鏐_{紫磨金}

鶹_{鵰鳥名鵂~}硫_{~磺}瀏_{水清貌[去]~亮}

[上]柳_{楊~又姓}綹_{劈柴看~}罶_{寡婦家取魚具}輬_{載柩車}

[去]雷_{屋~}溜_{水~又水名}垑_{耕田曰~}甯_{石~齊地}

三百三十三號

[平]猶_{比也又~豫不決又獸名}由_{從來也}油_{燈也}③遊_{~玩又遨}游_{悠~又浮行也}猷_{謀~}蚰_{蜒~螺~}蝣_{浮~朝生暮死}④郵_{駉~又責也}遒_{~然笑貌}

又作攸蕕_{水邊~草}檽_{積柴燎以祭天}尤_{怨也多也過也效人遇事曰效~}枕_{木名}輶_{輕車}

[上]矼⑤_{~殂}⑥_{欲死}友_{朋~善事兄長曰~又又全}莠_{亂苗草}有_{~無右}右_{左~[上]相助也}酉_{地支又就也}

---

① "瞜"，當作"䞹"。按：《集韻》"䞹，郎豆切，賕䞹，貪財。"
② "吐"前脫漏"[上]"，據奎照本。
③ "燈也"，疑訛。
④ "浮"，當作"蜉"。
⑤ "矼"，當作"殈"，據奎照本。按：《集韻》"殈，於九切，殈殂，欲死。"
⑥ "殂"，當作"殈"。

114

[去]誘引~騙~琇~瑩石之美者牖窗~羑~里獄名又道也祐保~又再也今讀幼侑~食即勸食也褒①耳飾又衣袖也囿園~有墻曰~佑保~[上]

助也宥赦也寬也怞心動也

三百三十四號

[平]秋三~又妖仝穐仝上鰍泥~鞦~韁鶖水鳥

三百三十五號

[平]浮沉也②蜉~蝣茮~莒車前草紑衣鮮潔也眾~罘~桴眉棟名○孚

[上]阜高厚处也通也盛也負背荷物也偩依象也復再也重也○伏

三百三十六號

[平]鄒~邑鄹孔子之鄉諏咨事也陬聚居也~邑緅青赤也掫擊也聚姓也騶~虞仁獸

[上]走奔~趨~

[去]奏~章又~樂~皺~面襵衣不伸也縐~紗湖~甃井甓又結砌

三百三十七號

[平]脩脯也長也又束~修飾也理也又仝上羞荐也進也又~恥饈饈也荐也宿星~○朔膄進也致也美味也

[去]秀~色~才俊繡~花~刺③綉仝上鏪鏽~一作銹

三百三十八號

[平]丘四方高中央下曰~孔子名~作邱讀某邱地名又姓~蚯~蚯蚓螾也坵~壚~釀④甌[上]⑤面魗筂以~箎桶○九

三百三十九號

① "褒"，當作"裒"，據奎照本。按：《集韻》"裒，余救切，盛飾貌。又似救切，《說文》袂。"
② "沉也"，當作"~沉"，據昌文本。
③ "~刺"，當作"刺~"，據奎照本。
④ "釀"，當在上聲。
⑤ "[上]"，衍文，據奎照本。

115

[平]休 歇息也美好也　貅 貔~猛獸　瘶 漆 瘤①　咻 痛念聲　庥 熏也和也美也　麻 腐庇也　鵂 ~鶹怪鳥

[上]糗 熬米麥也　朽 腐木也

[去]臭 穢氣也正音丑　殠 腐也

三百四十號

[平]頭 首也　投 擲也又~帖　骰 ~子賭具

[去]豆 俎~禮器　荳 蔻藥名又~麥　痘 小兒出~　逗 ~遛不進　竇 穴也又姓

三百四十一號

[平]愁 憂~　漱 ~~水聲

[去]驟 疾速也　僽 偋~惡言罵也　漅 水急流也

三百四十二號

[平]裒 聚也減也　抔 引取也又下②　土也　掊 ~克聚斂也擊③

[上]劥 ~励用力也　剖 破也　犕 ~拤④　牜 偏頭牛也

三百四十三號

[平]繆 綢~纏綿也

[去]謬 差誤也

三百四十四號

[上]偶 配~耦 二人並耕也　藕 荷根　吽 和~

三百四十五號

①"漆"，當作"桼"。按：《集韻》"瘶，……桼瘡。"
②"下"，疑訛。
③"擊"後脫漏"也"。按：《洪武正韻》"掊，蒲侯切，掊克。又普偶切，擊也。"
④"拤"，當作"牿"。

116

[去]①兜肚~之②~搋捼~攬~搋箆飲馬籠丟一去不上③還也

[上]斗~星又十升為斗蚪~~④即蝦蟆⑤料柱上方斗抖~撒精神陡~臺村名㪷~斛俗斗字鬪⑥爭~鬭姓也譆口~不能言

三百四十六號

[平]鳩班~又~集鬮拈~取也即撮唔圞

[上]九老陽數也玖瓊~黑石次玉久長也承也乆仝上糾三股繩也赳勇武貌韭~菜又韭仝

[去]救拯~又捄仝疚久病也灸灼艾療病究窮~又~治廄馬房疚貧而且病

三百四十七號

[平]摳~衣防跌○區義仝彄環屬

[上]口嘴也又丁~叩開⑧也發也~頭釦衣~又謹⑨動也扣擊也又牽牛⑩也

[去]寇賊~蔻荳~筘織具鷇鴨屬即~十四⑪

三百四十八號

[平]收~槳又查~

[上]手~足首頭也出~[去]頭向也守看~

[去]獸走~狩巡~[上]仝

①“[去]”，當作“[平]”。
②“之”，疑訛。
③“上”，衍文，據奎照本。
④“~~”，當作“科斗”，據昌文本。
⑤“蟆”後脫漏“子”。
⑥“鬪”，當在去聲。
⑦“班”，當作“斑”。
⑧“開”，當作“問”。按：《古今韻會舉要》“叩，……問也，又發也。”
⑨“謹”，當作“歉”。 按：《古今韻會舉要》“釦，……歉動也。”
⑩“牛”，當作“馬”。按：《說文解字》“扣，牽馬也。”
⑪“即~十四”，疑訛。按：《集韻》“鷇，……鳥名鴨屬。”

117

三百四十九號

[平]抽~拔~斗 瘳病瘥也 惆~恨悲愁

[上]丑鷄鳴~時 醜惡也陋也類也衆也 杻手械也○紐

[去]臭氣之總名 殠仝上惡氣 殠腐氣

三百五十號

[平]啾~唧小聲 揪手~物也 揫束也斂也 酋就也○袖

[上]酒~乃杜康所造

[去]僦賃也顧也

三百五十一號

[平]侯諸~又美也 矦仝上 餱~粮乾粮也 猴猢猻 喉~嚨 鍭金鏃

[上]厚~薄又重也 後先~[去]①[平]不敢先也 后君也王~又仝上[去] 郈邑名又姓

[去]逅邂~不期而會也 候~俟時 垕斥~望烽火也 䞀膿貪財之貌

三百五十二號

[平]②否不然也○批

[上]缶瓦器

[去]覆蓋也

三百五十三號

[平]囚~犯 遒迫也終也聚也逎③也迫也 酋酒熟曰~又終也○酒

①"[平]",疑訛。按:《廣韻》"後,先後,《說文》遲也,胡口切。又方言云先後猶娣姒,胡遘切。"
②"[平]",當作"[上]"。
③"逎",當作"勁"。

[去]袖_{衣~}岫_{山~}就_{成也又親①也}褏②_{袖也○又義全}鷲_{大鵰也}焰_{爆~火燒也○由}

三百五十四號

[平]羺_{胡羊}毻_{兔子}

[去]耨_{除草器也}穀_{鬬~於兔}彀_{乳子也}

三百五十五號

[上]吼_{獸鳴曰~}澒_{俗呼虹曰~}听_{厚怒忿聲也}

[去]詬_{罵也恥也○後}豞_{熊虎子之名}

三百五十六號

[上]篘_{酒~醬~}糗_{~粉}篍_{半妻曰淑~}

[去]輳_{輻~湊}湊_{攢~又水會也}

三百五十七號

[上]壽_{福~又姓}綬_{印~}受_{~納}謏_{口傳~}唉_{仝上又~記}授_{付也與也}

三百五十八號

[平]偷_{薄也又~竊}

[上]斜_{姓也}黈_{黃色}

[去]透_{通也徹也過也跳也}趏_{越躍挑~}訏_{以言掇誘也}趀_{跳也}毀_{索強~也}

三百五十九號

[平]夫_{~妻又大丈夫}麩_{麥~皮}膚_{皮~肌~}孚_{信也}稃_{~炭○浮}俘_{虜獲也}敷_{散也施也布也陳也}痡_{足疾○鋪}莩_{麻有子者}稃_{谷~皮}秚_{再生稻}

①"親"，疑訛。按：《廣韻》"就，成也、迎也、即也。《說文》曰就，高也。"
②"褏"，當作"褎"。按：《集韻》"褎，似救切，《說文》袂。又余救切，盛飾貌。"

罦翻草網 鈇~鐵① 郭郭也 憨②急性也悅也思也 柎花下尊 殍餓~○瓢 玞斌~石次玉 琈瑹~美玉

[上]撫慰也勉也摩也又~巡 拊循也~ 簠③外員內方曰~ 府四品黄堂曰知~ 黼~黻 俯仰又曲也 俛全上仝勉 脯肉~乾肉 殕食上生白毛鳥花

斧鈌也 弣弓把子 釜無足鼎又量名 輔弼也助也車~○武 甫大也始也美也且也 腑六~五臟 父尊稱之辭 傅師~又姓○仝寸④ 仆僵也○蔔 踣全上

[去]富~貴又富全 付與也赴往也告也 訃告喪也 賦詩~又~稅~閑 副佐~又~太錠~數

三百六十號

[平]圖河~畫~又~謀 屠~戶又姓 瘏病也 捈牲 涂~牆壁又姓 途路~ 菟楚謂虎為於~ 茶苦菜又神~鬱壘兄弟二人為門神 峹~山氏 徒步行也

酴釀又~酥酒 廜~廜麻草菴~ 塗泥路

[上]杜~鵑花又塞也又姓 塢~鵑馬⑤名 肚~腹

[去]度~量~數 鍍~量⑥ 渡~船過也

三百六十一號

[平]無有也⑦ 无全上又亡全 扶~持 巫~祝 符~節又~咒 夫語助辭 誣謗以無為有 鳧野鴨一作鳬 蚨青~錢名 毋不用也禁止辭 蕪荒~

苻草名 �雀屬 芙~蕖荷花又~蓉花

[上]侮欺~輔三郡名○夫 腐爛也敗也又荳 膴肥美也厚也○呼 武文~又~藝~功 舞歌 父~母○孚 鵡鸚~能言鳥 砆~砆石次玉 嫵巧~鳥也

憮愛也媚也○呼 廡堂下也蕭邑取親以待~封簡代花燭

---

① "鐵"，當作"鈌"，據奎照本。
② "憨"，當作"憨"。按：《正字通》"怤，同憨省。《說文》怤，思也……又《正韻》憨，急速貌。"
③ "簠"，疑訛。按：《廣韻》"簠，簠簋，方矩切。"
④ "寸"，當作"付"。按："傅"通"付"，給予。"付""寸"形近而訛。
⑤ "馬"，當作"鳥"。按：《集韻》"塢，……塢鵑鳥名。"
⑥ "量"，疑訛。
⑦ "也"，當作"~"，據奎照本、昌文本。

120

[去]附 依~ 務 專 ① 也又司~ 又仝傍 ② 霧 雲~ 戊 己天干正音茂 婺 女星 鶩 家鴨○木 駙 馬又疾也又近也 裑 衣齊貌 怤 心~ 袝 合葬曰~ 食 婦

有夫之女也又寡~○阜 鮒 小魚名又人名 賻 以貨物 ③ 助喪事也

三百六十二號

[平]蒲 ~子~草 蒱 樗~戲具 葡 ~萄 莆 菖~○府 菩 ~薩 匍 ~匐 酺 大~飲酒作樂[去]裁之神祭而却之曰~ 蒲 魚~ 逋 ~逃音布

[上]部 六~又姓 篰 烘~簄正音剖 簿 賬~○泊

[去]捕 ~捉 步 徐行曰~ 哺 食在口也又~飯 賄 以財向 ④ 酬 疿 疾愈復發曰~ 埠 ~船~頭 鯆 魚名土~ 琲 ~瑤美玉

三百六十三號

[平]奴 ~婢 孥 妻~一作帑 駑 ~駘下乘 弩 硬弓

[上]努 用力勉也

[去]怒 惱也 ⑤ 砮 石可為矢鏃

三百六十四號

[平]粗 大也又物麁麤皆仝 初 始也 芻 草~ 蒭 芻~謂僧也 噁 呵叱人 犓 以芻養牛馬 閦 阿~佛名○曲

[上]楚 清~又國名 憷 櫄~ 礎 柱下石也又礩也與礎義仝 憷 痛也

[去]醋 酸物米~ 措 ~辦 錯 全上 厝 ~葬 瘄 小兒痘~

三百六十五號

[平]吾 我也 吳 大言也姓也又國名○華~ 鋙 鋙~山出金作刀可切玉 梧 ~桐樹 珸 琨~石次玉 齬 齟~齒不相值○語 鼯 飛生鼠 祦 福也 蜈 ~蚣蟲也

---

① "專"後疑有脫漏。按：《字彙》"務，……又專力於事也，又姓。又罔古切，音武，與侮同。"
② "傍"，疑訛。
③ "物"，疑訛。按：《古今韻會舉要》"賻，……助也……《公羊傳》錢財曰賻。"
④ "向"，當作"相"。按：《集韻》"賄，……以財相酬。"
⑤ "也"，當作"~"，據昌文本。

晤① 明也爽也 悟 覺也 寤 覺也又~寐 悟② ~事又欺也 語③ 全上

胡 何也又姓 葫 ~蘆蒲 湖 江 衚 ~衕街也 乎 語之餘也○全上 鶘 鵜~水鳥 鬍 ~子 醐 醍~麻之精液 壺 酒~茶~ 猢 ~猻即猴也 糊 粘也又~塗 餬 ~口寄

食 瑚 ~璉夏曰 箶 ~簏箭室 狐 ~狸 楜 ~椒 瓠 瓦器也 蝴 ~蝶 弧④ 大 弓也

[上]酤 沽也 午 日中~時也 伍 行~又姓又五人為伍 五 全上又中數也 仵 偶也敵也~作驗屍 鴮 桑~俗呼青鶂⑤ 嫭⑥ 小山 貌 扈 後從曰~ 怙 ~恃無

父何 岵 山無草木也 祜 福也 戶 門~ 汻 ~泥 忤 逆不孝 頀⑦ ~青~山名 沍 寒閉也 互 差~交 護 ~救~保 濩 布~流散也

三百六十六號

[平]蘇 紫~又~州~醒 甦 死而復生曰 酥 ~乳 梳 ~頭~妝 麻 廡~草庵 蔬 ~菜 疎 ~淡稀也 疏 ~遠親又全上

[去]數 ~目算~正音恕 愬 ~怨又告 訴 全上 塑⑧ 延 泥~像 素 白練曰~蓳○ 索 ~吃~全上 溯 ~洄逆流也○ 游⑨ ~游順流也

三百六十七號

[平]鋤 助田器也 徂 往也 耡 耕~ 雛 初生之鳥 鶵 ~鸛 嫋 婦~妊娠 殂 死也

[去]胙 祭肉 祚 福也 阼 ~階東階也 助 佐也相也⑩

三百六十八號

[平]烏 黑也何也又~鴉 污 濁水下⑪ 流又洿全 汙 全上[去]~穢 杇 塗鴉⑫ 也一作圬 於 ~呼全烏又嘆也 鶭 ~鱺即青⑬ 甫

①"晤"，當在去聲。
②"悟"，當作"悞"。按：《集韻》"悞，五故切，欺也、疑也。"
③"語"，疑訛。
④"大"，當作"木"。按：《說文解字》"弧，木弓也。"
⑤"鶂"，疑訛。按：《爾雅》"鴮，今鵐雀。"
⑥"小山"，疑訛。按：《玉篇》"嫭，……山廣貌。"
⑦"頀"，當在去聲。
⑧"延"，當作"埏"。
⑨"○"，疑當作"~"。按：《古今韻會舉要》"游，……一曰順流而下曰游游。"
⑩"也"，當作"~"，據昌文本。
⑪"下"，當作"不"。按：《洪武正韻》"洿，汪胡切，濁水不流……亦作污。"
⑫"鴉"，疑訛。按：《說文解字》"杇，所以涂也。秦謂之杇，關東謂之槾。"
⑬"青"，當作"明"，據奎照本、昌文本。

[上]隖_{小漳①也小②阿也} 潟_{水~}

[去]惡_{可~[平]何也}

三百六十九號

[平]姑_{娘又翁姑即公婆又且也} 沽_{買也去③也} 辜_罪 蛄_{螻~} 孤_{獨也幼而無父曰~} 鴣_{鷓~} 菇_{能含葉以覆背也} 菰_{茨~} 茹④_{全上又草也} 觚_{器之有}
棱者也 呱_{小兒啼聲} 銤_{鏷~矢名又仝姑⑤} 罛_{魚罟} 鍋_{湯~本音戈}

[上]古_{~今} 果_{事成也⑥} 裹_{驗也○戈} 菓_{水~花~~子} 鼓_{鐘~又擊也} 皷_{全上俗鼓字} 痼_{久病也} 罟_{魚網} 股_{肱~} 瞽_{目~} 估_{價~} 賈_{商~坐貨曰~} 鹽_監
視也 蠱_{毒~又事⑦} 殺_{亂也⑧牝羊又粘仝} 牯_{~牛} 蝴_{蝶~⑨} 蠃_{細腰蜂} 詁_{訓~} 裹_{包~} 剮_{割肉合药} 徦_{急也正音加} 臌_{脹病~} 粿_{餅~} 綶_{纏~} 錮⑩_{禁~}
痼_{病也} 顧_{照~回~又姓} 褟⑪_~ 故_{固為之也舊也⑫也~物~死也物無也故事也} 固_{堅~又本然之辭} 過_{~失又~去○戈} 雇_{傭賃也[去]仝廑} 涸⑬_寒
凝閉也

三百七十號

[平]呼_{喚也又鳴也} 乎_{全上鳴~} 膴_{大也多也○許}

[上]虎_{老~火~水~} 夥_{計同伴人} 伙_{傢~又食~} 琥_{珀~} 蚮_{蟻~} 許_{衆人共力之貌⑭} 滸_{水曲涯又水~}

①"漳"，當作"障"。按：《字彙》"隖，……小障也，山阿也，壘壁也。"
②"小"，當作"山"。
③"去"，疑訛。按：《說文解字》"沽，水。出漁陽塞外，東入海。"
④"茹"，當作"菇"。按：《玉篇》"菇，故吳切，蘇菇。"
⑤"仝姑"，疑訛。
⑥"~"後脫漏"然"。按：《字彙》"果，……又果然驗也。"
⑦"~"，當作"也"。按：《字彙》"蠱，……事也，又易卦名，又亂也。"
⑧"牝"，當作"牡"，據奎照本。按：《說文解字》"殺，夏羊牡曰殺。"
⑨"蠃"，當作"蠃"。
⑩"錮"，當在去聲。
⑪"褟"脫漏注釋。
⑫"固"，當作"因"。按：《字彙》"故，……固為之也，又舊也，又事因也，又物故死也。"
⑬"涸"，當作"涸"。按：《洪武正韻》"涸，古慕切，寒凝閉也。"
⑭"貌"，當作"聲"。按：《字彙》"許，……又火五切，音虎，衆人共力之聲。"

[去]貨~物 庍~船水~洦泥 洅舟中 ① 水器

三百七十一號

[平]鋪~設~陳[去]當~

[上]普~ ② 遍也廣也 溥大也又全上○卜 浦津~又地名東~臨~

[去]鋪店~

三百七十二號

[平]廬~舍盧盛火器也○巨 ③ 張~弓黑色 鑪~灶爐火~香~又炉全 蘆~葦又芦全 纑布縷也 鑪火床也又酒器 顱~頭 鸕~鶿 ④ 水鳥又~鶴 獹~犬名韓 瀘~水有瘴氣 臚傳~上傳下也 鱸~魚 轆~轤井上汲水圓轉也 驢馬類長耳

[上]魯 ⑤ 鈍愚也姓也國名 譖~謗言不定也 櫓搖船 艫~全上 滷鹽~ 擄~掠 虜活擒曰~ 氈雜~毛布 菡~草可作屨

[去]路~道又姓 鷺~鷥 露~水又藏頭~尾 輅車~ 賂賄~贈也 潞水名國名又~姓又~紬 簬 ⑥ 竹名 為箭

三百七十三號

[平]枯槁也朽也 刳判也剖也 骷髑髏也 箍~桶本音古

[上]苦炎上作~又辛~又~ 筈~竹

[去]庫府~~房 褲裙~又袴全 瘔困也 秸禾不實也

三百七十四號

---

① "中"後脫漏"渫"。按《集韻》"洅，……舟中渫水器。"
② "~"，衍文，據昌文本。
③ "巨"，疑訛。
④ "鶿"，當作"鷥"。
⑤ "鈍"後脫漏"也"。按：《洪武正韻》"魯，……國名，又姓，又愚也、鈍也。"
⑥ "名"，後脫漏"可"。《正字通》"簬，……竹可為箭。"

124

[平]租_{田賦也即~米}祖^①_{~宗}阻_{隔也憂也}俎_{~豆祭器}組_{印綬又綫也}蒩_{菜也}

[去]詛_{盟~即~咒}

三百七十五號

[上]土_{泥土○杜桑~}吐_{嘔~}蚟_{~蚨俗字}

[去]菟_{月中玉}兎_{仝上}菟_{~絲草○徒}鵵_{~鳥有毛角}駣_{~駼馬}堍_{橋~}鮸_{兔魚名}

三百七十六號

[平]都_{京~~}闍_{~闍□~}

[上]肚_{~肺俗字○杜}覩_{看見也}睹_{仝上}堵_{墻~}賭_{~博}

[去]妒_{~忌俗作妬}蠹_{~魚食書蟲}斁_{厭也}斁_{敗也}

三百七十七號

[平]餔_{申時食也又食也}逋_{逃也俗讀布}

[上]補_{~凑}圃_{園~}譜_{家~棋~}褓_{~子}

[去]布_{~帛又陳也鋪也}圃_{~地種菜也}佈_{徧也又擺}哺_{~食本音布}怖_{恐~}

三百七十八號

[平]雲_{山川之氣}云_{語也古仝上}匀_{均~仝均}耘_{~田}紜_{紛~}芸_{~香}沄_{水轉流貌}妘_{祝融之後}蕓^②_{~羹菜}筼_{竹外青皮}標_{木上文也}澐_{江水}

_{大波謂之}溳_{水名}

[上]允_{應~信也肯也}隕_{從高~下也}殞_{歿也}狁_{獫~匈奴}

---

① "祖"，當在上聲。
② "羹"，當作"蕓"。按：《集韻》"蕓，……蕓薹胡菜。"

[去]運~物① 命~ 又~行也 韻和也音~② 為~ 暈日~月~目眩 嗢鳥鳴

三百七十九號

[平]輪車~ 又~回 倫人~ 又比也類也理也 淪③漫 也 綸經~ 崙崑~山名又崙仑 圇圆 掄~流擇也 篛~子船具 惀思也 棆~木無疵病 論議也

辨④ 也[平]~說也思也討~也又姓

三百八十號

[平]尊~貴又重也 遵行也循也率也習也 僎鄉飲酒禮○棧 甄酒~一作樽⑤ 傅聚也 樽酒~又~節[上]仝

[上]撙~節又恭謹 噂聚語也 怎⑥猶可 也本音津

三百八十一號

[平]君~臣又稱父曰嚴 軍三~ 鈞三十斤也 均~勻 庮眷即家小 麕鹿屬 涒水旋流貌

[去]沟水名

三百八十二號

[平]困聚也○郡 箘美竹可為矢○郡 崐嶙~山相連

[去]稇滿也又束也

三百八十三號

[平]燻⑦薰 薰香草即今零陵也 勳功也 曛日久⑧ 餘光 醺酒~醉也又和悅也 獯匈奴別名 熏以火~物又氣蒸也 焄香氣也 臑羊也 纁赤色

---

① "物"，當作"動"，據奎照本、會文本。
② "~"，疑訛。按：《字彙》"韻，……《說文》和也。音諧也，單出為聲，成文為音，音員為韻。"
③ "漫"，疑訛。按：《說文解字》"淪，小波爲淪……一曰没也。"
④ "辨"，當作"辯"。
⑤ "樽"，疑訛。按："一作"後的"樽""甄"非異體字。
⑥ "可"，當作"何"。按：《字彙》"怎，……俗語辭，猶何也。"
⑦ "小"，當作"~"，據奎照本。
⑧ "久"，當作"入"。按：《集韻》"曛，……日入餘光。"

輝庭燎有~又灼也也〇友① 葷~素又臭菜

[去]訓~誨 鑂金色渝也

三百八十四號

[平]吞咽也并也 暾日始出也 啍~~重遲貌〇真 膥月光也 旽日欲出也

[上]汆人在水面曰~

三百八十五號

[平]昆兄也~蟲 崑~崙山名又崐仝 鯤~魚北冥有之 錕~錩亦② 金也

[上]鯀禹父名又大魚 袞~龍袍 滾水流急貌又湯沸也一作混③ 㪣轉也

[去]棍木~

三百八十六號

柰大束

[平]敦厚也〇堆 礅石~礅踞也 犜~牛 墩土~平地有堆者 頓首至地曰~首又貯也壞也又吃飯~數

[去]腞鷄~鴨本音瞳 薞零也④ ~段⑤ 坾~笠

三百八十七號

[平]渾濁也 溷仝上[去]亂也廁也 麚不碎麥 魂~魄 餛~飩 堚土也洛陽有大~里 棞圓又大木未剖也

[上]混~沌陰陽未分也 鰥魚~ 䱥角圓也又圓~

①"友",當作"灰",據奎照本。
②"亦",當作"赤"。按:《古今韻會舉要》"錕,……赤金謂之錕鋙。"
③"混",疑當作"湜"。
④"也",衍文。按:《字彙補》"薞,……零薞。"
⑤"段",疑衍文。

[去]顢面彩圓~ 瞒~面全上 諢弄言也即打~ 恩憂也擾也

三百八十八號

[平]存貯也 蹲~踞 拵据也 岑山高而小又姓本音近

三百八十九號

[平]婚~姻 昏黃~一作昏 惛心不明也 惛全上亂也痴也 閽~人守門隸 睧目不明也 葷素正音熏

三百九十號

[平]裙①下裳也 帬全上 羣衆也聚也羣也隊也 群全上

[上]窘急也困也

[去]郡州~府也 𥅆豕求食貌○掘

三百九十一號

[平]溫和厚也尋繹也又~州 瘟~疫 薀草生水中○全薀 昷日光~曒 昷和也仁也

[上]𨇤行步安~重也 穩稻~頭 穩~安又收生婆曰~婆又全上 嗢~喡小口 搵水中撩物

三百九十二號

[平]坤乾~又母道也 堃古全上 髠② 鬌髮也又人名

[上]壼閫~又居也 悃~愊實情也 閫門兩旁挾門短限也 捆織也取也抒也 稇~束 綑~綁又織也

[去]困極也窮也悴也病也

三百九十三號

[平]縕~袍[去]全 氲氤~雲霧貌

---

①"裙",當作"裙"。
②"鬌",當作"鬌"。按:《說文解字》"髠,鬌髮也。"

[上]蘊積也藏也韞包藏也慍含怒意醞~醸

三百九十四號

[平]村鄉~又聚客①也邨仝上

[上]忖~度刌割也截也

[去]寸十分為~蹲②~蹲困煩貌襯衫~陪~本音親櫬棺~賮有齎有~即齎~錢

三百九十五號

[平]孫子~又姓[去]仝遜殮夕食曰~參人~又星名蓀仝上人森~~木衆貌猻猢~搎捫~摸索

[上]損~傷

[去]遜謙~巽仝上又卦名又和順也柔也㢲仝上入也順也其也潠含水噴也滲~漏

三百九十六號

[平]腬肉~

[去]嫩老~又弱也㜽仝上

三百九十七號

[平]屯~匝[去]姓〇正魨河~魚臀腿也豚小豕也吨~~不了也〇吞

[上]沌混~不開貌遯逃~又通仝盾木~一作楯囤米~荼~

[去]鈍不利也也飩餛~本音吞

三百九十八號

① "客"，當作"落"，據奎照本、昌文本。
② "煩"，當作"頓"。

129

[平]該應~備也皆也載也 剴~切[去]仝 陔階^①也又隥也門^②仝

[上]改更~

[去]丐乞~求吃人 溉滌器 㮲平斗斛器又概仝 蓋覆掩也車~也 葢仝上俗作盖 匃乞也○葛

三百九十九號

[平]挨~擠

[上]矮~子短也 躷仝上

[去]餲食味變也○遏義仝 隘陋也陿也險也 阨仝上 厄~逆又不平聲

四百號　綴~花彩本音醊

[平]災~殃又栽仝 灾火屋曰~仝上 哉始也語辭嘆辭 栽植也[去]築墻板 齋~戒~堂又書 斋仝上 齊仝上

[上]載年也[去]勝也姓^③也病^④也承也事也○在船車運物也 宰烹也屠也又~相 窢烹也 傄^⑤~餌　豪強貌

[去]再又也又作再^⑥[去]債放~欠~ 瘵勞也 祭姓也

四百一號　與四百三十三號

[平]涯水際崖山邊也 厓仝上山邊水也 睚眦忤目相視也 諧和也合也偶也 骸屍~ 鞵~鞋 鞵皮~履也

[去]邂~逅不期而遇 械器~ 解緩思得其義也 薢莖菜

四百二號

①"階"後脱漏"次"。按：《說文解字》"陔，階次也。"
②"門"，當作"閡"。按：《中華大字典》"陔，通閡、垓。"
③"姓"，當作"始"。按：《廣韻》"載，年也、事也、則也、乘也、始也、盟辭也，作代切。"
④"病"，疑訛。
⑤"餌"，疑訛。按：《集韻》"傄，……豪強貌。"
⑥"再"，疑訛。

[平]柴_{薪也}○恷 豺_{~狼} 儕_{等也類也輩也} 財_貨 才_{~能} 裁_{~剪製也} 材_{~取①} 纔_{~繪色一入曰~又暫也淺也僅也}○ 葇_{~山帛青也} 菜_{~葫藥名}

[上]廌_{獬~一作豸} 在_{居也○再行②也} 寨③_{~柵營} 砦_{仝上又猪食} 載_{~舟車~物也}

四百三號 　曬_{向日也○所} 晒_{仝上}

[平]衰_{~敗也} 顋④_{頷下也} 腮_{仝上面頰也} 揌_{~鑼}

[上]灑_{~掃洒仝} 纚_{~線} 襹_{襹~衣破也}

[去]殺_{降也減也疾也~縫} 綷_{人死轉~} 帥_{元~又率仝} 賽⑤_{賽也又~神會} 塞_{邊界也}

四百四號

[平]排_{安~~列} 牌_{~票仿}⑥ 椑_{俗仝上又籍也} 簰_{大竹~船} 俳_{~優雜戲}

[上]敗_{壞也損也}

[去]稗_{黃~即穰草} 憊_{疲極} 棑_{木~船}

四百五號

[平]歪_{邪也}

[去]孬_{不好也}

四百六號

[平]揩_{~拭} 楷_{~木又法也戎⑦也○皆} 鍇_{好鉄為~}

四百七號

---

① “~取”，當作“取~”，據昌文本。
② “行”，疑訛。按：《廣韻》“在，居也、存也，昨宰切。又所在，昨代切。”
③ “寨”，當在去聲。
④ “顋”，當作“顋”。按：《集韻》“顋，桑才切，頷也。”
⑤ “賽”，當作“報”。按：《說文解字》“賽，報也。”
⑥ “仿”，當作“坊”。
⑦ “戎”，當作“式”。按：《廣韻》“楷，模也、式也、法也。《說文》曰木也。”

131

[平]些須少也〇西

[上]寫~字又摹~蔦藻~藥名

[去]瀉吐~[上]傾也卸脫~

四百八號

[平]皆俱也喈鳥鳴階級也進也陛也砌也堦全上街~坊~市偕俱也湝水流貌

[上]解散也脫也儢偏也[1]　豪強貌

[去]疥~瘡芥~菜界~疆~限介助也大也戒警~誡全上又告也命也屆至也當也極也尬尲~行不正也魪全上蚧~蛤~生嶺南山谷

四百九號

[平]埋~葬霾風雨止[2]　也〇昧

[上]買以錢~物也蕒苦~菜名嘪羊鳴也

[去]賣以物換錢也邁遠行也老人年~夆~糠垢膩貌勱勉力也

四百十號

[平]掰分開也

[上]派分~宗~辰即分~也湃滂也[3]　水聲儞~懶正音敗紙散線[4]　〇帕

四百十一號

[上]蟹螃~蠏全上駭驚~解卦名獬~豸

四百十二號　拐~騙

① "偏也"，當作"儮~"。按：《集韻》"儢，……儮儢，豪強貌。"
② "止"，當作"土"。按：《說文解字》"霾，風雨土也。"
③ "也"，當作"~"。按：《集韻》"湃，……滂湃水聲。"
④ "線"，當作"絲"。按：《說文解字》"紙，散絲也。"

[平]乖~戾𦦨~放又拐仝

[去]怪奇~夬卦名又决也壞毀也會郡名又~計今讀圭

四百十三號

[平]腉乳也

[上]赧面慚赤色本音難乃助語辭○哀迺仝上本作廼嬭乳也又乳母㚷仝上乳也艿芋~又音成鼐大鼎也奶官宦妻稱~~奈~何無~耐忍也

○仝能

[去]柰李~䘊~襶不曉事那助語辭正音糯

四百十四號

[平]台三~星又~州胎~孕鮐魚名又~背邰國名

[去]太~玄又~乙泰寬也大也安也~山態形~貸借也施也○忒汏沙~又泰仝靆①~②不明也岱~山

四百十五號

[平]來往~又姓騋馬高七尺曰~萊姓也又菜名秾小麥○利徠勞~撫其至曰~𧝓~𧞬衣破貌

[去]賴藉也懶㦖也籟三孔籥也賚賜也予也癩~頭瘡瀨水流沙上也嚽哈戎布又聲也

四百十六號

[上]怠懶~懈~殆危~箷晒花~篣仝

[去]逮及也○地迨仝上靆雲覆日曰靉~黛眉山畫眉墨也大~小○仝太埭壅水為堰曰~黩愛~昧也

四百十七號

① “靆”，當作“曃”。按：《集韻》“曃，他代切，曖曃，不明。”
② “~”前脱漏“曖”。

[去]快稱意也喜也疾也 駃仝上〇決 㓨草名又姓 呬氣息亂① 筷用以取物俗字

四百十八號

[平]懷思念也 槐木名花可染黃 淮~安府出~ 㘰石不平也〇怪

[去]外内~ 壞破敗也〇怪 㯆瓤~垢膩貌 餲食敗也 㝩腐也

四百十九號

[平]茄~子本音加 伽~藍佛本音加

[上]懈怠本音戒

四百二十號

[上]擺~設又~錫

[去]拜曲躬頓首 㧋草名 扒拔也~手

四百二十一號

[平]歹好~不識又歺全

[去]帶紳~ 戴頂荷也又姓 瘑赤~白~婦人病 襶襶~不曉事

四百二十二號

[平]斜歪~邪~道不正〇耶

[去]謝辭~又退也又姓 䚦仝上 藉薦也又緝 榭臺~

四百二十三號

[平]嗟嘆聲 罝兔~

---

①"亂",當作"貌",據奎照本。按:《爾雅》"呬,……皆氣息貌。"

[上]姐_{弟呼姊曰~又小~}

[去]借_{假也貸也○即}藉_{積麻為~本音祭}

四百二十四號　_{本與四百廿六號釆仝一音今讀分二音}

[平]差_{~役}釵_{~鐶首飾}摕_①_{拳如②物也[上]仝}

[上]嘬_{齧也}

[去]蔡_{~③大龜也法也姓也}瘥_{病瘥也○坐}蠆_{蜂~長尾曰~}

四百二十五號　_{本與四百二④十六號怠釆一音今讀分二音}

[平]苔_{~蘚}臺_{亭~又基仝}擡_{~舉}薹_{蕢菜}

[上]待_{俟也即~人客}

[去]代_{世~替~}玳_{~瑁}瑇_{仝上}袋_{囊~又俗仝}

四百二十六號　_{本與四百二十四號差仝一音}

[平]猜_{~疑即⑥~謎}

[上]采_{得~又取也摘也事也又仝彩}彩_{光~}採_{~摘}綵_{燈~}寀_{寮~同朝官也}髟_{~髻}保_{~⑦俅不行}

[去]菜_{蔬~}埰_{百乘之家有~地又仝采}

四百二十七號　卡_{長毛立~收稅本音雜}

① "摕"，當作"搋"。按：《字彙》"搋，丑皆切，音差，拳加物也。"
② "如"，當作"加"，據奎照本。
③ "~"，疑衍文。
④ "二"，當作"一"。按："怠"在四百一十六號。
⑤ "帽"，當作"瑁"，據奎照本。
⑥ "即"，疑訛。
⑦ "俅不行"，疑訛。

[平]開_{解~}

[上]愷_{~悌樂易也又豈全} 凱_{~風即南風} 鎧_{甲也} 闓_{關①也} 塏_{高爽也} 慨_{慷~壯士不得志也} 懭_{全上} 欬_{嘆聲} 欵_{~嗽又作咳} 咳_{全上}

四百二十八號

[平]罾_{~兜捕魚具}

[上]海_{滄溟也} 醢_{肉醬}

四百二十九號

[平]咳_{小兒笑} 孩_{~兒幼稚也}

[上]亥_{十二時末也} 侅_{常②~非常也}

[去]害_{謀~利~俗作害}

四百三十號

[平]獃_{痴~作呆}

[去]艾_{~草以灸病○疑} 礙_{妨~碍全上}

四百三十一號

[平]哀_{悲~又懷全} 埃_{細塵也又~增}

[上]乃_{③~乃掉船相應④聲}

[去]愛_{恩~} 僾_{仿佛也} 靉_{~靆} 霭_{雲~} 餲_{醃~香甚也} 藹_{人臣盡力之美}

四百三十二號

① "關"，當作"開"。按：《說文解字》"闓，開也。"
② "常"，當作"奇"。按：《說文解字》"侅，奇侅，非常也。"
③ "乃"，當作"欸"。按：《集韻》"欸，倚亥切，譍也。"
④ "應"，當作"譍"。

[平]遮_{掩也}

[上]者_{語助辭}赭_{~石赤色又小~村}

[去]嗻_{遮也}蔗_{甘~}鷓_{鷓鳥}柘_{桑~檴仝}這_{~個本音彥}

四百三十三號　_{與四百一號涯音相近}

[平]耶_{語辭又邪仝}梛_{~子木}琊_{琅~}鋣_{鏌~}爺_{大~老~}

[上]也_{語辭}野_{郊外曰~仝埜}冶_{銷也鑄也鎔也}

[去]夜_{晝~}鵺_{鳥名似雞}①鋣_{鏡也}

四百三十四號

[平]賒_{不交錢而買也}奢_{~侈}

[上]捨_{棄也}舍_{仝上[去]屋舍}

[去]厙_{姓也}赦_{宥也釋也}

四百三十五號

[平]車_{轝輪總名}蓳_{~箭}②_子撦_{裂開也}扯_{仝上}

四百三十六號

[平]蛇_{龍~}佘_{姓也}

[上]社_{~稷又祭地}若_{~蘭~西域靜地又般~出心經}

[去]麝_{~香}射_{~箭○石}

四百三十七號　_{以下皆入聲}

①"雞"，當作"雉"，據奎照本。按：《集韻》"鵺，……鳥名似雉。"
②"箭"，當作"葥"，據奎照本。

137

屋~宇渥潤澤也握持也捏也喔雞鳴~~沃灌溉也幄帷~鋈白金也齷~齪偓~促

四百三十八號

卜~門剝~削~皮駁~雜又~船貨搏~手擊也襮衣領也鎛去草器又樂器博~廣~賭愽全上溥~水名膊肩~○朴簿蠶具北朔方也褿褡~

四百三十九號

鹿麤陸高平曰~又姓六陰數也又~陳即~穀碌勞~又~無能祿福~又俸麓山足也簏~子簝全上又~笋盝巾~帽戮刑~辱也并力勠并力也○了蓼~栽○了菉~荳綠~紅籙胡~箭室淥水名蔍~蔥草甪姓也又~直糕錄記~又~~尋常也轆~轤井上汲水圓轉木也稑後種先熟㖚笑也又鳥聲录~荳逯走謹也又~~眾也騄~耳良馬

落零~駱白馬黑鬣尾也駝全上~駝洛~陽樂喜~烙~鐵絡~酒~索轢車陵踐也犖卓~超絕也荅泥~担貉①乳~酪乳漿全上濼水也

四百四十號　毒音哀毒音以

讀~書○荳~句瀆河~瀆邨~毒~心草犢小牛讟怨~謗也也匵匱也獨孤~纛②旗~○道牘尺~犢③匣也鐸木~金口木舌度~量䕩敗也踱~方步緩行也喥~~言無度懇邨~澤淳~

四百四十一號

宿星~又久也止也安息也夙早也粟米~觫觳④~速急也也肅嚴~端楸小木也餗鼎食驌~驦良馬謖興起也驌~燥又暴也㴋~雨聲鷫~鶒西神鳥蓿苜~草名蔌⑤菜謂之~

索繩~盡也也○色取也求也捒摸稑稻~○色鏽⑥衣聲○色橚白~木名○色繡⑦

① "貉"，當作"酪"。按：《集韻》"酪，歷各切，《說文》乳漿也。"
② "纛"，當作"纛"。按：《洪武正韻》"纛，徒谷切，……軍中大旗亦作纛。又都導切，……今軍中大皂旗名皂纛。"
③ "犢"，當作"櫝"。按：《集韻》"櫝，徒谷切，木名。一曰小棺。"
④ "觳"，當作"觳"。
⑤ "蔌"，當作"蔌"。按：《集韻》"蔌，蘇谷切，《爾雅》菜謂之蔌。"
⑥ "鏽"，當作"襐"。按：《類篇》"襐，昔各切，衣聲。又色窄切。"

四百四十二號

國 邦~又國仝　蟈 螻~蛙名　馘 斬首　幗 巾~　告 忠~善道　梏 桎~手械曰~　穀 五~又善也　轂 車輻所湊也　鵠 小鳥名〇或　檕 樹~　穀 同上　虢 姓也　谷 山~

又養也　郭 內城外~又度也姓也　唂 雉鳴　廓 開也虛也空也　椁 棺~　槨 仝上又砳仝　鶩 布~鳥也

四百四十三號

玉 寶~~石　獄 牢~　忸 ~怩慚貌〇紐　惡 慚也　蚵 傷也　朒 縮~〇納　衄 鼻出血也　搙 搙~不伸

四百四十四號

木 樹~　苜 ~蓿草名　沐 浴~頭　墨 筆~　莫 不肯也　睦 和~　穆 和也美也厚也靖也深遠也俗作穆　繆 惡諡也　牧 ~童管牛羊者　邈 渺也遠也　漠 沙~又廣也

幕 門~叶音暮　目 眼~又條件也　鏌 鋤也又~鋣劍名　霖 霡~小雨也　寞 寂~　摸 掏~又捫也　匹 家鴨也

四百四十五號

祝 ~讚　竹 毛~石~其名不一　竺 天~西域國　燭 蠟~又爥同　粥 稀~〇欲　築 搗也造也　矚 視也又視之甚也　瘃① 凍~　囑 ~付~託又囑仝　屬 連也著也續也付

也託也別仝上　咮 呼雞聲　挰 以手~物也

桌 八仙~又高也　卓 立貌　倬② 著~　大也　啄 鳥~食　琢 磨~　剢 削也　斲 刀~　捉 捕~又~漏　浞 寒~古讒人

覺 悟也曉也明也　躩 盤辟貌　懼 驚~〇欲　角 牛~　玨 二玉相合　桷 方椽曰~　矍 ~鑠　脚 足~　較 直也略也

四百四十六號

促 偪~　簇 小竹~　鏃 箭頭本音若　蹙 急~又愁也　蹴 足不行貌　踧 ~踖不安　蹜 躍也蹜也踖也踧也③　顣 ~額④ 相告　齰⑤ 齷~急~⑥ 局陋貌　錯 舛~

四百四十七號

⑦脫漏注釋"繩~",據奎照本、昌文本。
①"瘃",當作"瘃"。按:《集韻》"瘃,株玉切,《說文》中寒腫覈也。"
②"也",衍文。按:《說文解字》"倬,箸大也。"
③"踀",當作"逐"。按:《字彙》"蹜,……蹜也蹜也踖也逐也。"
④"額",疑訛。按:《廣韻》"顣,顣頗,鼻頗促貌,子六切。"
⑤"~",當作"促",據奎照本。按:《洪武正韻》"齰,……齷齰,急促局陋貌。"
⑥"陋",當作"陋"。

篤誠實也厚也 督總~又~理 裰新衣貌 毅① ②椎取 物也即~田螺

四百四十八號

福~祿~祚~德 輻~湊 馥~郁幽香 幅布~梭 腹肚~ 覆反~回 蝠編~又蝮仝 複重~~道 箪~杖③織具 楅以木橫牛角以防觸也

四百四十九號

或時人之稱 惑疑~ 獲捕~ 斛斗~五斗為一 觳觫懼狀 鑊飯~ 蒴石~藥名 穫刈禾~ 穫仝上 劃刀砍聲 濩煮也 蠖尺~蟲名 畫~策又限也

四百五十號

觸抵~戳以戈~人 矗高起貌即~ 柷樂器~ 畜~牲又止也

曲委~詞~彎 蛐~蟮 麹酒媒也 麯同上 笛養蚕具 闃寂靜

四百五十一號

蓄聚也 勖勉也 洫溝~一音卹 旭初出日也 頊顓~又敬謹貌 畜養也 侐清靜也寂也 稸④積 倐~忽又⑤走疾也 倏同上 縮收~又斂也 菽荳之總名

束~縛又拘~又~脩 蹜足迫也 叔~伯 數煩也○促也又數罟 唰口~血一作唦 俶善也始也作也動也 朔初一日~北方日~

四百五十二號

伏潛也又三~天 茯~苓藥名 袱包~ 服衣~又~事 復再也 縛束~

四百五十三號

蜀巴~地名 贖回~ 孰誰也 熟生~ 襡褠 鄌郊~邑名 辱~垢惡也法⑥ 也儜也 縟繁采又細也 屬類也又眷~属仝上 淑善也和也 肉肌~骨~ 蓐草~

荐塾門側之堂即家~

①"殺",當作"毅"。按:《集韻》"毅,都毒切,《說文》椎毅物也。"
②"取",當作"毅"。
③"杖",疑訛。按:《集韻》"箪,……織具。一曰竹名。"
④"楉",當作"稸"。按:《集韻》"稸,許六切,積也。"
⑤"又",當作"犬"。按:《洪武正韻》"倐,……倐忽,犬走疾也。"
⑥"法",當作"污"。按:《廣韻》"辱,恥辱,又污也,惡也,又姓。"

若 助語辭又似也 弱 瘦~濡① ~ 杓 木~正音勺 芍 ~藥花 嫋 姌~ 楉 榴即石榴 都 小國

四百五十四號

樸 質~厚~○卜 朴 仝上 扑② 伏 也 撲 仝上擊也 粕 糟~ 鏷 生鐵 璞 玉未琢者 拍 搏也 砒 ~硝藥名 犮 擊聲 犢 小牛曰~

四百五十五號

郁 ~~文盛貌 彧 茂盛貌 澳 水之內曰~○奧 稢③ 黍稷盛貌 愉 心動也 嘟 嘆④ 聲 蕆 孝菓名 墺 地近水涯者

四百五十六號

俗 風~ 續 總⑤ ~陸~ 族 宗~ 鏃 箭頭本音若

昨 ~日頭一日也 怍 慚也 鑿 斧~○作 柞 詩析其~薪 酢 酬~客酌之主曰~

四百五十七號

欲 私~ 罭 綾⑥ 罟也 域 封疆也 棫 木名 浴 沐~ 慾 嗜~淫~ 緎 皮裘界也 羠 羊裘之縫 鴝 鵒~即八哥 昱 日光也明也 煜 燿也 育 養~ 毓 ~秀 鬻 賣

也 養也 閾 門限也 疫 瘟~ 役 征~

學 習~○效 樂 禮~ 籆 絲~ 鷽 鳥羽潔白貌 滎 山水夏有冬無 澩 同上 薛 ~子草

四百五十八號

局 ~面棋~ 柚 杼~機具也 妯 ~娌兄弟之妻 軸 畫~卷 侚 ~促 宿 不敢伸也 逐 驅~追~又從也疾也 跼 躇~不伸又促也

擢 升也舉也 濯 洗也 濁 渾也 鐲 手~又鐲也 擉 搳~魚 惆 心不安也 躅 躑~不能行貌

四百五十九號

① "濡"，當作"懦"。
② "伏"，疑訛。按：《集韻》"扑，匹角切，《博雅》擊也。"
③ "稢"，當作"稶"。按：《集韻》"稶，乙六切，黍稷盛貌。"
④ "嘆"，當作"喉"。按：《字彙》"嘟，……喉聲。"
⑤ "總"，疑訛。
⑥ "綾"，當作"緵"。按：《字彙》"罭，……緵罟也。"

哭哀聲也 酷苛虐也 鞹皮去毛者也 擴~充張大也 廓空大也〇谷 嚳急告也

四百六十號

足手~又滿 作為也造也興也 砟砍~〇乍 喋鼠聲 喿~~聲又鳴也

四百六十一號

恪恭敬貌 壳皮~俗字 梳~枳 敊燥~ 碻的~本音却 叜~起本音學 殼幻~ 穀那① ~本音却 愨謹也誠也善也 殻嘔吐也

四百六十二號

托手~物也又拓同 柝行夜所擊木也 蘀葉落墜地曰~ 簜~箸② 祏~扇③ 蹠~弛不遵法度之士 託寄~ 橐囊~如今褡博④ 也 槀木葉墜也 瑰落~貧無家業

庹以手量物曰~

四百六十三號　濮姓也本音卜水名

瀑~布泉 僕奴~ 匐匍~伏地貌 薄厚~〇卜 幞~豆⑤一作襆 泊停~ 箔簾也又錫 葡萄~ 襮素衣朱~〇卜義仝 亳湯所都也又姓 鉑金~ 仆僵也〇

斧 鏷金~古矢名 犦封牛日行八百里餘能抵觸百獸 暴日乾也 雹雪~子 餺餅~ 媳昌意⑥ 也

四百六十四號

鶴仙~本音學 鸑~鸑鸑屬 嶽五~衆山之宗 岳同上州名又~父母

四百六十五號

愕錯~諤直言 鄂同上又同愕又姓 萼花~ 蕚逆也 鶚鳥名性好立 鱷~魚吞人則浮 齶~齒斷⑦ 也 咢驚也 鍔劍鋒 灣水名 噩嚴肅貌 遌心不欲見

①"那"，疑訛。
②"箸"，當作"箬"，據奎照本。按：《廣韻》"簜，竹箬。"
③"扇"，疑訛。按：《說文解字》"祏，衣衸。"
④"博"，當作"膊"。按：褡膊，一種長方形的布袋，中間開口，兩端可盛錢物，系在衣外作腰巾，亦可肩負或手提。
⑤"豆"，當作"頭"。按：襆頭，古代男子用的一種頭巾。
⑥"意"後脫漏"妻"。按：《廣韻》"媳，昌意妻也。"
⑦"斷"，當作"斷"，據奎照本。按：《集韻》"齶，……齒斷。"

而見曰~又遇也

四百六十六號

各異也每也略~~雞聲也閣樓~裕袖與衣接當腋下縫合處也胳腋下也擱擔~

四百六十七號

壑溝郝姓也又地名藿~菜篧~兜取魚具瘧~亂吐瀉霍山名又姓嚄~唉電也貉狐~○麥涸水竭也熇熱貌

四百六十八號

惡兜~堊塗壁也璺白玉鸐水①鳥

四百六十九號

諾承領之辭也楉②手~也

四百七十號

席酒~床~蓆大也俗同上夕夜也寂~寞靜也安也汐潮~夕潮曰~穸墓穴幽堂也又夜也藉狼~○斜唭嘆也咮同上~嘆無聲也掅擊也籍圖瘠

瘦也又姓也俗口③即襦小兒衣也

習~學集聚~又安也眾也會也絕~滅又息也奇也嫉~妬疾病也急也鏃~鏷鐵擿襲重衣也因也及也入也食④也受也又掩其不備蛺~⑤嗿~~忍寒

聲隰原~截半~磧~蹉~蒷~蔘藥名節~然高大貌輯聚斂也和睦也○七健斜出貌又便也疾也捷急報也勝也敏⑥也艒~子船也蓵草簾也薈~

茵水草諑毒苦又語急踺足疾輯和也諧也

四百七十一號

①"水"後脫漏"~"。按：《篇海類編》"鸐，……水鸐鳥。"
②"楉"，當作"搉"。按：《字彙》"搉，奴各切，音搦，手搉也。"
③"口"，當作"讀"，據奎照本。
④"食"，當作"合"。按：《字彙》"襲，……因也，……又及也、入也、合也。"
⑤"~"後脫漏注釋。
⑥"敏"後脫漏"疾"。按：《洪武正韻》"捷，疾葉切，勝也……又獲也、伙也、成也、敏疾也、急報也、報勝曰捷。"

笛横吹曰 敵仇~ 糶~米 狄戎~又姓 迪進也順也導也 廸俗仝上 髴~髻 荻蘆~花 翟山雉~宅 覿見也 滌洗~ 嚁聲也 簉~~長而殺也 苗蓨草也

疊重~又~疊同 碟醋~本音石 蝶蝴~ 牒文 慄恐懼也 喋多言假① 絰喪服 迭更也一作佚② 垤立③ 耋八十曰~又至也 揲摺也 眣以目使人也 瓞小瓜也 堞城上女垣也 砝砲~也 蜨蛺 軼車相出也又同迭 闐門開④也

四百七十二號

剔笓~ 逖遠也 揚挑~ 踢~球 惕謹~懼也 倜~儻 趯趣⑤~狂走 鐵黑金又鐵同 貼粘~也倚⑥附也 帖書~淹 驖馬黑色也 饕饕~貪財⑦曰~ 跌~ 趺傷也 蚨虻~俗字

四百七十三號

逆悖~不順也迎也却也 聶附耳小語又姓也 闑門橛也 埶匠人辨方正也 蘖萌~臬 射的又藩~兩司 涅染黑也又木名 孼庶子又禍~ 臲不安貌 捻指~物 揑同上 囁~嚅 讘多言 齧噬也 囓同上 惄飢意 匿隱也一作暱⑧ 溺沉~ 鳥鳦~ 屰人在水下曰~ 暱日月相迎⑨ 惄憂也 搦按也○諸 岋動搖貌 岋同上○及 箺竹 昵⑩ 嬲淫~⑪ 業基~事 仡壯勇貌○九⑫ 惬内愧也 鳺水鳥雌雄相視則孕 鴂同上~~鶂聲 嶷有知識貌 巘同上克歧 克~ 蘗蘗蹑登也踏也 屹~崒山貌 陧阢~危也不安也 繭五絲曰~ 蠥妖~ 枿木中折復生枝旁達而出也又姓 鑷~子拔毛用也

四百七十四號

---

① "假"，當作"便"。按：《玉篇》"喋，……又徒叶切，便語也。"
② "佚"，疑訛。
③ "立"，當作"丘"，據廣益本。按：《孟子》"泰山之於丘垤。"
④ "開"，當作"闔"。按：《類篇》"闐，……門闔謂之闐。"
⑤ "趯"，當作"趫"。按：《字彙》"趫，……趫趫，狂走。"
⑥ "倚"，當作"依"。
⑦ "財"，當作"食"。按：《玉篇》"饕，……貪食也。"
⑧ "暱"，疑訛。按："暱""匿"非異體字。
⑨ "日月相迎"，疑訛。按：《說文解字》"暱，日近也。"
⑩ "昵"，疑訛。
⑪ "嬲"，當作"嫋"。按：《正字通》"嫋，女力切，音溺，婬嫋。"
⑫ "九"，當作"兀"。按：《字彙》"仡，魚乞切，銀入聲，壯勇貌……又五忽切，音兀，動舟貌。"

極太~又盡也屐木~劇其①也艱也戲也噱戲也傑英~又杰同竭乏也涸也揲舉而臥②之也桀雞廚又夏王名碣碑~及至也芨白~藥名○吉

擖盡力貪③也笈書箱也○吉岌高貌○逆

四百七十五號

力氣~曆~日歷~代瀝~之令乾也癧瘰~礫瓦~小石也櫟白~柴○六櫪牛馬皂羃幕④~烟貌靂霹~轣~轆車軌也轢車陵踐也躒動也踐也

藶葶~子酈姓也又地名瀝~~而⑤不止瀝颷~風聲櫪禾稀疎也纚繩爲界埒也

立坐~又置也建也列排~烈貞~又火猛也威也慄戰~恐懼栗~子裂碎~○例溧~列⑥寒也冽凜~嚴寒律~例又音~慄慘~笠箬帽苙畜欄粒顆~率斗⑦~又⑧天宮又彀~搮以手理物篥觱~胡人所吹脟肶⑨肉之腸間指⑩也茢可為帚除百⑪祥捋去滓汁曰~溧~水縣名壘鬱~右門神神荼左門神

四百七十六號

逼迫也驅也偪仝上壁牆~璧圭~又物不收曰~辟君也法也碧~色愊帞幅⑫至誠楅以木橫牛角防觸○福鎞犂~○避躃兩足俱廢襞相疊衣也

畢完~又星名必~定筆~號管城子又中書君笔仝上觱~栗可吹珌佩~⑬刀上⑭飾鞸⑮~鑼⑯餅屬韠蔽膝篳蓬~柴門蹕止人行也潷⑰水沸

①“其”，當作“甚”。按：《說文解字》“劇，尤甚也。”
②“臥”，疑訛。按：《字彙》“揭，……又舉而豎之也。”
③“貪”，疑訛。按：《集韻》“擖，……擔也。”
④“幕”，當作“羃”。按：《古今韻會舉要》“𪾢，……羃𪾢，煙貌。”
⑤“而”，當作“雨”。按：《集韻》“瀝，……霖瀝，雨不止貌。”
⑥“列”，當作“冽”。
⑦“斗”，當作“兜”。按：兜率天宮，坐落於浙江紹興會稽山脈。
⑧“又”，衍文。
⑨“肶”，當作“脅”。按：《說文解字》“脟，脅肉也……一曰腸閒肥也。”
⑩“指”，當作“肥”。
⑪“百”，當作“不”。按：《古今韻會舉要》“茢，……《禮注》茢可以為帚除不祥。”
⑫“帞幅”，疑訛。按：《說文解字注》“愊，悃愊也。”
⑬“~”，衍文。按：《說文解字》“珌，佩刀下飾。”
⑭“上”，當作“下”。
⑮“鞸”，當作“饆”。按：《集韻》“饆，壁吉切，饆饠，餅屬。”
⑯“鑼”，當作“饠”。
⑰“潷”，當作“滭”。按：《集韻》“滭，壁吉切，泉沸也。”

彈 泉出射也　螱 蚍蜉即蟻也　別 分~　鼉 ~魚又鱉　滜 去汁也又泡仝　薤 菜也　鯉 斗星名　鷩 雉之一種　凶 姓也　彆① 弓衣　罼② 魚網也　炥 灼物焦也　燩

癷③ 仝上 ~壺瓶敲~鑹

跌 ~打損傷正音鉄

的 確實也明也　嫡 ~子派~　滴 ~水　適 覩也專主也又從也　鏑 矢鋒鏃　蹢 蹄也　靮 馬韁也　列 指甲斷物也　扚 仝上　商 本也　弔 至也

雪 霜~又沱④也　薛 姓也又莎也　褻 私服也又狎也　契 古人名○乞　洩 漏~○以　泄 仝上　屑 潔也清也敬也顧也勞也輔⑤也苟也又鋸也　⑥也　渫 除也散也

泄⑦ 痢疾　屧 履聲也⑧　又履⑨也　颭 ~~風聲　爕 和也熟也　爕 仝上　紲 緤　楔 木名又限也　析 分開也

昔 往~　惜 可~憐　恤 仝上　邮 少也又仝恤　息 安~利~得~　蜥 ~蜴　悉 知也　膝 足~　厀 仝上又牛~　熄 火滅　腊 肉乾　戌 地支　淅 ~接而行　裼 袒~露臂也

槢 樹~　晳 白色　錫 筶又銅~　晰 明也　舄 方頭鞋又姓　蟋 ~蟀　郲⑩ ~鶺　衇⑪ 脈~　媳 子婦曰~　筲 除耳垢椆~子　蓧 牛~藥名　蒠 ~菜

翕 合也起也盛也　吸 氣入為~　歙 仝上~笙　脇 ~肋　脅 仝上　胕 響布也振也　盻 視也　翕 鼻息聲　洫 田間水道　殈 卵裂也正音叔　歇 休息也又好~　迄 至也

也　號 恐懼也　蝎 ~子蟲　蠍 仝上~虎　獄 ~狚 短喙犬也⑫　疦 虛~　鬩 鬪也訟也庚也怨也　畫 傷痛也

① "衣"，當作"戾"。按：《集韻》"彆，……弓戾也。"
② "魚"，疑訛。按：《古今韻會舉要》"罼，壁吉切，《說文》畢田罔也……徐曰有柄网所以掩兔。"
③ "癷"，疑訛。按：《集韻》"癷，蒲結切，枯病也。"
④ "沱"，疑訛。按：《古今韻會舉要》"雪，……又除也、洗也。"
⑤ "輔"，疑訛。按：《字彙》"屑，……《增韻》碎也、輕也、苟也。"
⑥ "也"，疑當作"~"。
⑦ "泄"，當作"疶"。按：《廣韻》"疶，痢也。"
⑧ "聲也"，疑訛。按：《古今韻會舉要》"屧，……《說文》履中薦也，……《增韻》又展也。"
⑨ "履"，疑當作"展"。
⑩ "郲"，疑訛。按："郲"的讀音與該組同音字相去甚遠。
⑪ "脈"，當作"賑"。按：《玉篇》"衇，……分賑。"
⑫ "狚"，疑訛。按：《集韻》"獄，許竭切，《說文》短喙犬也，引詩載獫獄獢。"

壹大一字 一誠也始也初也均也 弌古全上 乙太~ 又天干 虭燕也 臆胷肉 噎食室氣不通也 嗌全上食不下咽也 揖拱手作~ 挹全上又酌也 穊①~穀

又有仝② 厭服也又順從貌 厴躲頭又腦俗字 謁白也訪也告也請見也 益增也進也饒也 億十萬曰~ 抑反語辭 繶③④條~ 繩也 悒不安也 憶記念也

邑縣也 浥濕潤也 腌胵肉也肥也

四百八十一號 節音與席音渾

節時~竹~〇絶 即同也便也~刻 卩全上瑞信也 唧啾~蟲等⑤ 接相續也迎~也連也 浹潤澤周徧也 踖傳~ 蝍~蛆蚣蚁也 蒩禹泥行乘~ 楫短棹 睫

目旁毛也 飾以巾式⑥ 物也 桜續~⑦ 櫻細理木 鯽~魚迹形~又漬 跡踪 積堆~ 蹟古~ 豐⑧為~若篆書砳字貼門百鬼遠避 績功~紡~ 勣功~

脊背~ 瘠瘦~本音藉 鶺~鴒小鳥 踧踧~恭敬貌 踖蹐~小步也 稷黍~社~后 禝襞~ 葄菩~水草可食

四百八十二號

滅絶也 宓姓也安也 覓尋~ 覛全上 密謹也靜也 蜜~蜂 汨~羅江〇滑⑨ 蔑無也微也 幦覆載⑩之皮 篾劈竹為~ 籛全上 幭全幭⑪又白狗皮

系⑫細絲 掝~繩 幎以巾覆物也 冪~煙貌 纖細~

四百八十三號

吉~利~凶 揭~起〇起〇乞 潔~淨 羯胡戎曰~ 拮据手口共作之貌 袺以衣貯物而執其衽也 結締也 孑孤~ 訐面斥人過 髻了~〇記 汲~水 鍥割

---

① "穊"，疑當作"穊"。按：《集韻》"穊，益涉切，禾不實。"
② "又有仝"，疑訛。
③ "條"，當作"條"。按：《廣韻》"繶，條繩。"
④ "~"，衍文。
⑤ "等"，疑訛。按：《廣韻》"唧，唧聲，子力切。"
⑥ "式"，當作"拭"。
⑦ "~"，疑當作"木"。按：《說文解字》"桜，續木也。"
⑧ "厄"，當作"死"。按：《五音集韻》"豐，……鬼死作豐，鬼見怕之。"
⑨ "滑"，當作"骨"。按：《字彙》"汨，骨忽切，音骨，亂也、沒也……又莫狄切，音覓。"
⑩ "載"，疑訛。按：《廣韻》"幦，車覆軨也，莫狄切。"
⑪ "幭"，疑訛。
⑫ "系"，當作"糸"。

147

稻~子 墼 炭~又瓴[①] 甉 適也 甉 仝上仝 急 ~迫~速 彶 仝上又子思名 給 供~ 跲 踬[②]也礙也 笈 書箱〇及 級 等~ 點 堅黑也又~ 慧 桔 梗藥名~ 蟼 白~ 劫

強取也奪去也 莢 蕒~堯階[③] 瑞草 顑 面旁 蛺 蝶~ 鋏 劍屬 棘 荊~ 撠 持~刺 戟 戈~ 擊 打也 殛 誅也 激 感~ 蹫 以足舉[④] 持也 姞 姓也 亟 急也〇起

四百八十四號

喫 食也 吃 仝上一音吉 泣 哭無聲也 怯 懦弱也 慊 快也足也 隙 空~仇~暇~ 宭 壁孔也 綌 粗葛也 挈 提~ 篋 械藏也箱也 契 澗又~丹 詰 旦明日也

問也責也 乞 求也~丐 訖 止也盡也舉[⑤]也〇吉 愒 無憂愁也正音甲

四百八十五號

七 少陽數也 柒 俗仝上本仝桼 緝 繼續也 葺 修補也覆蓋也 葳 ~山又菜名 戢 藏也斂也 戚 親~又憂~又姓 輯 和~ 漆 水名又膠~ 桼 膠~本字 切 一~急

~楸 木可為杖 竊 盜也 感 草作~ 感 憂也 刺 穿也傷也 妾 小妻即如夫人 愞 心不正貌 嶯 ~山在越城內 諿 和也〇酳

四百八十六號

匹 ~配~夫 疋 布~本音疏 僻 陋也乖也偽[⑥]也[⑦]非也邪也放也 〇批 霹 ~靂 辟 放~邪也 劈 破開也 擘 小擊也〇比 撒 拋~又~盡 㓼 削也 瞥 然暫見也

四百八十七號

易 周~改~交 奕 大也盛也圍棋也 亦 ~然 翼 羽~又助也扶也敬也 翌 明日也 弋 繫絲而射也 驛 度[⑧]也 ~官[⑨] 遞馬也 駅 仝上本音日 檄 道士發~又木

無枝 繹 絡~不絕又陳也長也終也充也度也 數 厭也〇都 罣 目視也又引也総[⑩]也 蜴 蜥~蟲名 懌 悅也 煜 張~人名 嶧 ~陽山名 射 厭也無~律名 葉 樹~

---

① "瓴"，當作"瓵"。按：《說文解字》"墼，瓵適也。"
② "踬"，當作"躓"。按：《廣韻》"跲，躓礙，古洽切。"
③ "階"，當作"時"。
④ "舉"，當作"據"。按：《字彙》"蹫，……又以足據持也。"
⑤ "舉"，當作"畢"。按：《字彙》"訖，……止也、盡也、畢也。"
⑥ "偽"，當作"偏"。按：《字彙》"僻，……陋也，又乖僻、偏僻、邪僻、幽僻、非僻、放僻。"
⑦ "乖也偏也非也邪也放也"，當作"乖~偏~非~邪~放~"。
⑧ "度"，疑訛。按：《玉篇》"驛，……譯也、道也。"
⑨ "~官"，當作"官~"。
⑩ "総"，當作"給"。按：《字彙》"罣，……又引也、給也。"

又姓 曄光曜也 逸隱也隨① 也放也縱也 佚全上安~不勞 絜度也口吉 腋肘~ 液津~ 掖手~物也 拽全上又作曳 頁頡②也又書 纈繫也繒③也 佾

舞列也 溢滿也 襬以衣袿盛物繫於帶間也 妷姪~ 泆浮放④也 鎰廿四兩曰一~ 餲饐餲也

四百八十八號　鼻~頭本音避

闢開也啟也 擗全上別 離~口必 弼輔~又佛全 愎狠⑤也庚也 腷~臆意不附⑥也 甓瓴甋也 煏以火乾物 肺胅大貌 怭理之絲綿

四百八十九號

麥米~ 貊蠻又安靜也定也 陌田間道也 貉大~小~也口 茉莉花~ 霡霂小雨 脈山~血~又脈全 默不語也化作默⑦ 駱駝~似驟而小 万~俟複姓

末本~又無也盡也 抹塗~ 秣以粟食馬曰 沒沉也 歿終也死也 妹嬉桀妻

四百九十號

隔~壁間~又鬲全 膈胸~ 格~局又至也 骼骨~ 骷腰骨曰~ 旭~九田⑧極兇 革生牛⑨皮 朸斗~平斗斛者 假至也 葛~藤又姓 合升~又景色 閤門

⑩中小門 鴿鵓~ 蛤白~蛙屬 蓋~祿萬鍾 割剮~ 虼~蚤

四百九十一號

客實~ 刻彫~時~又~薄 尅~期限定時辰又急也殺也損削也 剋全上沖~ 克勝也能也 搭手把著也 喀~欬聲 媼罵婦女謂老~

渴口~ 磕~頭 瞌~睡 榼酒器~ 屬門內⑪也 篅俗作蓄魚器本音對 嵑皇懺內有~山地獄 鼓敲 磕~攉 襦~襠婦人衣也

四百九十二號

①"隨"，疑訛。按：《洪武正韻》"逸，……奔也、隱也、遁也、放也、駿也。"
②"頡"，當作"頭"。按：《說文解字》"頁，頭也。"
③"繒"前脫漏"文"。按：《古今韻會舉要》"纈，……繫也……《增韻》文繒。"
④"浮放"，疑訛。按：《廣韻》"泆，淫泆，夷質切。"
⑤"狠"，當作"很"。按：《廣韻》"愎，很也，符逼切。"
⑥"附"，疑訛。按：《廣韻》"腷，腷臆，意不泄也。"
⑦"默"，當作"黙"。
⑧"九田"，疑當作"旮"。
⑨"牛"，衍文。按：《古今韻會舉要》"革，……皮熟曰韋，生曰革。"
⑩"門"，當作"內"。按：《洪武正韻》"閤，……內中小門。"
⑪"門內"，當作"閉戶"。按：《集韻》"盧，……閉戶也。"

魄魂~拍~也押①也珀琥~鈹金~劈破也檗飯半生半熟也擿射中物聲也潑澆~即~糞澄水~撥芟~也

四百九十三號

白西方色也又素也帛布~鉑金~勃變色貌渤瀚海別支名垍泥~頭鵓鴿~孛慧星也哼吹氣聲焊尉~烝熱②炦煙氣貌③浡~然誖亂也非④也○佩挴石頭㑌孽強也狠⑤也粘米葷薺~餑麵也艴怒色

四百九十四號

雜~貨店又~亂褯全上唊嘈~聲也

四百九十五號

澤恩~潤~德擇揀~宅屋蟹食苗節蟲賊害也又盜鰔鶴~即明甫蘀蕳藥名

四百九十六號

色顏~塞閉~嗇吝~穡稼~憒急性⑥也寒實也安也澀不滑也澁羞~圾垃~

四百九十七號

釋解~和尚稱~教室宮~識見~式樣~又敬也拭揩~軾全上適往也至也自得也安便也奭盛土⑦襫褋~雨衣螫毒蟲⑧軾車前橫木失遺~飾修~首嫡女子謂嫁曰設陳~說~話刷油~牙歙縣名○翕葉姓也~分⑨唰鳥理毛也淫燥~濕全上攝總持其事

四百九十八號

① "押"，當作"拊"，據奎照本。
② "熟"，當作"熱"。按：《洪武正韻》"焊，……尉焊烝熱。"
③ "氣"，當作"起"。按：《集韻》"炦，……煙起貌。"
④ "非"，疑訛。按：《字彙》"誖，……亂也、乖也。"
⑤ "狠"，當作"很"。按：《正字通》"㑌，……強也、很也。"
⑥ "急性"，疑訛。按：《廣韻》"憒，悲恨。"
⑦ "土"，當作"也"。按：《說文解字》"奭，盛也。"
⑧ "毒蟲"，當作"蟲行毒"。按：《說文解字》"螫，蟲行毒也。"
⑨ "分"，疑當作"公"。

勒 馬~又~寫 鰳 ~鯗 肋 脅~ 泐 石解散也 角 ~直糕又角仝 汅 水聲 扐 筴者著箸① 指門② 也 埒③ 淖 垣也 畤 耕田起土 捋 捄取也 仂 數之餘也 防 地

之脉理

四百九十九號

弗 不也 拂 拭也〇仝弼 髴 髴~若似也 黻 ~黼 艴 變色貌 勿 禁止貌④ 本音物 紼 繫印組又引柩索 韍 所以引柩 第 以草⑤ 蔽車 戟 蔽膝之服 祓 同上

祓 除惡祭也 颰 小風也又疾風 沸 水流也

五百號

姪 兄弟之子 侄 俗同上本音窒⑥ 疛 蒼~白~ 轍 車迹今讀尺 軼 同上〇迭 秩 官職也序也整也 帙 書衣又秩仝 蟄 潛也〇尺 涉 徒行~水 蹢 ~迹 直 正~

伸也 植 種也 殖 貨財~焉 躑 住足也 擲 投也拋也 值 價~多少又~年〇治

五百一號

實 誠也菓~ 寔 同上本音直 述 傳~ 術 法~ 日 太陽也 熱 煖 拾 收~又攏~ 十 數也 折 斷猶連也即⑦ 折本 舌 頭口~ 什 ~物入~出~ 秫 穤也⑧ 蓺 熱

燒也

石 山骨也姓也又十斗曰~ 碩 充實而大也 蝕 敗創也日月並行曰~ 射 以弓矢~物也 祏 宗廟藏木主石室也 食 饌也吃也〇士 妬 女無子曰~〇都同妒

五百二號

尺 十寸曰~ 勅 天子制書 飭 修也整備也致堅也 叱 呵也發怒也 赤 紅色又~體 斥 逐又大也指而言之也 虸 蟲蟲名 鸀 五色毛水鳥⑨

出 ~入〇催 黜 貶斥 摰 曳也 撤 抽也發也剝也除也 潋⑩ 水澄清也 轍 車迹本音直 徹 通也均也本音直 悐⑪ 惕也恐也 潗 泣也歜 大飲也又啜同

---

① "箸"，當作"著"。按：《古今韻會舉要》"扐，……筴者著箸指閒也。"
② "門"，當作"閒"。
③ "淖"，當作"庳"。按：《說文解字注》"埒，庳垣也。"
④ "貌"，疑訛。按：《古今韻會舉要》"勿，……勿者，禁止之辭。"
⑤ "草"，疑訛。按：《爾雅》"輿革前謂之鞹，後謂之第。"
⑥ "窒"，疑訛。按：《字彙》"侄，職日切，音質，堅也、癡也，侄仡不前也。"
⑦ "即"，疑訛。
⑧ "穤"，疑訛。按：《古今韻會舉要》"秫，……《增韻》穤也。"
⑨ "鸀"，疑訛。按："鸀"的讀音與該組同音字相去甚遠。
⑩ "潋"，當作"澈"。按：《集韻》"澈，直列切，水澄也。"

五百三號

柏松~又栢仝 百十十日~ 佰百人曰~ 迫急~ 伯~叔 檗黃木~ 蘗黃~藥名 擘分也又手指也

撥~草尋蛇 鉢~盆 鱍魚掉尾貌 不非也拂 ①也○否 襏襏雨衣 般~若出心經智慧也

五百四號

冊書~策 策簡也謀也籌也馬鞭也 惻~愴~怛 拆~封 笧②~篋~也 柵寨~以木為之 閜木~坼同拆

五百五號

遏~住止也 厄~難又阨仝 曷何不也 害同上 唵小語也 軶犁~ 搤持也据③也捉也搏也 扼同上 褐毛布衣賤者所服 閼止也塞也 匌④~彩婦人

花髻毛⑤ 戹戶小門也 盒~醬 頞鼻梁也 飽飢~

五百六號

盒提~匣~ 盍何不也 蓋同上○葛 合~同○割 闔⑥開也 嗑卦名又多言 迨⑦~遝 行相及也 篕~箔 核菓中實也 欬聲~又~嗽 紇孔子父曰叔梁~

齕齧也 籺~糠~米粖 覈考之使實也慘刻也

五百七號

織~布紬 隻凡物單者曰一~ 蹠腳掌也 跖盜~ 墌基址也 炙燔~ 陟升也進也 職官~又主也業也 臘脯長⑧又⑨二寸曰~ 膱髮粘也 櫛梳箆總名

稙早種曰~ 穊粖~禾重生貌 螆~蟧即蝙蝠 齣戲一曲曰一~本音尺

⑪"怵"，疑訛。
①"拂"，當作"弗"。
②"~"，當作"卜"。按：《廣韻》"笧，卜筮笧也，楚革切。"
③"据"，疑訛。按：《廣韻》"搤，持也、握也、捉也，於革切。"
④"人"後脫漏"頭"。按：《玉篇》"匌，……匌綵，婦人頭花髻飾也。"
⑤"毛"，疑訛。
⑥"開"，當作"閉"。按：《說文解字》"闔，門扇也。一曰閉也。"
⑦"遝"，當作"遝"。按：《字彙》"迨，……迨遝，行相及也。"
⑧"長"後脫漏"尺"。按：《集韻》"臘，……脯脡也，長尺有二寸。"
⑨"又"，當作"有"。

質~樸形~又立①也考也 只~個○止 陜陰~又升也成也 室~礙塞也 桎桔足械曰~ 躓柱下石也 拙不慧也至②也 折攀也又~ 挃~本穫禾聲 鎊刈禾

③價正也 茁草也○札 懼佈④也心服也 悆憂也 梲梁上短柱 鑕斧~鉄棋⑤ 嚚失氣而言也 噴野人之言 襡衣~ 晰明也 摺~撲桌又經~

哲明也智也 縶絆馬足也 浙~江省名 擳兩指夾內曰~疯⑥ 怵憂心也 殅夭死也 輄車相依⑦也一作輬 執持捕也又父友曰~友 傁~事者 蛭馬蟥也

窋物將出穴貌又空也 鮧脯魚不塩也 蛋海~頭 耴耳垂曰~ 劉刈也 汁液也

五百八號

德恩~一作惪 得獲也合也 淂水貌

五百九號

額~各 哈魚動口貌○愷⑧ 齾⑧器缺齒缺皆曰~

五百十號

呐言難也 訥同上遲鈍 內出~之各古仝納 納受也又入也又同衲 衲補~ 捺手按也 扴按物水中

五百十一號

則法~又即也 側旁也 責~任~望 迮迫也 跫姓也 謫~貶又讁仝 摘採~ 窄狹~ 仄平 昃日過西曰~ 嘖以口喋物也 幘大呼聲 讀~怒 蚱~蜢

幘巾~ 霢雨貌 賾仝上 舴船也

五百十二號

黑~烏 赫~威嚴貌 嚇以聲~人也 赥目赤也 爀火色也 喝~呵○揭 憪憪也 欱酒~本音合

①"立"，疑訛。按：《洪武正韻》"質，……樸也、主也、信也、平也……"
②"至"，疑訛。按：《說文解字》"拙，不巧也。"
③"鎊"，當作"鎌"。按：《集韻》"鎊，……《說文》穫禾短鎌也。"
④"佈"，當作"怖"。
⑤"鉄棋"，疑訛。按：《集韻》"鑕，……鐵椹。"
⑥"內"，當作"肉"。
⑦"依"，當作"倚"。按：《廣韻》"輄，車輄。《說文》曰車相倚也。"
⑧"愷"，疑訛。按：《正字通》"哈，……又合韻，音欭，以口哈飲也。"

五百十三號

闊

闊廣~ 濶化體同上 砳~~勞極 窟孔穴也 嶇同上

五百十四號

物事~庶~ 佛西方聖人 坲~坲塵起貌 佛~鬱 怫違也戻也又不然之辭

五百十五號

忽~然 惚恍~ 笏朝~

五百十六號

活不~也 囫~圇本音忽 核菓中實也本音合

五百十七號

兀不動貌 屼山名 杌木無枝 扤動搖貌 航船行不安也

五百十八號

骨~肉 榾~柮木塊 汩沒也〇密 羒~羖羊名

五百十九號

沃肥也〇屋 頌納頭於水曰~ 膃腯肥也今讀兀多

五百二十號

爵~祿~杯又同雀 爝炬火也 嚼~咀^① 雀麻~

五百二十一號

鵲喜~鳥名 皯皮傷~起 雀麻~本音爵

五百廿二號

① "~咀"，當作"咀~"。

154

綽寬~□~煿~物者①也斥良將是~踔跦~不常貌龟獸名似兔辵乍行乍止捔~板嘟轉舌聲②

五百廿三號

柵木~本音冊稴稻~搽~草溇潮~以上三字本皆音色

五百廿四號

却推~卻同上恰~當掐指甲~物

五百廿五號

虐暴~瘧~疾曰③頭病筶~帽又粽~本音若

五百廿六號

藥所以治病药同上本音約鑰~匙燿光明照耀也又火飛也龠樂之和聲音④箹樂器瀹漬也烹也躍跳~礿薄祭也又春祭曰~襠同上

五百廿七號

獵田~鬣豕曰剛~躐~等本音力籫梅花竹~

五百廿八號

略簡也忽~俗作畧掠劫奪也剠同上

五百廿九號

勺合~酌~酒又斟著穿~妁媒~灼炙也燒也昭也焯同上繳思援弓~而射之杓杯~○標斫刀斬

五百三十號

蹻驕甚也噱大笑不止也嗋同上腏~~大笑也臄口上肉

五百三十一號

① "者"，疑當作"煮"。
② "聲"，疑訛。按：《篇海類編》"嘟，……轉舌呼。"
③ "曰"，疑訛。
④ "音"，疑訛。按：《說文解字》"龠，樂之竹管三孔，以和眾聲也。"

鑠銷金又盛也 爍光爍然也 爔同上 謔戲~

五百三十二號

發起也興也 髮頭~也 法~度~則

五百三十三號

豁~然又~拳通谷 歲空大也 滅罯入水聲 闊大開①也

五百三十四號

甲天干又~胄 鉀~胄 胛背 岬山名 夾兩層也 筴筯也也〇却義同〇冊 鋏劍屬本音吉 餄~子麰食 郟姓也又~郟地名 袷衣無絮即~袄 祫同上 介~然用之而成路 挾~持正音吉 戛戟也法也 枓斗~平斗斛者一音扁

五百三十五號

達通也 蓬馬食②草 踏踐~一~③ 躂 遷雜~ 沓重疊也狠賤也

五百三十六號

狎親近也玩熟也習也 狹同上 陝陋④~不廣也 洽和也合也 匣拜帖~ 俠權力~輔人也〇夾 恊同心~力 協仝上 叶~音韻 袷大合祭 柙藏獸櫳也 峽山名 怏樂也喜也 轄車轄頭鐵 餄食飽也 綊~纚緒衣 轝車輔 挾⑥拔~也據⑦也袚也藏也 硤⑧~刑具

五百三十七號 撒~帳菓本音殺

札書~即信 侩~庭⑨又怨⑩觸人也 刌奏事~子 扎拔也 紮~〇肉 拶逼~也 匝周也遍也 帀同上 呷魚食入口 唶嘲~鳥聲

---

① "開"後脫漏"門"，據奎照本。按：《集韻》"闊，……大開門貌。"
② "食"，疑訛。按：《類篇》"蓬，……馬烏草名。"
③ "~"，疑訛。
④ "陋"，疑訛。按：《說文解字》"陝，隘也。"
⑤ "輔"前脫漏"~"按：《洪武正韻》"俠，……俠之言挾也，以權力俠輔人者也。"
⑥ "拔"，當作"持"。按：《洪武正韻》"挾，……懷也、持也、藏也、帶也、袚也。"
⑦ "據"，疑訛。
⑧ "~"後疑有脫漏。
⑨ "庭"，當作"庭"。按：《集韻》"侩，……侩庭，忽觸人也。"

156

五百三十八號

撻打也 闥庭闥 獺水~ 又猰同 僒不屑①之人 逼 遏~ 又穩行貌 潔水名 塔寶~ 榻床~ 塌坍 搭搭②也 怛惻~態③ 愛○ 撻滑 韃靼北狄總名

又打擊④ 闔闔~鐘鼓聲 健逃也叛也 噆狗食聲⑤ 嗒~然忘懷 牽小羊 翖~~飛貌 爛~餅又煎 礚石~本音達 蹋蹹~俗字

五百三十九號

滑利也漣也又姓 猾狡~又亂也 硝石藥名 濶~~言不了也

五百四十號

察查 插刺入也 鍤鍼也鍫也又菜 喢~嘴多言 臿舂米去皮也 歃~血本音殺 擦摩~又擇散也 刹問人寺曰寶~又梵~ 虀鼉羅~鬼 蔡⑥草有毒可殺魚

剒切物聲 譇讒~

五百四十一號

鑞銅臘十二月日 膅同上 爉⑦~爉又白~黃 康船~沿 摕折也又破壞聲又持也 拉遮也 邋~行不進貌 辢辛味又辣全 喇言急也 剌~不清致

蝲楊剌~ 爤火聲~ 莉蒿~又○次 畣旭田⑧ 極兇

五百四十二號

伐征~又誇也 罰賞~又罰同 乏空也無也匱也 閥闊~ 筏竹牌⑨ 船 韎茷鞋~又襪同

五百四十三號

①"怨"，當作"忽"。
①"屑"，疑訛。按：《字彙》"僒，……僒屪，下材不肖之人。"
②"搭"，疑訛。按：《字彙》"搭，……音榻，摸也、拊也。"
③"態"，疑訛。
④"打擊"，疑訛。
⑤"聲"，疑訛。按：《篇海類編》"噆，……又他合切，音塔，狗食貌。"
⑥"蔡"，當作"蔡"。按：《集韻》"蔡，初戛切，草名有毒殺魚。"
⑦"爉"，當作"蠟"。按：《廣韻》"蠟，蜜蠟，盧盍切。"
⑧"田"，疑訛。
⑨"牌"，疑訛。

妲~姬紂王之妃笤對~報~搭~臺又打也褡~博①怛驚懼搭~連搨~蚊蟲龕皮~骨一曰皮寬笪姓也又竹筒也詛兜~不靜

五百四十四號

閘水~牐仝上又~板煠~之所以去腥也鍘鉸刀即~刀喳嘈~聲也霅小②雨貌

五百四十五號

殺誅戮也煞地~星又收~薩菩~僁末~靸輕舉貌又草履霎~時又雨聲颯~~風聲又朔風趿進足也翣棺飾也形如扇撒摠~箑扇也撒揮也

埴~謊桌脚墶~~上墮聲卅三十也

五百四十六號

捌破聲又分也今作大八字八少陰數也哵鳴也枒無齒杷玐玉聲

五百四十七號

鴨家鶩也押管~即短~當壓鎮~覆~揠拔也軋車輾叺~~鳥聲

五百四十八號

拔抽~~珮茇草舍跋~涉又足也跋同上鈸鐃③~魃旱~神名笈~籃酦酒氣也殁腐氣

五百四十九號

空手~為穴挖~耳斡~旋○澣④取水也

五百五十號

刮~削括包~佸會計曰~适人名又夜⑤也鴰鶬~鳥名眂視也活北流~~栝柏葉松身聒聲擾也又無知貌

五百五十一號

---

①“博”，當作“膊”。按：褡膊，一種長方形的布袋，中間開口，兩端可盛錢物，系在衣外作腰巾，亦可肩負或手提。

②“小”，當作“大”。按：《玉篇》“霅，……大雨。”

③“鐃”，當作“鐃”，據奎照本。

④“澣”，當作“澣”。按：《集韻》“澣，烏括切，取水也。”

⑤“夜”，當作“疾”。按：《集韻》“适，苦活切，疾也。”

特但也獨也專也 蟘食苗葉蟲 螣全上

奪強取也 突~然 挨搶~揎 傤傹~同上 凸凹~

五百五十二號

忒差也 懸惡之~于心者 忐志~盧怯也

脫~剝又解也免也 挩解也 禿無髮也 捪杖指也 涗滑~也 鷞~鷞鳥名

五百五十三號

柮榾~樹塊頭 咄呵也~~驚怪聲 掇捋也拾也 裰補破衣也 笪筍也又堆 羜~翔羊名

五百五十四號

血氣~ 氜丟來~去 猲刺~又狂也〇決 唎鬼聲

五百五十五號

決有~斷又決同 駃~驫良馬 玦環之不圜者 訣別也又咒 譎詭~ 觼環有舌者 厥其也 撅發石也 蹶跌也僵也走速也 蕨菜名 抉縱絃強① 也 掬撮也一兩② 曰 鞠~有黃花又~躬 菊~花 踘蹴~戲毬 𦥑兩手舉物曰 橘~子 鞫推究罪人也 獝狂惡鬼貌〇血 獥賊勢猖 劂強~屈 屈地名出良馬

𩿧~舌鳥一名子規

五百五十六號

鬱憂~又~疊右門神 欝同上~金藥名 鬯~鬯酒 菀茂貌 尉姓也〇畏

五百五十七號

掘~地~井 橛門中~為闑〇桂 倔~強 𧤬角觸 棞棒~頭 𡱣~~短貌 崛山短而高曰 裾~~短衣貌 殟~強③ 死不朽 劂~短刀④ 〇決 𡎬冢發土也〇郡

① "強"，當作"彊"。按：《康熙字典》"抉，……又與決通，縱弦彊也。"
② "兩"，當作"升"。按：《字彙》"掬，……又《小爾雅》掬，一升也。"
③ "~強"，疑訛。按：《集韻》"殟，……殭也。"
④ "短刀"，疑訛。按：《說文解字》"劂，劈也。"

159

五百五十八號

率~領〇立又全帥 帥同上又透也① 蟀蟀~ 瑟瑟~琴 虱蟻~大曰 蝨同上 飀飀~大風也 鵜鵝~鳥

五百五十九號

卒兵~又盡也 捽持髮也 倅百人曰~ 椊窄②也 ~耳形③ 具絻以繩束髮曰~又縫也

五百六十號

闕宮門金~〇仝掘 缺破~又~少 闋樂終曰~ 屈曲也〇决 詘枉曲也又辭塞也

五百六十一號

撮兩指曰~物 猝~暴也 卒急也速也 焠發~本音翠

五百六十二號

月太陰古作凰 越超也又~王崞 曰言也山邑俗讀遙 悅忻~喜~ 說同上 閱閱~又觀也懕也 穴洞也 粵東~西~即廣東廣西之謂又審察之謂 鉞④~鈇

刖~足又蹄⑤ 同又姓 颰小風又風聲 蛥蝔~蟹 聿惟也循也自也 蠕蜎⑥~黃 鴥鳥疾也 鷸知天將雨之鳥即~蚌相爭漁翁得利 軔⑦車輪 遹述也遹也
自也

備考

崞越王~本音撐 盛音同崞余支有姓~即~家 膡音崞秀水縣新~鎮 以上本皆音成

署本音樹今讀住 墅本音樹今讀市 鋸本音居刀~今讀該~樹 垓山~又~上又有~裡潘 嵐本音闌今讀巒 曰本音月俗讀搖 穎本音盈今讀倭 穗音遂禾頭

---

① "又透也"，疑訛。
② "窄"，當作"笮"。 按：《集韻》"椊，……笮也。"
③ "耳形"，疑訛。按：《正字通》"椊，……指刑。"
④ "~鈇"，疑訛。按：《集韻》"鉞，……《說文》斧也。"
⑤ "蹄"，當作"朔"。 按《廣韻》"朔，並刖同，見《說文》。"
⑥ "黃"，當作"蟥"。 按《說文解字》"蜎，蟥也。"
⑦ "輪"，疑訛。按：《集韻》"軔，……《說文》車轅端持衡者。"

也 脚 本音角足也 鼻 本音避今讀涕 吟① ~嘅戎布本音額 着 本音濁今讀勺 上 本音尚所以尚書可讀上書 行 本音盈今讀盈 垣 本音員今讀完 疋 本全雅

與疋不仝 浜 本音崩溝納汭泄者曰~今讀繃小金有寒~東浦有雙~等 甩 智燈難字音添~開俗作茶壺~又徐文長有~斧殺妻皆用此字 卡 長毛設兵立~收稅讀愷謂之

守~本音雜 捻 北路上有~匪造反讀念本音逆~物也 軋 本音鴨車輾令物碎也俗作兩邊振寁謂之~牢 堯 本音搖今讀鳥 牛 本音由今讀紐 岱 本音太今代泰~山

名 楞 本音卒俗作形② 具山子 泚 本音妻此汗出貌今讀西非 哿 本音哥今讀可 衙 正音含今讀廬 衙 本音牙俗讀我~門~前鎮 檻 本音咸門~今讀欠或堪 胃

本音奎今讀灰音多 悝 本音奎今讀灰音多 恢 本音奎今讀灰音多 笠 上音敎~倒下音近就出智燈難字脚~起奎星題筆脚~筋~

①"吟"，疑訛。
②"形"，當作"刑"，據奎照本。

161

中編：比較育新本與三節版奎照本

周賽華（2015）指出，《增補同音字類標韻》的版本有三個系列，1.奎照樓本。目前見到光緒三十年甲辰（1904）浙紹水澄橋南首奎照樓第四次印本。2.紹興育新書局印行本。目前見到民國十六年丁卯冬的印行本和民國二十四年的印行本。3.與《初等學堂尺牘》和《新增繪圖幼學故事瓊林》合編在一起的三節版的石印本。此外，從書中避諱看，康雍乾三朝皆避，但從嘉慶朝起開始不避，其成書時間應在清中後期。

本書搜集到兩個全本——三節版奎照本、育新本，其版本與體例的相關內容已在緒論提及，此處不贅述。

1 成書時間

表 1 按時間順序列出奎照本、育新本中的避諱字。兩個版本中的避諱字基本相同，不僅康雍乾三朝皆避，如"胤""弘"缺末筆，無"燁"有"曄"、無"禛"有"禎"；其實，嘉慶、道光、同治、光緒朝也有避諱，如"顒"注釋提示"廟諱"，有"甯"無"寧"，"淳"注釋提示"當作湻"，"恬"缺末筆。

表 1 比較避諱字（"—"表示無）

版本＼諱字（年號）	康熙		雍正		乾隆		嘉慶				道光	咸豐	同治	光緒
	玄	燁	胤	禛	弘	曆	顒	琰	旻	寧	寧	諱[1]	淳	湉
奎照本	玄	曄	𦙍	禎	弘	√	顒廟諱	√	√	甯		—	淳當作湻	恬
育新本	√	曄	𦙍	禎	弘	√	顒廟諱	√	√	甯		—	淳當作湻	恬

① "諱"不是常用字。

2 目錄

兩個版本的目錄都列出二十六韻：一東、二昂、三姜、四支、五夷、六書、七拿、八為、九輕、十成、十一天、十二寒、十三談、十四桃、十五求、十六夫、十七雲、十八該、十九代、二十者、二十一屋、二十二席、二十三麥、二十四爵、二十五發、二十六特。每一韻下列出所屬的韻首字，部分韻末有附字。不同之處：一、奎照本"一東"附字"共_{附窮音全}"的注釋"窮"前脫漏"與"。二、奎照本"十八該"脫漏附字"且_{附苗ˋ語助辭}"。三、育新本"四十二榜"，"榜"當作"搒"。

3 同音字

育新本與奎照本在同音字的數量、訛誤、排序以及標注、注釋等方面皆有微殊。以下先比較同音字的數量、排序、訛誤。

3.1 數量

表 2 列出了兩個版本中的同音字組，編號後為每組同音字的首字。從中可以看出奎照本、育新本都有 562 組同音字。育新本收字 9137 個。奎照本收字 9058 個。育新本的同音字多於奎照本。

表 2 比較奎照本、育新本的同音字

奎照本		育新本				
編號	字數	編號	字數	同音字組增加字	序號後增加字	脫漏字
1 東	27	1 東	27			
2 通	20	2 通	20			
3 蓬	12	3 蓬	12			
4 蒙	25	4 蒙	25			
5 聰	19	5 聰	19			
6 戎	21	6 戎	21			
7 棕	21	7 棕	22	縱		
8 容	32	8 容	32		榮	
9 濃	21	9 濃	21			

10 翁	17	10 翁	17			
11 馮	10	11 馮	10			
12 公	25	12 公	25			
13 窮	25	13 窮	25			
14 空	21	14 空	21			
15 中	20	15 中	20			
16 絧	20	16 絧	20			
17 松	18	17 松	19	忪		
18 風	48	18 風	48			
19 穹	31	19 穹	31			
20 充	19	20 充	19			
21 兄	19	21 兄	19			
22 洪	37	22 洪	37			
23 烘	22	23 烘	23		吽	
24 龍	38	24 龍	38			
25 彤	39	25 彤	40		桶	
26 雍	22	26 雍	22			
27 昂	5	27 昂	5			
28 剛	15	28 剛	15			
29 黃	39	29 黃	39			
30 粗	16	30 粗	16			
31 忙	20	31 忙	21		硭	
32 雙	22	32 雙	22			
33 桑	9	33 桑	11	槡	霜	
34 房	20	34 房	20			
35 常	15	35 常	15			
36 膆	11	36 膆	11			
37 汪	8	37 汪	8			
38 康	15	38 康	15			
39 蒼	10	39 蒼	10			
40 堂	23	40 堂	23			
41 旁	16	41 旁	17	鰟		
42 搒	5	42 搒	5			
43 藏	2	43 藏	2			
44 狂	4	44 狂	4			
45 方	17	45 方	17			
46 囊	4	46 囊	4			
47 當	10	47 當	10			
48 湯	8	48 湯	9		党	

49 邦	9	49 邦	9		
50 穰	11	50 穰	11		
51 光	6	51 光	7		穬
52 盍	5	52 盍	5		
53 江	11	53 江	11		
54 郎	19	54 郎	19		
55 荒	10	55 荒	11		戠
56 航	14	56 航	14		
57 匡	14	57 匡	14		
58 姜	11	58 姜	12	僵	
59 香	16	59 香	16		
60 楊	23	60 楊	23		
61 長	9	61 長	9		
62 讓	4	62 娘	5	孃	讓
63 強	8	63 強	8		
64 鎗	11	64 鎗	11		
65 央	7	65 央	8	泱	
66 祥	13	66 祥	13		
67 梁	22	67 梁	22		
68 湘	9	68 湘	9		
69 羌	6	69 羌	6		
70 張	27	70 張	27		
71 倀	10	71 倀	10		
72 將	9	72 將	9		
73 支	63	73 支	65		潴煮
74 癡	19	74 癡	19		
75 池	22	75 池	22		
76 詩	41	76 詩	41		
77 屍	10	77 屍	10		
78 知	28	78 知	28		
79 時	56	79 時	56		
80 雌	15	80 雌	16		鮆
81 而	21	81 而	21		
82 夷	59	82 夷	60		余
83 皮	42	83 皮	43	朡	
84 批	19	84 批	20		丕
85 稽	51	85 稽	52	羇	
86 其	38	86 其	38		
87 微	13	87 微	14	腓	

88 黎	68	88 黎	68			
89 飛	26	89 飛	26			
90 妻	7	90 妻	7			
91 希	31	91 希	32	係		
92 醫	28	92 醫	28			
93 西	19	93 西	24		屎菡泚婿絮	
94 齊	6	94 齊	6			
95 麋	15	95 麋	15			
96 低	19	96 低	19			
97 欺	26	97 欺	26			
98 宜	40	98 宜	40			
99 啼	25	99 啼	25			
100 梯	14	100 梯	14			
101 比	15	101 比	15			
102 躋	16	102 躋	16			
103 書	33	103 書	33		梳	
104 須	11	104 須	11			
105 於	13	105 於	15		椅圩	
106 居	63	106 居	64	蛛		
107 蛆	13	107 蛆	13			
108 渠	55	108 渠	55			
109 驢	32	109 驢	32			
110 諛	81	110 諛	81			
111 驟	24	111 驟	25		芋	俣
112 茹	21	112 茹	22		濡	
113 間	33	113 間	19			
114 拿	16	114 拿	16			
115 誇	10	115 誇	10			
116 叉	22	116 叉	22			
117 沙	31	117 沙	33	杪	痧	
118 蛙	10	118 蛙	13	窪	划騧	
119 蝦	8	119 蝦	9		賒	
120 花	6	120 花	6			
121 鈀	13	121 鈀	14		趴	
122 鵞	15	122 鵞	15	娥		峩
123 阿	12	123 阿	12			
124 呵	5	124 呵	5			
125 波	25	125 波	25			
126 戈	10	126 戈	10			

166

127 羅	23	127 羅	23			
128 何	12	128 何	13		啊	
129 陀	17	129 陀	17			
130 多	9	130 多	9			
131 科	12	131 科	12			
132 拖	5	132 拖	5			
133 矬	9	133 矬	10		搓	
134 麻	30	134 麻	31	模		
135 鴉	8	135 鴉	8			
136 家	22	136 家	22			
137 瓜	11	137 瓜	11			
138 華	9	138 華	9			
139 相	16	139 相	19		蔗柘赭	
140 牙	17	140 牙	17			
141 萡	11	141 萡	11			
142 為	53	142 為	53			
143 威	30	143 威	30			
144 魁	18	144 魁	18			
145 梅	43	145 梅	43			
146 賠	16	146 賠	16			
147 推	13	147 推	13			
148 追	14	148 追	14			
149 輝	28	149 輝	29		猒	
150 隨	33	150 隨	34		銳	
151 雖	17	151 雖	17			
152 醛	6	152 醛	6			
153 圭	37	153 圭	37			
154 雷	23	154 雷	24		來	
155 逵	15	155 逵	15			
156 催	19	156 催	19			
157 堆	6	157 堆	8		戴歹	
158 隤	11	158 隤	11			
159 坯	9	159 坯	9			
160 杯	15	160 杯	16		栖	
161 欽	11	161 欽	11			
162 琴	34	162 琴	35		妗	
163 興	9	163 興	9			
164 應	53	164 應	53			
165 盈	41	165 盈	41			

166 心	34	166 心	34			
167 金	36	167 金	36			
168 羚	61	168 羚	61			
169 亭	14	169 亭	14			
170 明	34	170 明	34			
171 並	26	171 並	26			
172 賓	34	172 賓	34			
173 秦	26	173 秦	27		圕	
174 銀	19	174 銀	19			
175 精	33	175 精	33			
176 親	26	176 親	26			
177 丁	20	177 丁	20			
178 廳	12	178 廳	12			
179 篔	8	179 篔	8			
180 成	40	180 成	40			
181 生	9	181 生	9			
182 滕	14	182 滕	14			
183 真	53	183 真	53			
184 文	23	184 文	23			
185 登	10	185 登	10			
186 萌	20	186 萌	20			
187 崩	16	187 崩	16			
188 更	17	188 更	17			
189 朋	17	189 朋	17			
190 春	23	190 春	23			
191 棱	6	191 棱	6			
192 增	15	192 增	15			
193 撐	4	193 撐	4			
194 升	26	194 升	26			
195 能	4	195 能	4			
196 烹	9	196 烹	9			
197 衡	12	197 衡	12			
198 亨	8	198 亨	8			
199 神	48	199 神	49	騫		
200 分	17	200 分	17			
201 鏗	11	201 鏗	11			
202 橙	5	202 橙	5			
203 恩	4	203 恩	4			
204 天	14	204 天	14			

205 連	40	205 連	40				
206 言	59	206 言	59				
207 田	23	207 田	24			墊	
208 全	22	208 全	23			痊	
209 千	23	209 千	23				
210 軒	14	210 軒	14				
211 邊	21	211 邊	21				
212 乾	13	212 乾	13				
213 先	27	213 先	27				
214 繾	16	214 繾	17	辯			
215 綿	16	215 綿	16				
216 臕	42	216 臕	42				
217 年	22	217 年	22				
218 尖	17	218 尖	17				
219 篇	9	219 篇	9				
220 堅	39	220 堅	39				
221 顛	11	221 顛	13	殿玷			
222 愆	16	222 愆	16				
223 寒	29	223 寒	29				
224 南	18	224 南	19			溇	
225 譚	26	225 譚	26				
226 叅	10	226 叅	10				
227 端	11	227 端	11				
228 員	30	228 員	30				
229 元	17	229 元	18			軟	
230 欒	9	230 欒	9				
231 酸	5	231 酸	5				
232 攢	3	232 攢	3				
233 蠶	4	233 蠶	4				
234 誼	11	234 誼	11				
235 盤	20	235 盤	20				
236 淵	10	236 淵	10				
237 權	9	237 權	9				
238 完	18	238 完	18				
239 寬	7	239 寬	7				
240 貪	10	240 貪	10				
241 歡	8	241 歡	8				
242 捐	15	242 捐	15				
243 潘	4	243 潘	4				

244 般	4	244 般	4				
245 圈	7	245 圈	7				
246 安	12	246 安	12				
247 巖	6	247 巖	7			銜	
248 堪	16	248 堪	16				
249 占	21	249 占	21				
250 傳	9	250 傳	9				
251 簪	8	251 簪	8				
252 川	16	252 川	16				
253 甘	26	253 甘	26				
254 然	25	254 然	26	饍			
255 碗	7	255 碗	7				
256 官	25	256 官	25				
257 漫	16	257 漫	16				
258 酣	13	258 酣	13				
259 羶	16	259 羶	16				
260 談	22	260 談	22				
261 丹	20	261 丹	20				
262 樊	33	262 樊	33				
263 環	17	263 環	17				
264 班	12	264 班	12				
265 關	7	265 關	7				
266 蘭	31	266 蘭	31				
267 嵐	4	267 嵐	4				
268 難	3	268 難	3				
269 灘	17	269 灘	17				
270 餐	16	270 餐	17			昷	
271 番	17	271 番	18			蕃	
272 彎	7	272 彎	7				
273 山	25	273 山	25				
274 攀	8	274 攀	8				
275 丬	4	275 丬	4				
276 蠻	10	276 蠻	10				
277 殘	23	277 殘	25			纔站	
278 赾	15	278 赾	15				
279 桃	30	279 桃	30				
280 高	23	280 高	24			荄	
281 遭	20	281 遭	20				
282 庖	19	282 庖	19				

283 毛	19	283 毛	19			
284 曹	16	284 曹	16			
285 滔	11	285 滔	11			
286 饒	14	286 饒	14			
287 熬	16	287 熬	17		濠	
288 刀	10	288 刀	10			
289 超	3	289 超	3			
290 燒	3	290 燒	3			
291 蒿	6	291 蒿	6			
292 豪	11	292 豪	11			
293 包	17	293 包	17			
294 尻	10	294 尻	13	栲①燥	鮯	
295 鈔	20	295 鈔	20			
296 潮	9	296 潮	9			
297 勞	15	297 勞	15			
298 凹	20	298 凹	20			
299 拋	11	299 拋	12		稻	
300 騷	20	300 騷	20			
301 鐃	14	301 鐃	14			
302 朝	10	302 朝	10			
303 敲	16	303 敲	16			
304 巢	11	304 巢	11			
305 鏊	15	305 鏊	15			
306 姚	37	306 姚	37			
307 橋	14	307 橋	14			
308 標	17	308 標	17			
309 調	21	309 調	21			
310 焦	15	310 焦	15			
311 刁	15	311 刁	15			
312 飄	8	312 飄	8			
313 漂	14	313 漂	14			
314 消	24	314 消	24			
315 苗	14	315 苗	14			
316 堯	11	316 堯	11			
317 要	19	317 要	19			
318 交	37	318 交	37			
319 寥	29	319 寥	29			
320 跳	8	320 跳	8			

①奎照本 294 號"栲打也"，"栲"當作"拷"，該組同音字缺"栲"。育新本增加"栲"。

171

321 囂	13	321 囂	13			
322 求	15	322 求	15			
323 憂	21	323 憂	21			
324 周	16	324 周	17	箒		
325 綢	29	325 綢	29			
326 牟	18	326 牟	18			
327 勾	31	327 勾	31			
328 牛	8	328 牛	8			
329 搜	17	329 搜	17			
330 樓	15	330 樓	15			
331 謳	8	331 謳	8			
332 劉	23	332 劉	23			
333 猶	33	333 猶	33			
334 秋	5	334 秋	5			
335 浮	10	335 浮	10			
336 鄒	14	336 鄒	14			
337 脩	10	337 脩	10			
338 丘	6	338 丘	6			
339 休	11	339 休	11			
340 頭	8	340 頭	8			
341 愁	5	341 愁	5			
342 裒	6	342 裒	6			
343 繆	2	343 繆	2			
344 偶	4	344 偶	4			
345 兜	13	345 兜	13			
346 鳩	15	346 鳩	15			
347 摳	10	347 摳	10			
348 收	6	348 收	6			
349 抽	9	349 抽	9			
350 啾	6	350 啾	6			
351 侯	14	351 侯	14			
352 否	3	352 否	3			
353 囚	9	353 囚	9			
354 羳	5	354 羳	5			
355 吼	5	355 吼	5			
356 篘	5	356 篘	5			
357 壽	6	357 壽	6			
358 偷	8	358 偷	8			
359 夫	44	359 夫	44			

360 圖	19	360 圖	19				
361 無	39	361 無	39				
362 蒲	20	362 蒲	20				
363 奴	7	363 奴	7				
364 粗	16	364 粗	16				
365 吾	52	365 吾	52				
366 蘇	15	366 蘇	15				
367 鋤	11	367 鋤	11				
368 烏	9	368 烏	9				
369 姑	45	369 姑	45				
370 呼	14	370 呼	14				
371 鋪	5	371 鋪	5				
372 廬	32	372 廬	32				
373 枯	10	373 枯	10				
374 租	7	374 租	7				
375 土	10	375 土	10				
376 都	11	376 都	11				
377 餔	11	377 餔	11				
378 雲	21	378 雲	21				
379 輪	11	379 輪	11				
380 尊	9	380 尊	9				
381 君	7	381 君	7				
382 困	4	382 困	4				
383 燻	14	383 燻	14				
384 吞	6	384 吞	6				
385 昆	9	385 昆	9				
386 敦	8	386 棄	9	棄			
387 渾	14	387 渾	14				
388 存	4	388 存	4				
389 婚	7	389 婚	7				
390 裙	7	390 裙	7				
391 溫	10	391 溫	10				
392 坤	10	392 坤	10				
393 縕	6	393 縕	6				
394 村	9	394 村	9				
395 孫	13	395 孫	13				
396 腴	3	396 腴	3				
397 屯	11	397 屯	11				
398 該	10	398 該	10				

399 挨	7	399 挨	7			
400 災	15	400 災	16		綴	
401 涯	11	401 涯	11			
402 柴	16	402 柴	16			
403 衰	12	403 衰	14		曬晒	
404 排	9	404 排	9			
405 歪	2	405 歪	2			
406 揩	3	406 揩	3			
407 些	5	407 些	5			
408 皆	19	408 皆	19			
409 埋	9	409 埋	9			
410 拏	6	410 拏	6			
411 蟹	5	411 蟹	5			
412 乖	7	412 乖	7		拐	
413 腕	14	413 腕	14			
414 臺	11	414 臺	11			
415 來	13	415 來	13			
416 怠	10	416 怠	10			
417 快	5	417 快	5			
418 懷	9	418 懷	9			
419 茄	3	419 茄	3			
420 擺	4	420 擺	4			
421 歹	5	421 歹	5			
422 斜	6	422 斜	6			
423 嗟	5	423 嗟	5			
424 差	7	424 差	7			
425 苔	9	425 苔	9			
426 猜	10	426 猜	10			
427 開	11	427 開	12		卡	
428 揩	3	428 揩	3			
429 咳	5	429 咳	5			
430 獃	4	430 獃	4			
431 哀	9	431 哀	9			
432 遮	8	432 遮	8			
433 耶	11	433 耶	11			
434 賒	6	434 賒	6			
435 車	4	435 車	4			
436 蛇	6	436 蛇	6			
437 屋	9	437 屋	9			

438 卜	13	438 卜	13			
439 鹿	37	439 鹿	38	麓		
440 讀	17	440 讀	20	謮[①]	毒毒	
441 宿	20	441 宿	21	鏴		
442 國	19	442 國	19			
443 玉	8	443 玉	8			
444 木	18	444 木	18			
445 祝	30	445 祝	30			
446 促	10	446 促	10			
447 篤	4	447 篤	4			
448 福	10	448 福	10			
449 或	13	449 或	13			
450 觸	11	450 觸	11			
451 蓄	19	451 蓄	19			
452 伏	6	452 伏	6			
453 蜀	21	453 蜀	21			
454 樸	11	454 樸	11			
455 郁	7	455 郁	8	奧[②]		
456 俗	9	456 俗	9			
457 欲	24	457 欲	24			
458 局	15	458 局	15			
459 哭	6	459 哭	6			
460 足	5	460 足	5			
461 恪	10	461 恪	10			
462 托	11	462 托	11			
463 濮	19	463 瀑	19		濮	
464 鶴	4	464 鶴	4			
465 愕	13	465 愕	13			
466 各	6	466 各	6			
467 鏨	10	467 鏨	10			
468 惡	4	468 惡	4			
469 諾	2	469 諾	2			
470 席	36	470 席	36			
471 笛	32	471 笛	32			
472 剔	14	472 剔	14			
473 逆	42	473 逆	42			

①奎照本 440 號"謮（方步緩行也）"，"謮"當作"躅"，該組同音字無"謮"。育新本增加"謮"。

②奎照本 455 號"奧（地近水涯者）"，"奧"當作"墺"，該組同音字無"奧"。育新本增加"奧"。

474 極	14	474 極	14			
475 力	40	475 力	40			
476 逼	36	476 逼	36			
477 的	11	477 的	12		跌	
478 雪	42	478 雪	42			
479 翕	19	479 翕	19			
480 壹	23	480 壹	23			
481 節	28	481 節	30	襀蔆		
482 滅	17	482 滅	17			
483 吉	37	483 吉	37			
484 喫	15	484 喫	15			
485 七	19	485 七	19			
486 匹	10	486 匹	10			
487 易	35	487 易	35			
488 鼻	11	488 鬪	11		鼻	
489 麥	16	489 麥	16			
490 隔	17	490 隔	17			
491 客	18	491 客	18			
492 魄	9	492 魄	9			
493 白	18	493 白	19	挗		
494 雜	3	494 雜	3			
495 澤	7	495 澤	7			
496 色	9	496 色	9			
497 釋	23	497 釋	23			
498 勒	12	498 勒	12			
499 弗	14	499 弗	14			
500 姪	16	500 姪	16			
501 實	21	501 實	21			
502 尺	18	502 尺	18			
503 柏	14	503 柏	14			
504 冊	8	504 冊	8			
505 遏	15	505 遏	15			
506 盒	14	506 盒	14			
507 織	52	507 織	52			
508 德	3	508 德	3			
509 額	3	509 額	3			
510 吶	7	510 吶	7			
511 則	18	511 則	18			

512 黑	7	512 黑	8	嚇①		
513 闊	5	513 闊	5			
514 物	5	514 物	5			
515 忽	3	515 忽	3			
516 活	3	516 活	3			
517 兀	5	517 兀	5			
518 骨	4	518 骨	4			
519 沃	3	519 沃	3			
520 爵	4	520 爵	4			
521 鵲	3	521 鵲	3			
522 綽	8	522 綽	8			
523 柵	4	523 柵	4			
524 却	4	524 却	4			
525 虐	3	525 虐	3			
526 藥	10	526 藥	10			
527 獵	4	527 獵	4			
528 略	3	528 略	3			
529 勺	9	529 勺	9			
530 蹻	5	530 蹻	5			
531 鑠	4	531 鑠	4			
532 發	3	532 發	3			
533 豁	4	533 豁	4			
534 甲	14	534 甲	15	錮②		
535 達	5	535 達	5			
536 狎	19	536 狎	19			
537 撒	11	537 札	11		撒	
538 撻	22	538 撻	22			
539 滑	4	539 滑	4			
540 察	12	540 察	12			
541 鑷	15	541 鑷	15			
542 伐	6	542 伐	6			
543 妲	10	543 妲	10			
544 閘	6	544 閘	6			
545 殺	15	545 殺	15			
546 捌	5	546 捌	5			
547 鴨	6	547 鴨	6			

①奎照本 512 號"嚇火色也"，"嚇"當作"爀"，該組同音字無"嚇"。育新本增加"嚇"。
②奎照本 534 號"錮胛"，"錮"當作"胛"，該組同音字無"錮"。育新本增加"錮"。

177

548 拔	9	548 拔	9		
549 乞	4	549 乞	4		
550 刮	9	550 刮	9		
551 特	8	551 特	8		
552 忒	9	552 忒	9		
553 柚	6	553 柚	6		
554 血	4	554 血	4		
555 決	23	555 決	23		
556 鬱	5	556 鬱	5		
557 掘	11	557 掘	11		
558 率	8	558 率	8		
559 卒	5	559 卒	5		
560 闕	5	560 闕	5		
561 撮	4	561 撮	4		
562 月	18	562 月	18		
備考	36	備考	37	恢	

育新本序指出其在"原本定聲編號細詳"的基礎上，"爰複重加纂輯增補"增加了一些字。育新本不僅同音字組增加了同音字，同音字的序號後也增加了同音字。

育新本同音字組增加的同音字：7 號"縱"、17 號"忪"、33 號"槮"、41 號"鱂"（附正文前）、58 號"僵"、62 號"孃"、65 號"泱"、83 號"朒"、85 號"羇"、87 號"腓"、91 號"係"、106 號"蛛"、117 號"妙"、118 號"窐"、122 號"娥"、134 號"模"、199 號"篤"、214 號"辯"、221 號"殿玷"、254 號"饍"、294 號"栲燺"、324 號"箒"、386 號"柰"、439 號"麓"、440 號"護"、441 號"鏾"、455 號"奠"、481 號"襀萎"、493 號"挀"、512 號"嚇"、534 號"鈚"、備考"恢"。

育新本序號後增加的同音字：8 號"榮"、23 號"吽"、25 號"桶"、31 號"碰"、33 號"霜"、48 號"党"、51 號"矘"、55 號"戳"、62 號"讓"、

73 號"潴煮"、80 號"鴬"、82 號"余"、84 號"丕"、93 號"屎菡泚婿絮"、103 號"梳"、105 號"椅圩"、111 號"芋"、112 號"濡"、117 號"疹"、118 號"划騧"、119 號"賖"、121 號"趴"、128 號"呵"、133 號"搽"、139 號"蔗柘赭"、149 號"猒"、150 號"銳"、154 號"來"、157 號"戴歹"、160 號"栖"、162 號"妗"、173 號"圊"、207 號"墊"、208 號"痊"、224 號"漊"、229 號"軟"、247 號"衙"、270 號"呂"、271 號"蕃"、277 號"纜站"、280 號"茭"、287 號"濠"、294 號"鮚"、299 號"榴"、400 號"綴"、403 號"曬晒"、412 號"拐"、427 號"卡"、440 號"寿毒"、463 號"濮"、477 號"跌"、488"鼻"、537 號"撒"。

育新本脫漏的同音字：111 號"俣"、122 號"峩"。

3.2 排序

育新本與奎照本中的同音字排序大多相同，不一樣之處，詳見表3。

表 3 比較奎照本、育新本同音字的順序

編號	奎照本	育新本	編號	奎照本	育新本
82	苡佁	佁苡	197	恆恒	恒恆
82	曳褉	褉曳	475	厤曆	曆厤
172	冰氷	氷冰	493	渤勃	勃渤

此外，有的字育新本在序號後，而奎照本在正文中的，如 62 號"讓"、412 號"拐"、463 號"濮"、488 號"鼻"、537 號"撒"。

3.3 訛誤

與奎照本相比，育新本中形近而訛的同音字，詳見表4[①]。奎照本 9 號"穠華木稠多貌"，而育新本"禮華木稠多貌"，"禮"當作"穠"。按：《古今韻會舉要》"穠，尼容切，華多貌。《增韻》華木稠多貌。"

[①]表內非全部內容，下同。

表 4 比較育新本中形近而訛的同音字

編號	奎照本	育新本	形近而訛
2	㲱水名	通水名	"通"當作"㲱"
2	恫呻吟也又音洞憶~不得志也又痛也	侗呻吟也又音洞憶~不得志也又痛也	"侗"當作"恫"
8	瀜水深廣貌	融水深廣貌	"融"當作"瀜"
9	穠華木稠多貌	襛華木稠多貌	"襛"當作"穠"
54	稂仝上①	褴仝上	"褴"當作"稂"
60	鷐鶄~舞而天將雨	鷓鶄~舞而天將雨	"鷓"當作"鷐"
63	摱仝上②	橄仝上	"橄"當作"摱"
106	裾衣盛貌	裾衣盛貌	"裾"當作"裾"
110	圩~岸即~埂	圻~岸即~埂	"圻"當作"圩"
117	抄摩~	杪摩~	"杪"當作"抄"
119	閜大笑也	閞大笑也	"閞"當作"閜"
165	遥遥也	遥遥也	"遥"當作"遥"
172	鬓髮~	髮髮~一作鬓	"髮"當作"鬓"
180	煁無釜之灶	堪無釜之灶	"堪"當作"煁"

表 5 列出了育新本中形近而訛的同音字。

一、偏旁訛誤,如 116 號"磋玉色鮮白貌","磋"當作"瑳"。按:《集韻》"瑳,倉何切,《說文》玉色鮮白。"

二、字形相近,如 110 號"杼浴器","杼"當作"杅",形近而訛。該組同音字有"諛愉與豫裕"等,但"杼"的讀音與該組讀音相去甚遠,據其釋義"浴器",應為"杅"。按:《字彙》"杅,雲俱切,音于,浴器。"

表 5 育新本同音字中形近而訛的字

編號	育新本	形近而訛
5	瑽玉佩行聲	"瑽"當作"瑽"
6	茸亂貌聚貌草生貌	"茸"當作"茸"
16	蛔似蛙而小	"蛔"當作"蝠"
17	憏仝憏	"憏"當作"慄"

① "仝上",指"蒗旺水苗"。
② "仝上",指"彉穿~以取禽獸也"。

18	棒_{木末也}	"棒"當作"桻"
24	寵_{穹~天勢}	"寵"當作"窿"
27	馴_{馬驚恐貌}	"馴"當作"駧"
30	戕_{繫船大杙也}	"戕"當作"牀"
31	忙_{憂也又失擴貌}	"忙"當作"恾"
37	泩_{深廣貌俗仝上}	"泩"當作"洼"
47	攩_{直言也善言也}	"攩"當作"讜"
98	猊_{~喃言不了貌}	"猊"當作"呢"
110	硬_{石似玉}	"硬"當作"瑛"
110	愉_{憂也}	"愉"當作"懊"
110	杼_{浴器}	"杼"當作"杅"
113	鑢_{摩錯之器}	"鑢"當作"鑪"
116	磋_{玉色鮮白貌}	"磋"當作"瑳"
135	椏_{~送~賣也}	"椏"當作"掗"
134	碼_{~蝗}	"碼"當作"螞"
139	祐_{桑~}	"祐"當作"柘"
165	螣_{送女從嫁也}	"螣"當作"媵"
213	癬_{倉廩也[上]仝}	"癬"當作"廯"
253	匭_{江西~州〇貢}	"匭"當作"灨"
255	菀_{~爾小笑貌本音菀}	"菀"當作"莞"
297	撩_{橡也〇了}	"撩"當作"橑"
311	鴿_{~鶴似雀}	"鴿"當作"鳱"
327	遘_{積草}	"遘"當作"薶"
330	髏_{貪也又哄~[去]仝}	"髏"當作"膄"
359	憨_{急性也悅也思也}	"憨"當作"憼"
369	茹_{仝上又草也}	"茹"當作"菇"
369	涸_{寒凝閉也}	"涸"當作"凅"
390	裾_{下裳也}	"裾"當作"裙"
403	頸_{頷下也}	"頸"當作"頤"
439	貉_{乳~}	"貉"當作"貉"
440	積_{匣也}	"積"當作"櫃"
441	薪_{菜謂之~}	"薪"當作"薂"
445	瘃_{凍~}	"瘃"當作"瘃"
447	毀_{椎取物也即~田螺}	"毀"當作"毈"
451	楷_{積~}	"楷"當作"稭"

181

編號	字	當作
455	械黍稷盛貌	"械"當作"稄"
469	梠手~也	"梠"當作"搭"
476	鏵~鑼餅屬	"鏵"當作"餫"
476	濖水沸泉出	"濖"當作"灂"
478	泄痢疾	"泄"當作"疶"
540	蔡草有毒可殺魚	"蔡"當作"蔡"
541	爉~燭又白~黃~	"爉"當作"蠟"

4 標註

育新本部分同音字組的編號後有小字標註，有些標明同音字組間的讀音關係，有些標明個別字的讀音關係。

4.1 標註同音字組的讀音關係

育新本標註的同音字組的讀音關係，詳見表 6。

讀音相通，如 103 號標註"與下號通"、257 號標註"此號與萬音相通"。

讀音相近，如 433 號標註"與四百一號涯音相近"。

讀音有別，如 424 號標註"本與四百廿六號采全一音今讀分二音"、275 號標註"本與上號今讀分作二號"。

表 6 育新本標註同音字組的讀音關係

編號	標注	備註
103	與下號通	"下號"指 104 號
111	與上號通	"上號"指 110 號
232	與下號通	"下號"指 233 號
233	與上號通	"上號"指 232 號
257	此號與萬音相通	"萬"在 262 號
276	此號與萬滿二音通	"滿"在 257 號 "萬"在 262 號
433	與四百一號涯音相近	
424	本與四百廿六號采全一音今讀分二音	
425	本與四百二十六號怠全一音今讀分二音	"怠"在四百一十六號
426	本與四百二十四號差全一音	
275	本與上號今讀分作二號	"上號"指 274 號

182

4.2 標註個別字的讀音關係

標註個別字的讀音關係，大致有以下幾種情況，讀音相通、讀音相渾、讀音相近，及標註異讀的，詳見表7。

表7 育新本標註個別字的讀音關係

編號	標注	備註
206	言音與年音通	
217	彥音與言音通	
229	元音與員音通	
82	夷音與義音通畦音與為音通	
143	葦委二音通	
228	玄與元通	
4	蒙夢並音孟所以孟字讀蒙亦可	
53	講音與江音通姜音亦近	
110	雨音與語音通于音與於音渾	
481	節音與席音渾	
77	始音與詩音通今讀渾	
156	俗讀菜音詳四百廿六號彩	
84	俗讀批音有在配佩二音中	
158	臺音詳四百廿四號代	"代"在四百廿五號

讀音相通。一、多用"某音與某音通"，如206號標註"言音與年音通"、229號標註"元音與員音通"。二、也用"某某二音通"，如143號標註"葦委二音通"。三、還用"某某並音某"，如4號標註"蒙夢並音孟所以孟字讀蒙亦可"。

讀音相渾，多用"某音與某音渾"，如481號標註"節音與席音渾"。

讀音相近，如53號標註"講音與江音通姜音亦近"。

標註異讀。一、較多用"某音詳某號"，如156號標註"俗讀菜音詳四百廿六號彩"、158號標註"臺音詳四百廿四號代"。二、也用"某音有在……"，如84號標註"俗讀批音有在配佩二音中"。

讀音相通、讀音相渾的關係，有待與《同音集》比較後進一步研究。

5 注釋

與奎照本相比，育新本小部分注釋在順序、訛誤、增加注釋等方面有微殊。

5.1 順序

育新本大多注釋與奎照本相同，小部分注釋順序與奎照本不同，詳見表 8。

奎照本 167 號"今$_{~古}$"，育新本"今$_{古~}$"。奎照本 507 號"穊$_{禾重生貌秭~}$"，育新本"穊$_{秭~禾重生貌}$"，注釋中"秭~"與"禾重生貌"的先後順序有別。

表 8 比較奎照本、育新本的注釋順序

編號	奎照本	育新本	比較
106	猪$_{俗即知豕也}$	猪$_{豕也俗即知}$	俗即知豕也、豕也俗即知
158	兌$_{卦名又換}$	兌$_{卦名又換~}$	兌換、換兌
167	今$_{~古}$	今$_{古~}$	今古、古今
226	竄$_{~逃}$	竄$_{逃~}$	竄逃、逃竄
439	祿$_{福~又~俸}$	祿$_{福~又俸~}$	祿俸、俸祿
507	穊$_{禾重生貌秭~}$	穊$_{秭~禾重生貌}$	禾重生貌秭~、秭~禾重生貌

此外，育新本還有因脫漏同音字而誤配的注釋，如 111 號脫漏同音字"俁"，"俁"的注釋"大也"誤配"聉"——"聉$_{大也}$"。"聉"的注釋"張耳有所聞也"誤配"馭"——"馭$_{張耳有所聞也}$"。"馭"的注釋"使馬也"誤配"御"——"御$_{使馬也}$"。此外，122 號脫漏同音字"峩"，"峩"的注釋"山高峻貌"誤配"莪"——"莪$_{山高峻貌}$"。

5.2 訛誤

5.2.1 形近而訛

與奎照本相比，育新本注釋中形近而訛的字，詳見表 9。

奎照本 1 號"韹$_{韹~鼓聲}$"，而育新本"韹$_{鐘~鼓聲}$"，"鐘"當作"韹"。按：《集韻》"韹，……韹韹，鼓聲。"奎照本 29 號"媓$_{女~堯妃}$"，而育新本"媓$_{女~}$

184

_{堯也}"，"也"當作"妃"。

表 9 比較育新本注釋中形近而訛的字

編號	奎照本	育新本	形近而訛
1	薲_{薲~鼓聲}	薲_{鐘~鼓聲}	"鐘"當作"薲"
5	旹_{日欲夜也與戾義仝}	旹_{日欲夜也與是義仝}	"是"當作"戾"
6	悰_{樂也又慮也○宗}	悰_{樂也又盧也○宗}	"盧"當作"慮"
16	扄_{門上鐶鈕}	扄_{門上鎖鈕}	"鎖"當作"鐶"
26	鶪_{~渠鵙鴿也}	鶪_{~渠鵙鴿也}	"鴟"當作"鵙"
29	媓_{女~堯妃}	媓_{女~堯也}	"也"當作"妃"
66	牆_{泥~又墻仝}	牆_{尼~又墻仝}	"尼"當作"泥"
78	制_{節也裁也斷也正也造也御也檢也度也}	制_{節也裁也斷也正也造也卸也檢也度也}	"卸"當作"御"
85	季_{一年四~又少也稚也}	季_{一年四~又少也雅也}	"雅"當作"稚"
86	惎_{謀也恭也教也}	惎_{謀也恭也敬也}	"敬"當作"教"
99	睇_{目小視也○替}	睇_{目小貌也○替}	"貌"當作"視"
102	擠_{挨~[上]}	擠_{埃~[上]}	"埃"當作"挨"
105	紕_{曲也縮也詘也又姓}	紕_{曲也縮也絀也又姓}	"絀"當作"詘"
106	萮_{萓~草}	萮_{荳~草}	"荳"當作"萓"
108	埒_{反玷謂之~}	埒_{反玷謂之~}	"玷"當作"坫"
109	驅_{~馳之逐也[去]}	驅_{~馳之迹也[去]}	"迹"當作"逐"
109	拔_{摸去也捧也}	拔_{模去也捧也}	"模"當作"摸"
110	貙_{獌~似貍虎爪食人迅走}	貙_{獌~似貍虎爪食人逃走}	"逃"當作"迅"
110	諭_{曉也譬也}	諭_{撓也譬也}	"撓"當作"曉"
114	挪_{搓~}	挪_{槎~}	"槎"當作"搓"
159	丕_{大也奉也又姓}	丕_{欠也奉也又姓}	"欠"當作"大"
263	轘_{以車裂人[平]仝}	轘_{以車裂又[平]仝}	"又"當作"人"
279	翳_{舞者所持羽旄之屬}	翳_{舞者所持尾旄之屬}	"尾"當作"旄"
280	羔_{小羊又~皮}	羔_{小羊皮~又}	"皮"當作"又"
287	奰_{人名~灃舟}	奰_{人名~濫舟}	"濫"當作"灃"
293	髳_{髻也又髮未長}	髳_{髻也又髮求長}	"求"當作"未"
297	笎_{箬~屈竹為器}	笎_{箬~削竹為器}	"削"當作"屈"
307	撽_{賊~鬥又~口開本音搖}	撽_{賊~鬥又~口開本音挨}	"挨"當作"搖"
369	羖_{牡羊又仝}	羖_{牝羊又仝}	"牝"當作"牡"
378	運_{~動命~又行也}	運_{~物命~又行也}	"物"當作"動"
383	煇_{庭燎有~又灼也○灰}	煇_{庭燎有~又灼也○友}	"友"當作"灰"
394	村_{鄉~又聚落也}	村_{鄉~又聚客也}	"客"當作"落"
417	馭_{氣息貌}	馭_{氣息亂}	"亂"當作"貌"

424	擠拳加物也[上]仝	擠拳如物也[上]仝	“如”當作“加”
425	玳~瑁	玳~帽	“帽”當作“瑁”
435	蓳~萷子	蓳~箾子	“箾”當作“萷”

此外，育新本注釋中的字與被釋字意思不協調，訛誤原因為形近而訛的，詳見表 10。

育新本 108 號“篩快也一作箸”，注釋中的“快”明顯不能解釋“篩”的意思，“快”當作“筷”。

表 10 育新本注釋中形近而訛的字

編號	育新本	形近而訛
4	矇物上白璞	“璞”當作“醭”
10	膉~鼻	“鼻”當作“臭”
13	衶誇也	“誇”當作“袴”
18	蕈無青苗也	“無青”當作“蕪菁”
28	豇~頭	“頭”當作“荳”
34	矾~銷藥名	“銷”當作“硝”
35	鱨~沙即黃頰魚	“沙”當作“鯊”
37	尫曲脛樓背貌	“樓”當作“僂”
68	襄贊也平也成也返也駕也徐也解衣耕也	“徐”當作“除”
70	餦~餭錫也	“錫”當作“餳”
75	穉幼禾也仝上又嬌也	“嬌”當作“驕”
79	漦涎沫一曰順風	“涎”當作“涎”
82	遺失也除也陳迹也○位	“除”當作“餘”
83	獘敗壞也死也困也朴也惡也	“朴”當作“仆”
84	披開也分也荷衣田~	“田”當作“曰”
84	轡馬韁繩	“韁”當作“韁”
86	俟万~覆姓	“覆”當作“複”
86	瘨羸弱	“羸”當作“羸”
87	腓足徑也	“徑”當作“脛”
108	篩快也一作箸	“快”當作“筷”
114	袲衰~衣長好貌	“衰”當作“衺”
119	鏬烈也孔罅也	“烈”當作“裂”　“罅”當作“鏬”
117	梭織具又葠仝	“葠”當作“篗”
128	嗦慢應聲	“應”當作“膺”

128	历_{進船聲象應聲}	"應"當作"膺"
166	笋_{竹芽又荀全}	"筍"誤作"荀"
346	鳩_{班~又~集}	"班"當作"斑"
145	穮_{禾傷雨生黑班}	"班"當作"斑"
288	菿_{草大倒也}	"大"當作"木"
347	叩_{開也發也~頭}	"開"當作"問"
359	傅_{師~又姓○仝寸}	"寸"當作"付"
369	螺_{蠃細腰蜂}	"蠃"當作"蠃"
379	論_{議也辨也[平]~說也思也討~也又姓}	"辨"當作"辯"
380	怎_{猶可也本音津}	"可"當作"何"
441	觫_{觳~}	"觳"當作"觳"
453	弱_{瘦~濡~}	"濡"當作"懦"
487	頁_{頡也又書~}	"頡"當作"頭"

5.2.2 音近而訛

與奎照本相比，育新本注釋中音近而訛的字，詳見表11。

奎照本114號"儺_{~所以逐疫[去]行有度也}"，而育新本"儺_{~所以逐疑[去]行有度也}"，"疑"當作"疫"。清中後期的北方官話，入聲字已丟失韻尾，與舒聲字讀同，"疫""疑"讀音相近。

表11 比較育新本注釋中音近而訛的字

編號	奎照本	育新本	音近而訛
114	儺_{~所以逐疫[去]行有度也}	儺_{~所以逐疑[去]行有度也}	"疑"當作"疫"
123	窩_{~藏賊~家又窲全}	窩_{~藏賊~家有窲全}	"有"當作"又"

此外，育新本注釋中音近而訛的字，如22號"泓_{水聲也}"，"聲"當作"深"。"聲"梗攝開口三等書母字、"深"深攝開口三等書母字，二者聲母相同，韻母讀音接近。按：《廣韻》"泓，水深也，烏宏切。"育新本493號"煬_{煙氣貌}"，"氣"當作"起"。"氣""起"都為止攝開口三等溪母字，讀音相近。按：《集韻》"煬，……煙起貌。"

187

5.2.3 脫文

育新本有脫漏全部注釋的，也有脫漏部分注釋的訛誤。

與奎照本相比，育新本注釋中脫漏符號、字的，詳見表 12。

脫漏符號的，如奎照本 26 號"俑~從蓻木偶人也○通"，而育新本"俑~從蓻木偶人也通"，"通"前脫漏注音符號"○"。按：《集韻》"俑，他東切，《說文》痛也。又尹竦切，《說文》痛也，一曰偶人。"

脫漏字的，如奎照本 7 號"穗禾聚束"，而育新本"穗聚束"，"聚"前脫漏"禾"。按：《洪武正韻》"穗，……禾聚束也。"

表 12 比較育新本注釋中的脫文

編號	奎照本	育新本	脫文
26	俑~從蓻木偶人也○通	俑~從蓻木偶人也通	○
13	重復也厚也[上]義同[去]輕~	重復也厚也[上]義同[去]輕	~
331	歐~陽雙姓[上]吐也	歐~陽雙姓吐也	[上]
184	聞耳~又姓[去]聲譽曰~	聞耳~又姓聲譽曰~	[去]
7	穗禾聚束	穗聚束	禾
52	暗~舊日無光也	暗~舊無光也	日
88	醯以袋~醬	醯以袋~	醬
90	妻夫~[去]以女嫁人	妻夫~[去]女嫁人	以
533	闉大開門也	闉大開也	門

此外，育新本脫漏全部注釋的，如 91 號"濤""係"、134 號"龐"、441 號"綧"。

5.2.4 衍文

與奎照本相比，育新本注釋中的衍文，詳見表 13。

衍聲調，如奎照本 242 號"婘內~○權好也"，而育新本"婘內~[去]○權好也"，"○"前衍"[去]"。按："婘"所在的同音字組有"眷卷捐"等字，"○"後的"權"為注音。《字彙》"婘，逵員切，音權，美貌。《博雅》好也。又吉券切，音眷，與眷同。"

衍"〇"，如奎照本225號"譚大也又姓又與談仝"，而育新本"譚大也又姓〇又與談仝"，"又"前衍"〇"。按："〇又"後多同音字異讀的釋義。但"仝"前的"談"與"譚"為通假字，"譚"通"談"。

表13 育新本注釋中的衍文

編號	奎照本	育新本	衍文
242	媿內~〇權好也	媿內~[去]〇權好也	［去］
253	感~激~化	感~激[上]~化	［上］
338	䫬齣~面魗	䫬齣~[上]面魗	［上］
225	譚大也又姓又與談仝	譚大也又姓〇又與談仝	〇
22	鴻~鳥名雁大曰~又大也	鴻~雁大曰~又大也	"雁"前衍"~"

5.2.5 倒文

育新本注釋內容顛倒，據奎照本乙正的，如奎照本108號"銖~兩斤鈞石廿四兩為~"，而育新本"銖~兩鈞斤石廿四兩為~"，"鈞斤"當作"斤鈞"。按：重量單位從小到大依次排列為"銖兩斤鈞石"。

表14 育新本注釋中的倒文

編號	奎照本	育新本	倒文
108	銖~兩斤鈞石廿四兩為~	銖~兩鈞斤石廿四兩為~	"鈞斤"當作"斤鈞"
337	繡~花又刺~	繡~花~刺	"繡刺"當作"刺繡"

5.2.6 其他訛誤

與奎照本相比較，育新本注釋中的其他訛誤，詳見表15。

字的訛誤，如奎照本4號"顁~顛頭昏"，而育新本"顁~顛頭子"，"子"當作"昏"，二者非形近或音近而訛。按：《集韻》"顁，……顁顛，頭昏。"

字與符號的訛誤，如奎照本167號"槿木~花朝生夕落"，而育新本"槿木名花朝生夕落"，"名"當作"~"。按：《玉篇》"槿，……木槿，朝生夕隕可食。"

表 15 比較育新本注釋中的其他訛誤

編號	奎照本	育新本	其他訛誤
4	顙~顒頭昏	顙~顒頭子	"子" 當作 "昏"
32	愓直疾貌[去]義全○薦	愓直視貌[去]義全○薦	"視" 當作 "疾"
280	高上也崇也敬也姓也	高上也崇也敬信姓也	"信" 當作 "也"
167	槿木~花朝生夕落	槿木名花朝生夕落	"名" 當作 "~"
73	旨聖~又甘~美味	旨聖~又甘口美味	"口" 當作 "~"
168	崚~嶒山貌	崚水名山貌	"水名" 當作 "~嶒"

5.3 增加注釋

與奎照本相比，育新本增加的注釋，詳見表 16。

增加注音，如奎照本 98 號 "麑鹿子也"，育新本 "麑鹿子也○米"，增加 "○米"。

增加釋義，如奎照本 164 號 "隱藏也私也"，育新本 "隱藏也私也安也"，增加 "安也"。

增加組詞，如奎照本 73 號 "芷藥名"，育新本 "芷白~藥名"，增加 "白~"。

增加通假字，如奎照本 78 號 "誌記也"，育新本 "誌記也又全痣"，增加 "又全痣"。按："誌" 通 "痣"。

增加異體字，如奎照本 172 號 "鬢髮~"，育新本在注釋中增加 "作鬢"，"鬢" "鬢" 為異體字。

表 16 比較育新本增加的注釋

編號	奎照本	育新本	增加注釋
98	麑鹿子也	麑鹿子也○米	○米
111	寅寄也	寅寄也托也	托也
144	諴調也諧也	諴調也諧也謅也	謅也
164	隱藏也私也	隱藏也私也安也	安也
257	漫水廣大貌[去]滿也	漫水廣大貌[去]滿也汙也	汙也
73	資~貿取也	資全上又取也給也~貿	全上又、給也
73	芷藥名	芷白~藥名	白~
75	箔雨具	箔簍雨具	簍~
145	鶝鳥名	鶝西~鳥名	西~
28	杠贛~本音江	杠贛~梳本音江	梳~

67	量較[去]度˘	量較商[去]度˘	商˘
433	爺老˘	爺大˘老˘	大˘
478	息安˘利˘	息安˘利˘得˘	得˘
80	枕榍˘	枕榍˘壁˘	壁˘
88	梨漳˘麋	梨消˘漳˘麋	消˘
140	暇無事	暇閑˘無事	閑˘
174	迎˘接	迎˘接歡˘	歡˘
165	淬寒也	淬˘冷寒也	˘冷
76	史又姓	史˘鑑太˘又姓	˘鑑太˘
325	犨白牛也	犨白牛又牛急①聲	又牛急①聲
78	誌記也	誌記也又全痣	又全痣
172	鬠髮	髮②˘髮作鬠	作鬠

5.4 刪減注釋

與奎照本相比較，育新本刪減的注釋，詳見表17。

表 17 比較育新本刪減的注釋

編號	奎照本	育新本	刪減注釋
91	羲伏˘氏	羲伏˘	氏
88	麗華˘美也高˘國名	麗華˘美也高˘國	名
88	鱧鳥˘魚	鱧鳥˘	魚
316	堯唐˘古帝本音遙	堯唐˘古帝音遙	本
507	齣戲劇一曲則曰一˘本音尺	齣戲一曲曰一˘本音尺	劇、則
266	斕仝上又斕仝	斕又斕仝	仝上
60	楊柳˘梅又姓	楊柳˘又姓	˘梅
471	滌洗˘疏˘	滌洗˘	疏˘
471	覷見也私˘	覷見也	私˘
501	食飲˘又姓饋也吃也也○士	食饋也吃也也○士	飲˘又姓
551	特但也獨也專也˘達˘地奇˘	特但也獨也專也	˘達˘地奇˘
471	荻蘆˘花˘管秋˘	荻蘆˘花	˘管秋˘
551	螣食禾葉蟲同蟘詩經去其螟˘	螣仝上（蟘：食苗葉蟲）	詩經去其螟˘

刪減釋義，如奎照本91號“羲伏羲氏”，而育新本“羲伏羲”刪減“氏”。

刪減組詞，如奎照本60號“楊˘柳˘梅又姓”，育新本“楊˘柳又姓”，刪減“˘梅”。

① “急”，當作“息”。按：《說文解字》“犨，牛息聲。……一曰牛名。”
② “髮”，當作“鬠”，據奎照本。

刪減出處，如奎照本 551 號"膡_{食禾葉蟲同蟓詩經去其螟~}"，而育新本"膡_{仝上（蟓：食苗葉蟲）}"，刪減"膡"同"蟓"的出處"詩經去其螟~"。

5.5 替換情況

與奎照本相比，育新本注釋中的替換現象，詳見表 18。

表 18 比較育新本注釋中的替換現象

編號	奎照本	育新本	替換
290	肖_{十二~之~正音宵}	肖_{十二~之~正音霄}	霄、宵
備考	衙_{本音芽俗讀我~門~前鎮}	衙_{本音牙俗讀我~門~前鎮}	牙、芽
30	壯_{強也堅也大也三十曰~}	壯_{強也堅也大也卅曰~}	三十、卅
108	徐_{緩也姓也}	徐_{緩也又姓}	姓也、又姓
101	閉_{闔門也}	閉_{關門也}	闔門、關門
206	限_{~定時刻}	限_{~定時辰}	時刻、時辰
194	昇_{日升曰~}	昇_{日上曰~}	升、上
365	仵_{偶也敵也~作檢屍}	仵_{偶也敵也~作驗屍}	檢屍、驗屍
67	梁_{棟~又橋也}	梁_{棟~又橋~}	橋也、橋梁

5.5.1 注音

替換同音字，如奎照本 290 號"肖_{十二~之~正音宵}"，而育新本"肖_{十二~之~正音霄}"，用"霄"替換"宵"。奎照本備考"衙_{本音芽俗讀我~門~前鎮}"，而育新本"衙_{本音牙俗讀我~門~前鎮}"，用"牙"替換"芽"。

5.5.2 釋義

替換同義詞，如奎照本 30 號"壯_{強也堅也大也三十曰~}"，而育新本"壯_{強也堅也大也卅曰~}"，用"卅"替換"三十"。

替換近義詞，如奎照本 206 號"限_{~定時刻}"，而育新本"限_{~定時辰}"，用"時辰"替換"時刻"。

組詞替換釋義，如奎照本 67 號"梁_{棟~又橋也}"，而育新本"梁_{棟~又橋~}"，用組詞"橋梁"替換釋義"橋也"。

6 小結

周賽華（2015）指出，《增補同音字類標韻》的版本有三個系列。從書中避諱字看，康雍乾三朝皆避，但從嘉慶朝起開始不避，成書時間應在清中後期。

中編通過比較三節版奎照本、育新本中的避諱字，發現其不僅康雍乾三朝皆避，其實，嘉慶、道光、同治、光緒朝也有避諱。

奎照本、育新本在收字、標注、注釋等方面皆有微殊。同音字數量方面，育新本多於奎照本，育新本不僅同音字組中增加了同音字，同音字組的序號後也增加了同音字。訛誤方面，無論同音字還是注釋，育新本都有不同之處。育新本有標註，奎照本無標註。注釋方面，育新本增加了注音、釋義、組詞、通假字、異體字等。無論種類還是數量，育新本增加的注釋比刪減的注釋多。此外，從注釋中的替換現象也可看出兩個版本的微殊。

下編：比較三節版《標韻》

周賽華（2015）指出，《標韻》的版本有三個系列，其中之一是與《初等學堂尺牘》和《新增繪圖幼學故事瓊林》合編在一起的三節版的石印本。此外，從書中避諱字來看，康雍乾三朝皆避，但從嘉慶朝起開始不避，其成書時間應在清中後期。

本書搜集到 5 個三節版《標韻》——奎照本、章福本、會文本、廣益本、昌文本。以下比較三節版的構成、成書時間。

1 三節版的構成

從三節版的構成上看，《標韻》不僅有周賽華（2015）指出的與《初等學堂尺牘》《新增繪圖幼學故事瓊林》合編在一起的三節版，還有與《新增應酬彙選》《新增繪圖幼學故事瓊林》合編在一起的三節版，如章福本。

表 1 三節版《標韻》及簡稱

出版者	書名	出版時間	三節版的構成	簡稱
浙紹奎照樓書莊	《真本改良幼學瓊林》	光緒三十一年（1905）	《標韻》《新增應酬彙選》《新增繪圖幼學故事瓊林》	奎照本
上海章福記書局	《真本改良繪圖幼學故事瓊林》	約民國	《改正字彙》（《標韻》）《新增應酬彙選》《新增繪圖幼學故事瓊林》	章福本
上海會文堂書局	《最新改良華英增註幼學瓊林》	民國初乙卯年（1915）	《標韻》《初等學堂尺牘》《新增繪圖幼學故事瓊林》	會文本
廣益書局	《繪圖增註幼學瓊林》	約民國	《標韻》《初等學堂尺牘》《新增繪圖幼學故事瓊林》	廣益本
上海昌文書局	《繪圖增註幼學瓊林》	約民國	《標韻》《初等學堂尺牘》《新增繪圖幼學故事瓊林》	昌文本

2 成書時間

　　觀察表 2 可知，五個三節版《標韻》的避諱字中，不僅康雍乾三朝皆避（周賽華 2015），如"胤"缺末筆，無"燁"有"曄"、無"禛"有"禎"。其實，嘉慶、道光、同治朝也有避諱，如"顒"注釋提示"廟諱"，有"甯"無"寧"，"淳"注釋提示"當作湻"。此外，奎照本、章福本"恬"缺末筆避諱。

　　由上可知，奎照本、章福本的成書時間略晚於會文本、昌文本、廣益本。

表 2　比較三節版《標韻》中的避諱字（"—"表示無，"缺"表示原書缺失）

版本＼年號／諱字	康熙		雍正		乾隆		嘉慶		道光		咸豐	同治	光緒
	玄	燁	胤	禛	弘	曆	顒	琰	旻	寧	詝①	淳	湉
奎照本	玄	曄	肙	禛	弘	√	顒廟諱	√	√	甯	—	淳當作湻	恬
章福本	玄	曄	肙	禛	弘	缺	顒廟諱	√	√	甯	—	淳當作湻	恬
會文本	玄	曄	肙	禛	弘	√	顒廟諱	√	√	甯	—	淳當作湻	恬
昌文本	√	曄	肙	禛	√	缺	顒廟諱	√	√	甯	—	淳當作湻	恬
廣益本	√	曄	肙	禛	√	√	顒廟諱	√	√	甯	—	淳當作湻	恬

　　以上通過比較三節版的構成、成書時間，豐富了對《標韻》三節版的認識。

3 昌文本與非昌文本

　　經過初步比較發現，昌文本與其他四個三節版《標韻》的不同之處頗多，以下具體考察。

3.1 同音字組

3.1.1 數量

　　五個三節版《標韻》所收的同音字組的數量有別，奎照本有 562 組同音字，廣益本、會文本有 490 組同音字，昌文本有 447 組同音字，章福本有 345 組同

---

① "詝"不是常用字。

音字。從上面的比較可以看出，奎照本同音字組最全。

3.1.2 排序

五個三節版《標韻》同音字組的排序基本相同，僅一處有別：昌文本 374 號"土"、375 號"租"，其他三節版 374 號"租"、375 號"土"。

3.2 同音字

以下從排序、訛誤兩個方面比較五個三節版《標韻》的同音字。

3.2.1 排序

五個三節版《標韻》同音字的排序大部分是相同的。昌文本同音字排序與其他三節版不同，詳見表 3。表內與昌文本一致的在表內打"√"，與其他三節版一致的，在表內寫簡稱，下同。

昌文本有些同音字的先後順序有別，有些脫漏了同音字而使先後順序有別，還有的是所在的同音字組不同。

同音字的先後順序有別，如昌文本 125 號"攦蠣櫖"，廣益本等"攦櫖蠣"。昌文本 223 號"薽邯蕫"，廣益本等"薽蕫邯"。

脫漏同音字的，如廣益本等 81 號"貳刂刵"，而昌文本"貳刵"，脫漏"刂"。廣益本等 426 號"猜采彩採綵寀髮保菜垬"，而昌文本"猜采彩採"，脫漏"綵寀髮保菜垬"。

個別字所在的同音字組不同的，如昌文本 438 號"薄剝駁"，其中"薄"在廣益本等的 463 號。

排序不同的一小部分字中，昌文本與廣益本、會文本相同，如 162 號"近潡"、242 號"卷眷"。

表 3 比較三節版《標韻》的同音字順序（表內"——"表示無，下同）

昌文本	廣益本	會文本	奎照本	章福本
29 䳍鷭鄭韻餛	鄭韻餛䳍鷭	同廣益	同廣益	同廣益
125攟欚蠦	攟欄蠦	同廣益	同廣益	同廣益
138 驊話鏵畫画	鏵驊話畫画	同廣益	同廣益	同廣益
153 餶膾滄鱠矐	餶鱠膾滄矐	同廣益	同廣益	同廣益
165 倖淬荇悖倖	倖荇悖幸淬	同廣益	同廣益	同廣益
168 磷㷠鱗麟隣潾	隣潾磷㷠鱗麟	同廣益	同廣益	同廣益
188 根跟跟鯁艮	鯁根跟跟艮	同廣益	同廣益	同廣益
236 鵷宛冤嚳𥦗	鵷冤嚳𥦗宛	同廣益	同廣益	同廣益
276 僈嫚蔓漫	漫僈嫚蔓	同廣益	同廣益	同廣益
223蒹邯蘚	蒹蘚邯	同廣益	同廣益	同廣益
81 貳刵	貳刂刵	同廣益	同廣益	同廣益
91 曦僖嘻禧熹嬉	曦僖嬉嘻	——	同廣益	同廣益
110 與俁禹	與瑀俁禹	同廣益	同廣益	同廣益
129 惰垜	惰隋垜	同廣益	同廣益	同廣益
202 根層贈	根層曾贈	同廣益	同廣益	同廣益
251 摺鑽纂	摺鑽纘纂	同廣益	同廣益	同廣益
372 露輅潞	露輅賂潞	同廣益	同廣益	——
378 韻暈	韻暈齉	同廣益	同廣益	——
419 茄伽	茄伽懈	同廣益	同廣益	——
426 猜采彩採	猜采彩採綵寀鬃保菜埰	同廣益	同廣益	——
445 桌倬啄	桌卓倬啄	同廣益	同廣益	——
211 匾扁貶㠯藕	匾籬貶㠯藕	匾扁搧籬貶㠯藕	同會文	同會文
137 挂掛卦	√	√	卦挂掛	同奎照
162 近漸	√	√	漸近	同奎照
242 卷眷	√	√	眷卷	同奎照
438 薄剝駁	卜剝駁	同廣益	同廣益	——

197

3.2.2 訛誤字

與其他三節版相比，昌文本中形近而訛的字，詳見表4。

廣益本等8號"營辯解也○盈~寨"，而昌文本"螢辯解也○盈~寨"，"螢"當作"營"。廣益本等119號"蝦魚~○下~蟆"，而昌文本"蛙魚~○下~蟆"，"蛙"當作"蝦"。

昌文本中的訛誤同音字與其他三節版不同的，如章福本98號"猊狻~獅類"，而昌文本"呢狻~獅屬"，"呢"當作"猊"。其他版本"狔狻~獅屬"，"狔"當作"猊"。"呢""狔"都訛誤，但昌文本的不同。按：《廣韻》"猊，狻猊，師子屬，五稽切。"此外，會文本、奎照本等326號"鍪釜屬又~兜"，而昌文本326號"瞀釜屬又~兒"，廣益本"螯釜屬又~兜"，"瞀、螯"都訛誤，但不同。按：《廣韻》"鍪，兜鍪，首鎧。"

表4 比較昌文本中形近而訛的字

昌文本	廣益本	會文本	奎照本	章福本	形近而訛
8 螢辯解也○盈~寨	營辯解也○盈~寨	同廣益	同廣益	同廣益	"螢"當作"營"
119 蛙魚~○下~蟆	蝦魚~○下~蟆	同廣益	同廣益	同廣益	"蛙"當作"蝦"
153 譌舜姓又水名潙同	媯舜姓又水名潙同	同廣益	同廣益	同廣益	"譌"當作"媯"
159 砥~瓦未燒者曰~瓦	瓧①~瓦未燒者曰~瓦	同廣益	同廣益	同廣益	"砥"當作"瓧"
236 宛~琰美玉也	琬~琰美玉也	同廣益	同廣益	同廣益	"宛"當作"琬"
252 蟾全上又桌蟑	幨全上又桌蟑	同廣益	同廣益	同廣益	"蟾"當作"幨"
365 晤竟也	悟覺也又敏~	悟覺也	同會文	——	"晤"當作"悟"
169 鈁紡花~子	√	√	鋌紡花~子	同奎照	"鈁"當作"鋌"
98 呢狻~獅屬	狔狻~獅屬	√	√	猊狻~獅類	"呢"當作"猊"
326 瞀釜屬又~兒	螯釜屬又~兜	鍪釜屬又~兜	同會文	同會文	"瞀"當作"鍪"

3.3 注釋

以下從注釋的排序、訛誤、增加、删減、替換，比較五個三節版《標韻》。

---

① 《集韻》"瓧，……瓦未燒者。"

3.3.1 排序

五個三節版《標韻》同音字的注釋大部分相同。昌文本一些注釋的順序與其他三節版不同的，詳見表 5。

注釋的先後順序有別，如昌文本 79 號"餈一作餱又麻~"，廣益本等"餈麻~一作餱"，"麻~"與"一作餱"的先後順序不同。

非昌文本注釋雖有別，但注釋順序上較一致的，如廣益本 325 號"柔軟也弱也順也安也"、會文本等"柔㽵也弱也順也安也"，其注釋"弱也順也安也"的順序較一致，但與昌文本"柔㽵也順也弱也安也"的注釋順序不同。

表 5 比較昌文本注釋的順序

昌文本	廣益本	會文本	奎照本	章福本	順序
79 餈一作餱又麻~	餈麻~一作餱	同廣益	同廣益	同廣益	麻~、一作餱
92 殨物潰死又手脚小病	殨物潰死又脚手小病	——	同廣益	同廣益	手脚、脚手
119 唈全上又口氣~	唈全上又口~氣	同廣益	同廣益	同廣益	口氣~、口~氣
134 暮晚也又全莫	暮晚也又莫全	同廣益	同廣益	同廣益	全莫、莫全
205 㾑瓜名又瓜~	㾑瓜~又瓜名	同廣益	同廣益	同廣益	瓜~、瓜名
209 淺~深	淺深~	同廣益	同廣益	同廣益	~深、深~
333 誘~引又騙	誘引~又騙	同廣益	同廣益	同廣益	誘引、引誘
349 尳惡氣又全上	尳全上惡氣	同廣益	同廣益	同廣益	全上、惡氣
390 羣粢也輩也聚也隊也	羣粢也聚也輩也隊也	同廣益	同廣益	——	聚也、輩也
365 護~救保~	護救~保~	同廣益	同廣益	——	護救、救護
438 駮~雜~貨~船	駮~雜又~船~貨	同廣益	同廣益	——	駮船、駮貨
325 柔㽵也順也弱也安也	柔軟也弱也順也安也	柔㽵也弱也順也安也	同會文	同會文	順也、弱也
330 扇雨穿屋曰~又漏全	扇雨穿屋曰~又全漏	扇雨穿屋曰~又全漏	扇雨穿屋曰□又全漏	同會文	又漏全、又全漏

3.3.2 訛誤

昌文本注釋中的訛誤主要包括形近而訛、音近而訛、倒文、脫文、衍文、其他訛誤等。

3.3.2.1 形近而訛

與其他三節版《標韻》相比，昌文本注釋中的形近而訛的字、字與符號、符號與字、符號，詳見表 6。

符號與符號。"○"與"㊅"／"㊤"／"㊢"①誤用的，三節版《標韻》原注釋中的聲調外圍有○，即㊅、㊤、㊢，因注釋字較小，易與注音符號"○"混同，如會文本等 154 號"櫑酒器[上]劍飾"，而昌文本"櫑酒器○劍飾"，"○"當作"㊤"（[上]）。按：《集韻》"櫑，盧回切，《說文》龜目酒尊，刻木作雲雷象，象施不窮也。又魯猥切，櫑具，劍上鹿盧飾。"

符號與字。一、"又"與"㊅"／"㊤"／"㊢"誤用，如會文本 162 號"近不遠也[去]親⁓"，而昌文本"近不遠也又親⁓"，"又"當作"㊢"（[去]），形近而訛。按：《玉篇》"近，其謹切，不遠也。又其靳切，附近也。"二、"又"與"○"誤用，如會文本 308 號"髟髮長垂貌○杉"，而昌文本"髟髮長垂貌又杉"，"又"當作"○"，形近而訛。"杉"為"髟"的異讀。按：《集韻》"髟，甲遙切，《說文》長髮髟髟也。又師銜切，髟髟長髮。"三、"也"與"⁓"誤用，如廣益本 396 號"腇肉⁓"，而昌文本"腇肉也"，"也"當作"⁓"，形近而訛。按：《廣韻》"腇，肉腇，奴困切。"

字與符號。"⁓"與"也"誤用，如會文本 370 號"呼喚也又鳴也"，而昌文本"呼喚⁓又鳴也"，"⁓"當作"也"。按：《廣韻》"呼，喚也，《說文》曰外息也。"

字與字。廣益本 209 號"僉咸也皆也"，而昌文本"僉減也皆也"，"減"當作"咸"。按：《廣韻》"僉，咸也、皆也，七廉切。"

①為了便於區分，本書將三節版《標韻》同音字注釋中的聲調㊅、㊤、㊢改寫作[平]、[上]、[去]。

表6 比較昌文本注釋中形近而訛的字

昌文本	廣益本	會文本	奎照本	章福本	形近而訛
154 欛酒器○劍飾	欛酒器劍飾	欛酒器[上]劍飾	仝會文	仝會文	"○"當作"[上]"
156 吹風~凡口出成音者皆曰○~嘘	√	吹①風~凡口出成音者皆曰~[平]~嘘	仝會文	仝會文	"○"當作"[平]"
142 魏國名又姓也○仝巍	√	魏國名又姓[平]仝巍	仝會文	仝會文	"○"當作"[平]"
139 左~右○相助也	左~右口相助也	左~右[去]相助也	仝會文	仝會文	"○"當作"[去]"
297 撈水底~月○仝	撈水底~月口仝	撈水底~月[去]仝	仝會文	仝會文	"○"當作"[去]"
154 纍繫也○仝纍	纍繫也仝纍	纍繫也[去]仝纍	仝會文	仝會文	"○"當作"[去]"
162 近不遠也又親~	近不遠也口親~	近不遠也[去]親~	同會文	同會文	"又"當作"[去]"
368 汗②仝上又~穢	汗仝上[去]~穢	同廣益	同廣益	——	"又"當作"[去]"
109 去過~又除~	√	去③過~[上]除~	同會文	同會文	"又"當作"[上]"
308 髟髮長垂貌又杉	髟髮長垂貌口杉	髟髮長垂貌○杉	同會文	髟髮長垂貌~杉	"又"當作"○"
183 鍼仝上~砭	√	√	鍼仝上○砭	鍼仝上○砭	"○"當作"~"
196 砰[上]石聲	√	√	砰砅~石聲	同奎照	"[上]"當作"~"
396 腜肉也	腜肉~	同廣益	同廣益	——	"也"當作"~"
284 嘈聯也又胡言也	嘈聯~又胡言也	同廣益	同廣益	同廣益	"也"當作"~"
216 宴筵也又~息	宴④筵~又~息	同廣益	同廣益	同廣益	"也"當作"~"
194 抻小物長也	抻~物長也	同廣益	同廣益	同廣益	"小"當作"~"
370 呼喚~又鳴也	呼喚也又鳴也	同廣益	同廣益	——	"~"當作"也"
205 臉面~本音檢	臉面也本音檢	同廣益	同廣益	同廣益	"~"當作"也"
209 僉減也皆也	僉咸也皆也	同廣益	同廣益	同廣益	"減"當作"咸"
155 藥仝上又木上之精	藥仝上又木石之精	同廣益	同廣益	同廣益	"上"當作"石"
220 蹇跛也難也	蹇跛也難也	同廣益	同廣益	同廣益	"跛"當作"跛"
248 砍~砍~砟	砍~斫~砟	同廣益	同廣益	同廣益	"砍"當作"斫"
278 閸立侍也	閸⑤立待也	同廣益	同廣益	同廣益	"侍"當作"待"
324 譸~張狂也	譸⑥~張誑也	同廣益	同廣益	同廣益	"狂"當作"誑"
160 狠狼~者足短者曰~	狠狼~前足短者曰~	同廣益	同廣益	同廣益	"者"當作"前"

①《廣韻》"吹，吹嘘，昌垂切。又鼓吹也，尺偽切。"

②《廣韻》"汗，染也，烏路切。"

③《古今韻會舉要》"去，口舉切，徹也，《廣韻》又除也。又丘據切，《說文》㹜人相違也，从大△聲，《廣韻》離也。"

④《說文解字》"宴，安也。"

⑤《玉篇》"閸，……立待也。"

⑥《玉篇》"譸，……譸張，誑也。"

359 甫大也美也好也且也	甫大也始也美也且也	同廣益	同廣益	——	"好"當作"始"
440 澤亭~	澤淳~	同廣益	同廣益	——	"亭"當作"淳"
445 築搗也造也	築① 擣也造也	同廣益	同廣益	——	"搗"當作"擣"
231 筭~數又作算字	筭② ~數又作算笲	同廣益	同廣益	同廣益	"字"當作"笲"
376 斀射也	斀敗也	同廣益	同廣益	——	"射"當作"敗"
326 瞀釜屬又~兒	蝥釜屬又~兜	鍪釜屬又~兜③	同會文	同會文	"兒"當作"兜"
133 槎邪所木也水上浮木	槎④邪斫木也水上□浮木	槎邪斫木也水上浮木	同會文	同會文	"所"當作"斫"
180 鴆青鳥其羽瀝酒人捕則死	√	√	鴆毒鳥其羽瀝酒人飲則死	同奎照	"青"當作"毒"
284 覅~勑~作事不將細也	√	√	覅~勑~作事不精細也	同奎照	"將"當作"精"

3.3.2.2 音近而訛

與其他三節版《標韻》相比，昌文本注釋中音近而訛的字，詳見表7。

廣益本 361 號"鵐雀屬"，而昌文本"鵐鵲屬"，"鵲"當作"雀"（讀音相同）。按：《廣韻》"鵐，鳥名雀屬。"

表 7 比較昌文本注釋中音近而訛的字

昌文本	廣益本	會文本	奎照本	章福本	音近而訛
361 鵐鵲屬	鵐雀屬	同廣益	同廣益	——	"鵲"當作"雀"
312 瓢⑤~梗	瓢風~羹	同廣益	同廣益	同廣益	"梗"當作"羹"

3.3.2.3 脫文

與其他三節版《標韻》相比，昌文本注釋脫漏的符號、字，詳見表8。

脫漏符號。一、脫漏聲調。昌文本注釋中脫漏最多的是去聲（廣益本、會文本部分同），如奎照本 11 號"縫~衣也[去]衣會也"，而昌文本"縫~衣也衣會也"，脫漏"[去]"。按：《集韻》"縫，符容切，《說文》以鍼紩衣也。又房用切，衣會也。"二、脫漏注音符號"○"，如廣益本 386 號"敦厚也○堆"，而昌文本"敦

---

① 《說文解字》"築，擣也。"
② "又作"後的"算""笲"並列。"筭、算、笲"為異體字。
③ "~兜"，當作"兜~"。按：《廣韻》"鍪，兜鍪，首鎧。"
④ 《說文解字》"槎，衺斫也。"
⑤ "瓢"，當作"瓢"。瓢羹，多在東南沿海城市方言中使用，指吃飯喝湯的小勺子。

~厚也□堆"，"堆"前脫漏"〇"。按：《集韻》"敦，都昆切，……一曰大也、勉也、誰何也。又都回切，《說文》怒也、詆也。"三、脫漏替代符號"~"的，如廣益本110號"圩~岸即~埂"，而昌文本"圩岸即埂"，脫漏"~"。按：《字彙》"圩，雲俱切，音于，圩岸。"

脫漏字。一、釋義初脫漏字的，如廣益本355號"听厚怒忿聲也"，而昌文本"听怒忿聲也"，脫漏"厚"。按：《說文解字》"听，厚怒聲。"二、釋義中脫漏字的，如廣益本338號"丘四方高中央下曰~孔子名~作邱讀某"，而昌文本"丘四方高中下曰~央孔子名~作邱讀某"，脫漏"央"。三、釋義末脫漏字的，如廣益本403號"賽賽也又~神會"，而昌文本"賽賽也又~神"，脫漏"會"。

表8 比較昌文本注釋中的脫文

昌文本	廣益本	會文本	奎照本	章福本	脫文
60 養~畜奉~	養~育奉~	√	養①畜 [去]奉~	同奎照	[去]
29 王君也主也姓也又姓也興也盛也興也[上]仝往	王君也主也又姓也〇興也盛也[上]仝往	王君也主也又姓也□興也盛也[上]仝往	王君也主也又姓[去]興也盛也[上]仝往	同奎照	[去]
11 縫~衣也衣會也	√	√	縫~衣也[去]衣會也	同奎照	[去]
14 空虛也屢~	√	√	空虛也[去]屢~	同奎照	[去]
15 中正也射箭矢至的也	√	√	中正也[去]射箭矢至的也	同奎照	[去]
22 横不直也不順也	√	√	横不直也[去]不順也	同奎照	[去]
25 動~靜~作又切~之也	√	√	動~靜~作又[去]切~之也	同奎照	[去]
26 雍和也蔽也	√	√	雍和也[去]蔽也	同奎照	[去]
75 治攻理也為理與功効也	√	√	治攻理也[去]為理與功効也	同奎照	[去]
33 喪持服曰~〇~喪	√	喪持服曰~□~喪	喪持服曰~〇~亡	喪持服曰~[去]~亡	[去]
25 洞穴也恭貌	√	√	洞穴也[上]恭貌	同奎照	[上]
4 憛惛~無知亂也	√	√	憛惛~無知[上]亂也	同奎照	[上]
81 而然~汝也	√	√	而然~[上]汝也	同奎照	[上]
154 樏禹行山所乘器名也	樏禹行山□所乘器名	樏禹行山所乘[上]器名	同會文	同會文	[上]
227 斷決~截也	斷②決 [上]截也	同廣益	同廣益	同廣益	[上]

① "~畜"，疑當作"畜也"。按：《正字通》"養，……育也、畜也……"
② "決"後脫漏"~"。

203

149 虺_{毒蟲又小蛇□病也}	虺_{毒蟲又□小蛇病也}	√	虺_{毒蟲又小蛇[平]病也}	同奎照	[平]
72 蔣_{姓也水草}	√	√	蔣_{姓也[平]水草}	√	[平]
236 怨_{恨也叶韻}	√	怨_{恨也[平]叶韻}	同會文	同會文	[平]
41 傍_{靠也倚也仝旁}	傍_{靠也倚也□仝旁}	√	傍_{靠也倚也[平]仝旁}	同奎照	[平]
386 敦_{厚也□堆}	敦_{厚也□堆}	同廣益	同廣益	——	○
441 榛_{白~木名□色義相仝}	榛_{白~木名○色義仝}	同廣益	同廣益	——	○
361 輔_{三~郡名□夫}	輔_{三~郡名○夫}	同廣益	同廣益	——	○
330 縷_{絲~□呂}	縷_{絲也○呂}	同廣益	同廣益	縷_{絲也~呂}	○
110 芋_{~芌盧大也}	√	芋_{~芌□盧大也}	芋_{~芌○盧大也}	同奎照	○
136 賈_{仝上又姓也□古}	賈_{仝上姓也□古}	賈_{仝上[上]姓也□古}	賈_{仝上[上]姓也○古}	同奎照	○
110 圩_{岸即埂}	圩_{~岸即埂}	同廣益	同廣益	同廣益	~
17 慫_{驚也又遳也勸也□總義亦同}	慫_{驚也又遳勸也○縱義亦同}	同廣益	慫_{驚也又惡勸也□縱義亦同}	同奎照	~
366 疎_{淡稀也}	疎_{~淡稀也}	同廣益	同廣益	——	~
432 這_{~個□□彥}	這_{~個本音彥}	同廣益	同廣益	——	本音
338 丘_{四方高中下曰~央孔子名} 作邱讀某	丘_{~四方高中央下曰~孔子名} 作邱讀某	同廣益	同廣益	丘_{四方高中央下曰~} 孔子名□作邱讀某	央
355 听_{怒忿聲也}	听_{~厚怒忿聲也}	同廣益	同廣益	——	厚
403 賽_{賣也又~神}	賽_{賣也又~神會}	同廣益	同廣益	——	會
313 穮_{稻禾秀出}	穮①_{稻禾秀出者}	同廣益	同廣益	同廣益	者
111 御_{~車也侍也又統也進也使} 也幸也用也理也治也	御_{~車又侍也撫也統~進} 也幸也用也理也治也	御_{~車又侍也撫也統也進} 也使也幸也用也理也治也	同會文	同會文	撫
212 鍵_{關~戶也}	鍵_{關~□戶也}	鍵_{關~戶□也}	鍵_{關~戶鑰也}	同奎照	鑰

3.3.2.4 衍文

與其他三節版《標韻》相比，昌文本注釋中衍符號、衍字的，詳見表 9。

衍 "~"，如廣益本 248 號 "嵌_{~巖山險貌~金鑲玉}"，而昌文本 "嵌_{~巖山險貌~金鑲玉~}"，"玉" 後衍 "~"。

衍字，如廣益本 368 號 "於_{~呼又仝烏又嘆也}"，而昌文本 "於_{~嗚呼又仝烏又嘆也}"，"呼" 前衍 "嗚"。

---

① 《集韻》 "穮，……稻苗秀出者。"

表 9 比較昌文本注釋中的衍文

昌文本	廣益本	會文本	奎照本	章福本	衍文
377 布~帛又陳~也鋪也	布~帛又陳也鋪也	同廣益	同廣益	——	~
325 儔~衆也類也誰~也	儔~衆也類也誰也	同廣益	同廣益	同廣益	~
279 蹈~踐~也	蹈① ~踐也	同廣益	同廣益	同廣益	~
248 嵌~巖山險貌~金鑲玉	嵌~巖山險貌~金鑲玉	同廣益	同廣益	同廣益	~
369 罛~魚罟~	罛② ~魚罟	同廣益	同廣益	——	~
327 韘~交積財物之也	√	√	韘~交積財③ 也數也	仝奎照	物之
366 素~白練曰~又葷~○音索	素~白練曰~葷~○索	同廣益	同廣益	——	音
368 於~鳴呼又仝烏又嘆也	於~呼又仝烏又嘆也	同廣益	同廣益	——	鳴
442 桍~桎~手械名曰~	桍④ ~桎~手械曰~	同廣益	同廣益	——	名
372 讻~誵言不得定也	讻⑤ ~諳言不定也	同廣益	同廣益	——	得
163 鼟~鐘諍諍端也	√	√	鼟~鐘又諍⑥ 端也	同奎照	諍
220 蜚~子錢鋪視也雖毛為之	蜚~子錢鋪視也雖毛為之	同廣益	同廣益	同廣益	視也
397 魨~魚~河~魚	魨~河~魚	同廣益	同廣益	——	魚~
369 傭~傭賃之~也[去]仝雇	傭~傭賃也□□仝雇	傭~傭賃也[去]仝雇	同會文	——	之~
315 淼~大水貌又水龍~龍~頭	淼~大水貌又水龍~頭	同廣益	同廣益	同廣益	龍~

3.3.2.5 倒文

與其他三節版《標韻》相比，昌文本注釋顛倒聲調、字的，詳見表 10。

顛倒聲調。昌文本中一個字因聲調不同而釋義不同的，該聲調多放在釋義之後（廣益本、會文本部分同），但這不便於區別意義。奎照本等 4 號"懞覆也[上]茂密貌"，而昌文本"懞覆也茂密貌[上]"，"[上]"當在"茂密貌"之前。按：《洪武正韻》"懞，莫紅切，覆也。又毋緫切，懞懞茂盛貌。"此外，昌文本也有聲調放在注釋開頭的，如廣益本等 379 號"論議也辨也[平]說也思也討~也又姓"，而昌文本

---

① 《說文解字》"蹈，踐也。"
② 《說文解字》"罛，魚罟也。"
③ "財"，當作"材"。 按：《說文解字》"韘，交積材也。"
④ 《說文解字》"桍，手械也。"
⑤ 《集韻》"讻，……讻誵，言不定也。"
⑥ "諍"，當作"爭"。 按：《正字通》"鼟，……又爭端曰鼟。"

"論[平]~說~議也辦也思也討~又姓也"，"[平]"在注釋的開頭。

顛倒字，如廣益本等 318 號"皦玉石之白又明也"，而昌文本"皦玉石之明又白也"，注釋中的"白"與"明"顛倒。按：《說文解字》"皦，玉石之白也。"

表 10 比較昌文本注釋中的倒文

昌文本	廣益本	會文本	奎照本	章福本	倒文
4 幪覆也茂密貌[上]	幪覆也茂密貌	√	幪覆也[上]茂密貌	同奎照	[上]
1 倲儱~傽劣貌㤢~愚也[去]	倲儱~傽劣貌㤢~愚也	√	倲儱~傽劣貌[去]㤢~愚也	倲儱~傽劣貌[上]又㤢~愚也同上	[去]
18 菿~草即蔓菁藕根[去]	菿~草即蔓菁藕根	√	菿~草即蔓菁[去]藕根	同奎照	[去]
32 愓直疾貌義全○蕩[去]	√	√	愓直疾貌[去]義全○蕩	同奎照	[去]
379 論[平]~說~議也辦也思也討~又姓也	論~議也辦也[平]~說也思也討~也又姓	同廣益	同廣益	——	[平]
169 婷~娉	婷~娉~	同廣益	同廣益	同廣益	娉婷
236 鶺~鳳鶺屬	鶺~鶺鳳屬	同廣益	同廣益	同廣益	鶺鶺鳳屬
439 轆轤~井上汲水圓轉之木	轆~轤井上汲水圓轉木也	同廣益	同廣益	——	轆轤
402 寨~柵~營	寨~柵營~	同廣益	同廣益	——	營寨
318 皦玉石之明又白也	皦玉石之白又明也	同廣益	同廣益	同廣益	白、明
114 詶諸言不可解也	詶①~諸~言不可解也	同廣益	同廣益	同廣益	諸詶
154 傀~傀戲木偶	傀傀~戲木偶	同廣益	傀②~傀~木偶戲	同奎照	傀傀
117 棨~木名寔如棠李無核	√	√	棨③~~木名寔如李無核	同奎照	棨棠木名
111 漁捕~魚翁者	√	漁~捕魚翁者	漁~翁捕魚者	同奎照	漁翁
177 釘鐵~也以[去]~物	√	釘鐵~[去]以○□~物	釘鐵~[去]以釘~物	同奎照	以
157 碓米舂~頭	碓舂~~頭	碓~舂米~頭	同會文	同會文	舂米

3.3.2.6 其他訛誤

與其他三節版《標韻》相比，昌文本注釋中的其他訛誤，詳見表 11。

字與符號的誤用，如誤用"○"的，如奎照本 225 號"曇~花又雲布謂之~"，而

---

① 《集韻》"詶，……諸詶，不解。"
② 《集韻》"傀，……傀傀，木偶戲。"
③ 《廣韻》"棨，棨棠，木名，出崑崙山。"

昌文本"曇~花又雲〇謂之~"，"〇"當作"布"。按：《說文解字》"曇，雲布也。"

　　誤用字，如廣益本 174 號"听~笑貌又大口貌~"，而昌文本"听~笑貌又姓口貌~"，"姓"當作"大"。按：《集韻》"听，語近切，《說文》笑貌。又擬引切，大口謂之听。"

表 11 比較昌文本注釋中的其他訛誤

昌文本	廣益本	會文本	奎照本	章福本	訛誤
225 曇~花又雲〇謂之~	曇~花又雲~〇謂之~	曇~花又雲□〇謂之~	曇~花又雲布謂之~	同奎照	"〇"當作"布"
366 數~目算~正音恕	數~目算~正音恕	同廣益	同廣益	——	"~"當作"恕"
167 㐭~合~又~仝婚禮用	㐭~合~又㐭仝婚禮用	同廣益	同廣益	同廣益	"~"當作"㐭"
444 霂~~小雨也	霂①~霢~小雨也	同廣益	同廣益	——	"~"當作"霢"
189 𧾷~蹏腳蹋地聲	𧾷②~蹏~蹋地聲	同廣益	同廣益	同廣益	"腳"當作"~"
315 描~引畫	描~~畫	同廣益	同廣益	同廣益	"引"當作"~"
174 听~笑貌又姓口貌	听~笑貌又大口貌	同廣益	同廣益	同廣益	"姓"當作"大"
401 解~暗思得其義~	解③~緩思得其義也	同廣益	同廣益	——	"暗"當作"緩"
156 焠~凡刀刃欲其鋒之堅則 燒火入水曰~	焠~凡刀刃欲其鋒之堅則 燒紅入水曰~	同廣益	同廣益	同廣益	"火"當作"紅"
200 餴~烝米熟物水直蒸	餴④~烝米熟沃水直蒸	同廣益	同廣益	同廣益	"物"當作"沃"
365 㝉~竉也又寐也	㝉~竉也又~寐	同廣益	同廣益	——	"寐也"當作"~寐"
173 巡~視也又~檢	巡~~視也又~檢	巡~□視也又~檢	同廣益	同廣益	"視也"當作"~視"
194 審~問也	審⑤~~問	同廣益	同廣益	同廣益	"問也"當作"~問"
367 徂~~往	徂⑥~往也	同廣益	同廣益	——	"~往"當作"往也"
134 厶~仝上又行貌	厶⑦~仝上又仝私	同廣益	同廣益	同廣益	"行貌"當作"仝私"
333 猶~比也效又猶不決又獸名	猶~比也又~豫不決又獸名	同廣益	同廣益	同廣益	"效"衍文 "猶"當作"豫"
425 袋~俗仝客囊	袋⑧~~囊又俗仝	同廣益	同廣益	——	"客"衍文 "囊"後脫漏"~"

3.3.3 刪減注釋

① 《爾雅》"小雨謂之霢霂。"
② 《集韻》"𧾷，……蹏𧾷，蹋地聲。"
③ 《玉篇》"解，……緩也、釋也……"
④ 《正字通》"餴，……蒸米一熟沃以水再蒸炊之。"
⑤ 《說文解字》"審，悉也。"
⑥ 《說文解字》"徂，往也。"
⑦ "厶"為"私"的古字。
⑧ 《玉篇》"袋，……囊屬。"

昌文本與其他三節版《標韻》相比，注釋中刪減的有聲調、讀音、釋義等（如注釋不同，則將昌文本與相對最全的注釋作比較），詳見表12。

表 12 比較昌文本刪減的注釋

昌文本	廣益本	會文本	奎照本	章福本	刪減注釋
300 掃~地	掃~地□仝	掃~地[去]仝	同會文	同會文	[去]仝
318 校仝上	校仝上[上]仝	同廣益	同廣益	同廣益	[上]仝
319 僚同類也	僚同類也[上]仝	同廣益	同廣益	同廣益	[上]仝
327 嘒鷄鳴	嘒鷄鳴□仝	嘒鷄鳴[平]仝	同會文	嘒鷄鳴~[平]仝	[平]仝
212 黔民曰~首	√	黔民曰~首□	黔民曰~首○琴	同奎照	○琴
152 内~外	内~外○納	同廣益	同廣益	同廣益	○納
318 繳~纏	繳纏也○勺	同廣益	同廣益	繳纏也~勺	○勺
377 逋~逃也	逋逃也俗讀布	同廣益	同廣益	——	俗讀布
446 鏃箭~	鏃箭頭本音若	同廣益	同廣益	——	本音若
110 瘐飢餓而死	瘐飢餓而死曰~	同廣益	同廣益	同廣益	曰~
365 扈後從	扈後從曰~	扈後從□□	同廣益	——	曰~
244 鞁駕馬具在後	鞁駕馬具在後曰~	鞁駕馬具在後曰~	同會文	同會文	曰~
402 儕等也類也	儕等也類也輩也	同廣益	同廣益	——	輩也
223 衒官~仝上	衒官~俗仝上	同廣益	同廣益	同廣益	俗
184 刎自~	√	刎□□自~	刎割頸自~	同奎照	割頸
377 餔申時食曰~	餔申時食也又食也	同廣益	同廣益	——	又食也
327 够仝上	够仝上多也	同廣益	同廣益	同廣益	多也
361 鵡鸚~也~能言	鵡鸚~能言鳥	同廣益	同廣益	——	鳥也
433 冶銷也鎔也	冶銷也鑄也鎔也	同廣益	同廣益	——	鑄也
434 赦宥也	赦宥也釋也	同廣益	同廣益	——	釋也
180 懲~創又戒也	懲~創又止也戒也	□~創又止也戒也	同廣益	同廣益	止也
220 覻又覷同	覻視也又覷同	同廣益	同廣益	同廣益	視也
446 蹴蹋踖也	蹴蹋也踖也踏也踤也	同廣益	同廣益	——	躇也踤①也
403 腮仝上	腮仝上面頰也	同廣益	同廣益	——	面頰也
401 厓仝上	厓仝上山邊水也	同廣益	同廣益	——	山邊水也
366 梳~頭	梳~頭~妝	同廣益	同廣益	——	~妝
431 褐香甚也	褐醃香甚也	同廣益	同廣益	——	醃~

①"踤"，當作"逐"。按：《字彙》"蹴，……蹋也躇也踏也逐也。"

446 齪齪~	齪齪~急促局陋貌	同廣益	同廣益	——	急促局陋[1]貌
306 搖~動	搖~動~船	同廣益	同廣益	同廣益	~船
439 祿福~	祿福~又□□	同廣益	祿福~又~俸	——	又~俸
445 捉捕~	捉捕~又~漏	同廣益	同廣益	——	又~漏
306 肴仝上	肴仝上又殽仝	同廣益	同廣益	肴仝上又殽~	又殽仝
425 臺亭~	臺亭~又臺仝	同廣益	同廣益		又臺仝
444 穆和~美也厚也深遠也靖也	穆和也美也厚也深遠也俗作穆	同廣益	穆和也美也厚也深遠~作穆	——	俗作穆[2]
445 燭蠋~	燭蠋~又爥同	同廣益	同廣益	——	又爥[3]同
398 葢仝上	葢仝上作俗寫	葢仝上俗作□	葢仝上俗作葢	——	俗作葢[4]

刪減聲調+仝。曾文本300號"掃~地[去]仝",而昌文本"掃~地",刪除"[去]仝"。

刪減讀音。一、刪減"〇+讀音",如奎照本212號"黔民曰~首〇琴"、而昌文本"黔民曰~首",刪減"〇琴"。二、刪減俗讀,如廣益本377號"逋逃也俗讀布",而昌文本"逋逃也",刪減"俗讀布"。三、刪減本音,如廣益本446號"鏃箭頭本音若",而昌文本"鏃箭頭",刪減"本音若"。

刪減釋義。一、刪減釋義術語,如廣益本等110號"瘦飢餓而死曰~",而昌文本"瘦飢餓而死",刪減"曰~"。二、刪減部分釋義,如廣益本等402號"儕等也類也輩也",而昌文本"儕等也類也",刪減"輩也"。

刪減組詞。廣益本366號"梳~頭~妝",而昌文本"梳~頭",刪減"梳妝"。

刪減通假字。廣益本306號"肴仝上又殽仝",而昌文本"肴仝上",刪減"又殽仝"。按:"殽",通"肴",魚肉一類的葷菜。

刪減異體字。廣益本425號"臺亭~又臺仝",而昌文本"臺亭~",刪減"又臺仝","臺""臺"為異體字。

① "陋",當作"陋"。按:《洪武正韻》"齪,……齷齪,急促局陋貌。"
② "穆、穆"為異體字。
③ "燭、爥"為異體字。
④ "盖、葢"為異體字。

3.3.4 增加注釋

表 13 中，昌文本注釋增加的有釋義、組詞、通假字。與刪減的注釋相比，昌文本增加的注釋較少。

增加釋義。一、增加術語，如廣益本 346 號"灸灼艾療病"，昌文本"灸灼艾療病曰˘"，增加"曰˘"。二、增加釋義，如廣益本等 414 號"邰國名"，昌文本"邰國名姓也"，增加"姓也"。

增加組詞。廣益本等 408 號"偕俱也"，而昌文本"偕俱也同˘"，增加"同˘"。

增加通假字。廣益本 377 號"哺哺也又音布"，而昌文本"哺哺也又音布亦仝舖"，增加"亦仝舖"。按：《康熙字典》"舖，……又通作哺"。

表 13 比較昌文本增加的注釋

昌文本	廣益本	會文本	奎照本	章福本	增加注釋
346 灸灼艾療病曰˘	灸灼艾療病	同廣益	同廣益	——	曰˘
369 剺割肉合藥曰˘	剺割肉合藥	同廣益	同廣益	——	曰˘
440 犢小牛曰˘	犢小牛	同廣益	同廣益	——	曰˘
439 稑後種先熟曰˘	稑後種先熟	同廣益	同廣益	——	曰˘
369 痼久病曰˘	痼久病	同廣益	痼病也	——	曰˘
414 邰國名姓也	邰國名	同廣益	同廣益	——	姓也
408 偕俱也同˘	偕俱也	同廣益	同廣益	——	同˘
445 竹毛˘石˘山˘班˘其一名一	竹毛˘石˘其名不一	同廣益	同廣益	——	山˘班①˘
340 投擲也又˘奔˘帖相˘	投擲也又˘帖	同廣益	同廣益	同廣益	˘奔、相˘
361 巫˘節˘祝˘咒	巫˘祝	同廣益	同廣益	——	˘節、˘咒
145 鶼˘頭馬˘草	鶼˘頭	同廣益	同廣益	同廣益	馬˘草
327 簧竹˘爐籠	簧˘爐籠	同廣益	同廣益	同廣益	竹˘
445 覺悟˘曉˘知˘又明也	覺悟˘曉晚也明也	同廣益	同廣益	——	知˘
444 鏌鉏˘又˘鄒劍名˘邪	鏌鉏也又˘鄒劍名	同廣益	同廣益	——	˘邪
439 洛˘水又˘陽	洛˘陽	同廣益	同廣益	——	洛水
439 綠紅˘色	綠紅˘	同廣益	同廣益	——	色
377 哺哺也又音布亦仝舖	哺哺也又音布	同廣益	哺˘食本音布	——	亦仝舖

① "班"，當作"斑"。

3.3.5 替換情況

與其他三節版《標韻》相比，昌文本注音、釋義中的替換現象，詳見表14。

3.3.5.1 注音

"音"替換"〇"，如會文本等"否_{不然也〇批}"，而昌文本352號"否_{~不然也音批}"，用"音"替換"〇"。

"又音"替換"正音"，如廣益本等361號"戊_{~己天干正音茂}"，而昌文本"戊_{~己天干又音茂}"，用"又音"替換"正音"。

3.3.5.2 釋義

替換釋義術語，如廣益本345號"斗_{星~又十升為斗}"，而昌文本"斗_{星~又十升曰斗}"，用"曰"替換"為"。

替換同義詞，如廣益本等308號"睞_{着眼視也}"，而昌文本"睞_{着目視也}"，用"目"替換"眼"。

替換近義詞，如廣益本等421號"癧_{赤~白~婦人病}"，而昌文本"癧_{赤~白~女人病名}"，用"女人"替換"婦人"。

組詞替換組詞，如廣益本315號"廟_{瘦~寺~宗~太~}"，而昌文本"廟_{瘦~寺~宗~~字}"，用組詞"廟字"替換"太廟"。

釋義替換組詞，如廣益本等206號"筵_{~席}"，而昌文本"筵_{席也}"，用釋義"席也"替換組詞"筵席"。按：《說文解字》"筵，竹席也"。

組詞替換釋義，如會文本等330號"鏤_{雕也刻也}"，而昌文本"鏤_{雕~~刻}"，用組詞"雕鏤鏤刻"替換釋義"雕也刻也"。

此外，也有"曰~"替換"也"的，如廣益本等401號"崖_{山邊也}"，而昌文本"崖_{山邊曰~}"，用"曰~"替換"也"。還有"姓~"替換"姓也"的，如廣益本 434 號 "庫姓也"，而昌文本 "庫姓~"，用 "姓~" 替換 "姓也"。

表 14 比較三節版《標韻》注釋中的替換現象

昌文本	廣益本	會文本	奎照本	章福本	替換
352 否 ~不然也音批	否 不然也口批	否 不然也〇批	同會文	——	音、〇
439 勠 并力也又音了	勠 并力也〇了	同廣益	同廣益	——	音、〇
369 果 事驗也~成也又音戈	果 事成也~驗也〇戈	同廣益	同廣益	——	音、〇
361 戊 ~己天干又音茂	戊 ~己天干正音茂	同廣益	同廣益	戊 口己天干正音茂	又音、正音
345 斗 星~又十升曰斗	斗 星~又十升為斗	斗 ~星又十升為斗	同會文	——	曰、為
319 寮 同官曰~	寮 同官為~	同廣益	同廣益	同廣益	曰、為
308 睞 着目視也	睞 着眼視也	同廣益	同廣益	同廣益	目、眼
429 亥 十二時之末	亥 十二時末也	同廣益	同廣益	——	之末、末也
385 崑 ~崙山名又~仝崐	崑 ~崙山名又崐仝	同廣益	同廣益	——	崑仝崐、崐仝
376 妒 ~忌俗又作妬字	妒 ~忌俗作妬	同廣益	同廣益	——	俗又作、俗作
337 鏥 鐵~又銹仝	鏥 鐵~一作銹	同廣益	同廣益	同廣益	仝、一作
362 疲 疾愈又發曰~	疲 疾愈復發曰~	同廣益	同廣益	——	又、復
421 瘕 赤~白~女人病名	瘕 赤~白~婦人病	同廣益	同廣益	——	女人、婦人
29 媓 女~堯后	媓 女~堯妃	同廣益	同廣益	同廣益	后、妃
444 牧 童~牛羊者	牧 童管牛羊者	同廣益	同廣益	——	牧、管
421 歹 好~不知又歺全	歹 好~不識又歺全	同廣益	同廣益	——	知、識
164 隱 匿也私也	√	隱 口也私也	隱 藏也私也	仝奎照	匿、藏
376 蠹 ~魚食書之~蟲	蠹 ~魚食書蟲	同廣益	同廣益	——	食書之~蟲、食書蟲
408 蚧 蛤~生嶺南山谷中	蚧 蛤~生嶺南山谷	同廣益	同廣益	——	山谷、山谷中
315 廟 瘞~寺~宗~~宇	廟 瘞~寺~宗~太	廟 瘞~寺~宗~	同會文	同會文	~宇、太~
206 筵 席也	筵 ~席	同廣益	同廣益	同廣益	席也、~席
131 顆 粒也	顆 ~粒	同廣益	顆 口粒	同廣益	粒也、~粒
380 尊 重也貴也	尊 ~貴又重也	同廣益	同廣益	——	貴也、~貴
151 帨 巾也	帨 巾~	同廣益	同廣益	同廣益	巾也、巾~
434 舍① 仝上[去]屋也	舍 仝上口屋~	舍 仝上[去]屋~	同會文	——	屋也、屋~
174 佞② 諂也	佞 諂~	同廣益	同廣益	同廣益	諂也、諂~
330 鏤 雕~~刻	鏤 鵰也刻也	鏤 雕也刻也	同會文	鏤 刻也雕也	雕~~刻、雕也刻也

①《廣韻》"舍，屋也，又姓，始夜切。"
②《廣韻》"佞，諂也。"

333 尤怨~多也過也笑人遇事曰效~	尤怨也多也過也笑人遇事曰效~	同廣益	同廣益	同廣益	怨~、怨也
444 穆和~美也厚也深遠也靖也	穆和也美也厚也深遠也靖也也俗作穆	同廣益	穆和也美也厚也深遠也深遠~□作穆	——	和~、和也
174 吟~咏	吟咏也	同廣益	同廣益	同廣益	~咏、咏也
306 遙~遠又逮也	遙遠也逮也	同廣益	同廣益	同廣益	~遠、遠也
372 驢~馬長耳	驢馬類長耳	同廣益	同廣益	——	~馬、馬類
437 渥~澤	渥潤澤也	同廣益	同廣益	——	~澤、潤澤也
378 運~動~行命~	運~動命~又行也	同廣益	同廣益	——	~行、行也
437 握持~捏也	握持也捏也	同廣益	同廣益	——	持~、持也
403 塞邊~	塞邊界也	同廣益	同廣益	——	邊~、邊界
333 宥赦~寬~	宥①赦也寬也	同廣益	同廣益	同廣益	赦~寬~、赦也寬也
445 劗削~	劗削也	同廣益	同廣益	——	削~、削也
434 捨棄~	捨棄也	同廣益	同廣益	——	棄~、棄也
413 耐忍~仝能	耐忍也○仝能	耐忍也仝能	同會文	——	忍~、忍也
184 汾~水	同昌文	同昌文	汾水名	同奎照	~水、水名
149 晦日不明也又三十日曰	√	晦日不明也又三十日也	同會文	同會文	曰~、也
401 崖山邊~	崖山邊也	同廣益	同廣益	——	曰~、也
409 邁遠行曰~老人年	邁遠行也老人年~	同廣益	同廣益	——	曰~、也
439 駱白馬黑鬣尾曰	駱白馬黑鬣尾也	同廣益	同廣益	——	曰~、也
434 厙姓~	厙姓也	同廣益	同廣益	——	姓~、姓也
436 佘姓~	佘姓也	同廣益	同廣益	——	姓~、姓也
439 甪姓~又~直糕	甪姓也又~也直糕	甪姓也又~直糕	同會文	——	姓~、姓也

4 非昌文本與昌文本

從上面的比較可知，昌文本同音字、注釋中的訛誤明顯多於其他三節版。其實，也有昌文本同音字、注釋正確，而其他三節版訛誤的。

4.1 同音字

昌文本中的同音字正確，而其他三節版訛誤的，如昌文本 134 號"螞~蝗"，其他三節版"碼~蝗"，"碼"當作"螞"。

① 《說文解字》"宥，寬也。"

213

4.2 注釋

4.2.1 形近而訛

昌文本注釋正確，其他三節版注釋中因形近而致的訛誤，詳見表15。

形近而訛的字，如昌文本239號“髖兩腹間也”，而廣益本等“髖兩腹開也”，“開”當作“間”。按：《廣韻》“髖，兩股閒也。”

此外，有一小部分字，廣益本、會文本與昌文本正確，如166號“笋竹芽又筍仝”、187號“祊廟門旁祭先祖也”，但奎照本、章福本訛誤。

表15 比較非昌文本注釋中形近而致的訛誤

昌文本	廣益本	會文本	奎照本	章福本	形近而訛
239 髖兩腹間也	髖兩腹開也	同廣益	同廣益	同廣益	“開”當作“間”
153 鱠魚名	鱠魚圓	同廣益	同廣益	同廣益	“圓”當作“名”
252 蕆解也備也又敕也	蕆解也借也又敕也	同廣益	同廣益	同廣益	“借”當作“備”
119 罅烈也孔~也	罅烈也孔嘑也	同廣益	同廣益	同廣益	“嘑”當作“罅”
325 輮車輞也又踐也	輮車網也踐□也	輮車網也踐又也	同會文	同會文	“網”當作“輞”
123 萵~苣菜	√	萵~荳菜	同會文	萵~豆菜	“荳”當作“苣”
166 笋竹芽又筍仝	√	√	笋竹芽又荀仝	同奎照	“荀”當作“筍”
187 祊廟門旁祭先祖也	√	√	祊廟門傍祭先祖也	同奎照	“傍”當作“旁”

4.2.2 音近而訛

昌文本（廣益本、會文本）注釋正確，其他三節版注釋有訛誤的，如昌文本254號“蟬~似[①]翼鳴飲而不食”，而奎照本、章福本“蟬~以翼名飲而不食”，“名”當作“鳴”。“名”“鳴”都是梗攝開口三等明母字，讀音相同。

4.2.3 脫文

昌文本注釋正確，而其他三節版注釋中脫漏符號的，詳見表16。

脫漏符號的，如昌文本95號“醿酴~重釀酒天花名”（廣益本同），而奎照本、章福本“醿酴重釀酒天花名”，“酴”後脫漏“~”。按：《字彙》“醿，……酴醿，重

①“似”，當作“以”。

釀酒，又花名。"

表 16 比較非昌文本注釋中的脫漏

昌文本	廣益本	會文本	奎照本	章福本	脫漏
95 釀_{酴~重釀酒天花名}	√	——	釀_{酴重釀酒天花名}	同奎照	~
372 簬_{竹名可為箭}	√	簬_{竹名為箭}	同會文	——	可

4.2.4 衍文

昌文本注釋正確，而其他三節版注釋有衍文的，詳見表 17。

表 17 比較非昌文本注釋中的衍文

昌文本	廣益本	會文本	奎照本	章福本	衍文
371 普_{遍也廣也}	普_{~遍也廣也}	同廣益	同廣益	——	~
80 佽_{便利也比也又助也}	佽_{便利也比也也○又助也}	佽_{便利也比也也○又助也}	佽_{便利也○比也助也}	同奎照	○

昌文本中的注釋正確，其他三節版注釋衍 "~" 的，如昌文本 371 號 "普_{遍也廣也}"，廣益本（會文本、奎照本同）"普_{~遍也廣也}"，"遍" 前衍 "~"。按《廣韻》"普，博也、大也、徧也。"

昌文本 80 號 "佽_{便利也比也又助也}"，而奎照本、章福本 "佽_{便利也○比也助也}"，衍注音符號 "○"，"比也" 為釋義。廣益本、會文本的注釋也衍 "○"。按：《集韻》"佽，七四切，《說文》便利也，……一曰遞也、助也。"

4.2.5 倒文

昌文本注釋順序正確，而其他三節版注釋順序顛倒的，詳見表 18。

表 18 比較非昌文本注釋中的倒文

昌文本	廣益本	會文本	奎照本	章福本	倒文
303 蹺_{~腳蹊~}	蹺_{~腳~蹊}	同廣益	同廣益	同廣益	蹊蹺
325 輮_{車輞也又踐也}	輮_{車輞也踐□也}	輮_{車輞也踐又也}	同會文	同會文	又踐
402 材_{取~又棺~}	材_{~取又棺~}	同廣益	同廣益	——	取材

昌文本 303 號 "蹺_{~腳蹊~}"，而廣益本 "蹺_{~腳~蹊}"，"蹺蹊" 當作 "蹊蹺"。昌文本 325 號 "輮_{車輞也又踐也}"，而會文本等 "輮_{車輞也踐又也}"，"踐又" 當作 "又踐"。"又" 分開釋義 "車輞" "踐"。按：《字彙》"輮，……車輞又踐也。"

4.2.6 其他訛誤

昌文本的注釋正確，而其他三節版注釋中的其他訛誤，如昌文本 335 號"浮_{~沉}"，而其他版本"浮_{沉也}"，"沉也"當作"~沉"。

5 三節版《標韻》的不同訛誤

五個三節版注釋中都有訛誤，但昌文本不同的，詳見表 19。

昌文本與其他三節版訛誤不同的，如昌文本 323 號"蚴_{~蛟龍行貌}"，"蛟"當作"蟉"。其他三節版"蚴_{~膠龍行貌}"，"膠"當作"蟉"，形旁訛誤。按：《字彙》"蚴，……蚴蟉，龍行貌。"

昌文本 259 號"夾_{盜竊物件}"，"物件"當作"裹物"，其注釋中有倒文、訛誤字。會文本"夾_{盜竊○物}"，"○"當作"裹"。章福本"夾_{盜竊~物}"，"~"當作"裹"。按：《說文解字》"夾，盜竊裹物也。"

昌文本 392 號"髡_{~髮也又人名}"（廣益本同），"~"當作"鬀"。奎照本"髡_{剪髮也又人名}"，"剪"當作"鬀"，形近而訛。按：《說文解字》"髡，鬀髮也。"

昌文本 199 號"純_{粹也全也篤也至也好也文也不雜也大也至也}"（廣益本同），"至"當作"誠"。會文本"純_{粹也全也篤也至也好也文也不雜也大也識也}"，"識"當作"誠"，形近而訛。按：《字彙》"純，……粹也、全也、篤也、至也、好也、大也、文也、誠也……"

昌文本 455 號"倬_{著~大也}"，"~"衍文。廣益本等"倬_{著也大也}"，"也"衍文。按：《說文解字》"倬，箸大也。"

昌文本 82 號"沂_{水出泰山義銀並仝}"，"銀"前脫漏"○"。廣益本等"沂_{水出泰山○義銀並仝}"，"○"當在"銀"前。按：《字彙》"沂，延知切，音夷，水出泰山……又魚巾切，音銀。"

表 19 比較三節版《標韻》注釋中的不同訛誤

昌文本	廣益本	會文本	奎照本	章福本	昌文本訛誤
323 蚴~蛟龍行貌	蚴~膠龍行貌	同廣益	同廣益	同廣益	"蛟"當作"蟉"
259 夾盜竊物件	夾盜竊□物	夾盜竊○物	同會文	夾盜竊~物	"物件"當作"裹物"
392 髟~髪也又人名	√	髟□髪也又人名	髟剪髪也又人名	——	"~"當作"鬍"
199 純粹也全也篤也至也好也文也不雜也大也至也	√	純粹也全也篤也至也好也文也不雜也大也識也	同會文	同會文	"至"當作"誠"
445 倬著~大也	倬著也大也	同廣益	同廣益	——	"~"衍文
82 沂水出泰山義銀並全	沂水出泰山○義銀並全	同廣益	同廣益	同廣益	"銀"前脫漏"○"

6 結論

周賽華（2015）指出，《增補同音字類標韻》版本中的一個系列是與《初等學堂尺牘》和《新增繪圖幼學故事瓊林》合編在一起的三節版石印本。從書中避諱字看，康雍乾皆避，但從嘉慶朝起開始不避，其成書時間應在清中後期。

本書下編比較了五個三節版《標韻》，發現《標韻》還有與《新增應酬彙選》《新增繪圖幼學故事瓊林》合編的版本。通過比較書中的避諱字，發現不僅康雍乾三朝皆避，其實，嘉慶、道光、同治朝也有避諱。此外，奎照本、章福本"恬"也缺末筆，其成書時間略晚於昌文本、會文本、廣益本。通過比較三節版的構成、成書時間，豐富了對《標韻》的認識。

其次，通過比較五個三節版《標韻》，發現昌文本的微殊之處較多。一、從排序看，無論同音字組、同音字還是注釋，昌文本都與其他三節版有不同之處。二、從訛誤看，無論同音字還是注釋，昌文本中的訛誤都多於其他三節版。三、從刪減、增加注釋看，其與其他三節版也有不同。四、從注釋中的替換現象看，昌文本也有微殊。此外，從昌文本正確，而其他三節版訛誤的角度，或從不同訛誤的角度考察，昌文本都顯示出微殊。

綜上，本書認為應將昌文本與其他四個三節版分開，各自為一個子系統。

參考文獻

曹　之. 中國古籍版本學[M]. 武漢：武漢大學出版社，2020.

大西博子. 蕭山方言研究[M]. 東京：好文出版社，1999.

杜澤遜. 文獻學概要（修訂本）[M]. 北京：中華書局，2022.

段玉裁. 說文解字注[M]. 北京：中華書局，2013.

葛信益. 廣韻叢考[M]. 北京：北京師範大學出版社，1993.

古代漢語詞典編寫組. 古代漢語詞典[M]. 北京：商務印書館，2004.

顧野王撰，孫　強增字，陳彭年重修. 宋版玉篇二種[M]. 桂林：廣西師範大學出版社，2022.

韓道昭著，甯忌浮校訂. 校訂五音集韻[M]. 北京：中華書局，1992.

韓　姣. 清代至民國時期寧陝方志方言文獻詞彙研究[D]. 寧夏大學博士學位論文，2022.09.

黃公紹，熊　忠. 古今韻會舉要[M]. 北京：中華書局，2000.

黃永年. 古籍整理概論[M]. 上海：上海書店出版社，2013.

劉　熙. 釋名[M]. 北京：中華書局，2020.

陸費逵，歐陽溥存主編. 中華大字典[M]. 北京：中華書局，1978.

羅常培. 羅常培語言學論文選集[M]. 北京：中華書局，1963.

梅膺祚. 字彙[M]. 上海：上海辭書出版社，1991.

倪其心. 校勘學大綱[M]. 北京：北京大學出版社，2022.

冉友僑. 漢語異體字大字典[M]. 成都：四川辭書出版社，2022.

邵榮芬. 邵榮芬語言學論文集[M]. 北京：商務印書館，2009.

盛益民. 吳語紹興柯橋方言音系[J]. 東方語言學，2012, (02).

司馬光. 類篇[M]. 上海：上海古籍出版社，2021.

宋　濂. 篇海類編[M]. 日本內閣文庫藏.

陶　寰. 紹興市志•方言卷[M]. 杭州：浙江人民出版社，1996.

王福堂. 紹興方言研究[M]. 北京：語文出版社，2015.

王佳亮. 《同音字類標韻》的音韻特點與音系性質[J]. 語言研究集刊，2019, (01).

王　力. 漢語史稿[M]. 北京：中華書局，1980.

吳任臣. 字彙補[M]. 上海：上海辭書出版社，1991.

吳　萍，鄭賢章. 《字彙》音義訛誤例析[J]. 古漢語研究，2016, (04).

許　鍇. 說文解字繫傳[M]. 北京：中華書局，2017.

許　慎. 說文解字[M]. 上海：上海古籍出版社，2021.

許逸民. 古籍整理釋例（增訂本）[M]. 北京：中華書局，2021.

姚伯嶽. 中國圖書版本學[M]. 桂林：廣西師範大學出版社，2022.

葉寶奎. 明清官話音系[M]. 廈門：廈門大學出版社，2001.

佚　名. 爾雅[M].北京:中華書局, 2016.

余迺永校註. 新校互註宋本廣韻[M].臺北：里仁書局, 2010.

樂韶鳳, 宋　濂等. 洪武正韻[M].北京：國家圖書館出版社, 2020.

張湧泉. 論梅膺祚的《字彙》[J].中國語文, 1999, (06).

張玉書, 陳廷敬等. 康熙字典[M].北京:中華書局, 2010.

張自烈, 廖文英. 正字通[M].北京：中國工人出版社, 1996.

趙振鐸. 集韻研究[M].北京：語文出版社, 2006.

趙振鐸. 集韻校本[M].上海：上海辭書出版社, 2013.

鄭　偉. 吳語太湖片曾梗攝字的讀音及其演變[J].南開語言學刊, 2010, (02).

鄭張尚芳. 吳語方言的歷史記錄及文學反映[J].東方語言學, 2010, (01).

周賽華.《同音字類標韻》所記清中後期的紹興話及其變化[J].漢語學報, 2015, (04).

後　記

　　民間方音韻書《標韻》成書於清中後期，許多版本已殘缺不全。筆者在搜集不同版本的過程中，深切體會到頗不易。

　　最初僅有昌文本，當時以其作為底本整理校對。後來搜集到奎照本，雖無出版信息，但同音字組較全，於是又將奎照本作為底本。但在整理過程中，發現其與昌文本的不同之處較多。直到王佳亮帶來育新本，這才看到一個完整版本的《標韻》——正文前有序、目錄的版本，其目錄將同音字組分為二十六個韻，這提供了研究線索（之前的昌文本、奎照本都無目錄）。接著又陸陸續續搜集到章福本、會文本、廣益本，以及殘缺不全的各種版本。其中最不好找的是正文前有序言、目錄的三節版奎照本，其出版在民國前。後來發現，這個完整的奎照本與之前搜集到的無出版信息的奎照本還有微殊，主要是注釋中的聲調位置不同。將《標韻》的幾個版本作比較後，最終確定以完整的育新本作為底本。搜集不同版本、變更底本從頭開始整理校對，確實花費了不少時間與精力。但這也為版本互校、版本比較奠定了堅實的基礎。

　　《標韻》成書於清中後期，鴉片戰爭後民眾的生存日益艱難，刻書者為了降低成本，刻書質量總體下降。以刻印書籍為營生的書坊，為圖贏利，刻印校勘不精。所以書中有不少訛誤。有些訛誤可通過版本互校發現。有些訛誤則出現在各個版本，偏旁訛誤的較易發現，但字形相近的訛誤、字與符號相近的訛誤則需仔細甄別。文獻整理需要扎實淵博的學識，書中若有錯漏，還望大方之家不吝賜教。

　　搜集不同版本、變更底本整理校對，版本互校、整理校勘、版本比較、校對，使工作量呈幾何倍數遞增。文獻錄入、比較的過程中，張胡森、張園園、田劍光、張雲艷等老師付出了辛勤的勞動。書稿撰寫過程中，王佳亮、陝西師範大學的黃瑞玲、天津師範大學的任文博、中北大學的溫新瑞等老師曾給予不少幫助。書稿完善過程中，正值筆者在“中國音韻學暑期講習班”學習，有幸向楊軍、麥耘、耿振生、曾曉渝、施向東等專家學者請教相關問題，得到不少建設性的意見與建議。此外，馮蒸教授、安志偉研究員也給予很多幫助，在此一併致謝！

本書的順利出版，三晋出版社的馮岩編輯也付出很多心血，特此致謝！

最後，僅以此書深切緬懷鄭張尚芳先生！先生將清手抄本韻書《同音集》與《增補同音字類標韻》的復印本無償贈與筆者，先生提攜後生晚輩的高風亮節將一直激勵筆者在學術研究的道路上奮力前行。

2023 年年末

图书在编目录（ＣＩＰ）数据

《增補同音字類標韵》整理與比較研究 / 馬冬梅著
.-- 太原：三晋出版社，2024.2
ISBN　978-7-5457-2918-4

Ⅰ.①增… Ⅱ.①馬… Ⅲ.①吳語—韵書—研究
Ⅳ.①H173

中國國家版本館 CIP 數據核字（2024）第 009698 號

《增補同音字類標韵》整理與比較研究

著　　者：馬冬梅
責任編輯：馮　岩
出　版　者：山西出版傳媒集團·三晋出版社
地　　址：太原市建設南路 21 號
電　　話：0351-4956036（總編室）
　　　　　0351-4922203（印制部）
網　　址：hppt://www.sjcbs.cn
經　　銷：新華書店
承　印　者：山西創琛文化産業發展有限公司
開　　本：787mm×1092mm　　1/16
印　　張：14.25
字　　數：200 千字
版　　次：2024 年 2 月　第 1 版
印　　次：2024 年 5 月　第 1 次印刷
書　　號：ISBN　978-7-5457-2918-4
定　　價：58.00 圓

如有印裝質量問題,請與本社發行部聯系　電話:0351-4922268